U0897158

国家社会科学基金教育学一般课题（BGA160033）成果之一

西部农村特岗教师发展状况和生态机制研究

主　编　蒲大勇　任兴灵　李兴贵

副主编　王丽君　杜永红　许红平

华东师范大学出版社

·上海·

图书在版编目(CIP)数据

西部农村特岗教师发展状况和生态机制研究/蒲大勇，任兴灵，李兴贵主编. —上海：华东师范大学出版社，2021
ISBN 978-7-5760-2160-8

Ⅰ.①西… Ⅱ.①蒲…②任…③李… Ⅲ.①乡村教育-义务教育-师资培养-研究-中国 Ⅳ.①G451.2

中国版本图书馆CIP数据核字(2021)第193139号

西部农村特岗教师发展状况和生态机制研究
XIBU NONGCUN TEGANG JIAOSHI FAZHAN ZHUANGKUANG HE SHENGTAI JIZHI YANJIU

主　　编　蒲大勇　任兴灵　李兴贵
策划编辑　李文革
责任编辑　曹祖红
责任校对　张亦驰　时东明
装帧设计　卢晓红

出版发行　华东师范大学出版社
社　　址　上海市中山北路3663号　邮编200062
网　　址　www.ecnupress.com.cn
电　　话　021-60821666　行政传真021-62572105
客服电话　021-62865537　门市(邮购)电话021-62869887
地　　址　上海市中山北路3663号华东师范大学校内先锋路口
网　　店　http://hdsdcbs.tmall.com

印 刷 者　常熟市文化印刷有限公司
开　　本　787×1092　16开
印　　张　17.5
字　　数　294千字
版　　次　2021年12月第1版
印　　次　2021年12月第1次
书　　号　ISBN 978-7-5760-2160-8
定　　价　49.00元

出 版 人　王　焰

目　录

附录

西部农村特岗教师发展研究：为何和如何

百年大计，教育为本；教育大计，教师为本。我们党和国家历来高度重视教师队伍建设，为进一步加强农村教师队伍建设，促进义务教育均衡发展，2006 年 5 月，教育部、财政部、人事部①、中央编办四部门联合启动实施“农村义务教育阶段学校教师特设岗位计划”（简称“特岗计划”），通过公开招募高校毕业生到西部“两基”攻坚县县以下农村义务教育阶段学校任教，引导和鼓励高校毕业生从事农村教育工作，创新农村学校教师补充机制，逐步解决农村师资总量不足和结构不合理等问题，提高农村教师队伍的整体素质。

一、为何要进行西部农村特岗教师发展研究

（一）基于历史的追问：“特岗计划”的国家意义

1. 创新机制：探索农村教师补充新机制

农村教育的关键在教师。从当前实际情况看，一方面是一些农村学校特别是西部边远贫困地区农村学校教师匮乏。由于农村学校工作条件较差，教师生活艰

① 人事部全称是中华人民共和国人事部，2008 年其与劳动和社会保障部合并为中华人民共和国人力资源和社会保障部，简称人社部。本书中，人社部成立之前的文本仍沿用“人事部”的名称。

苦、工资待遇低，所以许多农村学校教师就千方百计地离开农村，到条件较好的县城或省城学校任教。另外，编制过紧也造成了农村学校教师数量不足。对中小学教师，编制部门都有一定的数量规定。长期以来，对农村中小学的“歧视性”的编制规定也是造成农村中小学教师数量不足的一个重要原因。特别是那些边远地区，由于乡民居住分散，自然村较多，因而单班或复式班小学居多，进而造成了教师无法合理配备的困难，导致这些地方不得不雇佣代课教师。另一方面是大学生“去不了”，合格教师补充不上。实施“特岗计划”，招聘高校毕业生去西部农村学校任教，对于解决西部地区农村学校教师紧缺、结构矛盾突出、素质急需提高等问题具有现实意义。同时，通过中央财政的引导，促进改革，逐步探索建立农村教师补充的新机制。

2. 拓宽渠道：拓宽高校毕业生就业渠道

实施“特岗计划”，有利于拓宽高校毕业生就业渠道。高校毕业生就业问题关系重大。从当前实际情况看，我国农村学校教师队伍不仅整体素质偏低，而且普遍存在着年龄结构不合理、学科结构不合理、专业结构不合理、教师的地域分布不合理等问题。年龄结构不合理，尤其是在一些边远山区小学的教学点，教师老龄化的问题非常突出。学科结构不合理，前些年，农村学校教师的学历提升主要是通过函授、电大和自学等渠道进行的，且约有70%是文科专业的学历提升。这使得农村教师学科结构失衡的状况十分突出。专业结构不合理，目前许多农村学校学科教师配备不齐全，往往是一个教师在教两个互不相关的学科。教师的地域分布不合理，在农村，主要是教师在乡镇之间的分布上的不合理，条件差的学校教师紧缺，但在职教师却仍想方设法地要求调出；而在城镇和乡镇政府所在地，教师却又人满为患。由此看来，对于相当一部分高校毕业生来说，并不是无岗可寻，农村边远贫困地区学校急需合格教师，但这些地区的经济状况、生活条件待遇等因素影响了高校毕业生来任教的积极性。实施“特岗计划”，由中央财政直接支持，采取优惠的政策，吸引高校毕业生去农村义务教育学校任教，并坚持下去，将进一步拓宽高校毕业生就业渠道。

3. 提升保障：提升农村义务教育保障水平

“特岗计划”的实施，是完善农村义务教育经费保障新机制的有效补充，也是中央财政引导各级地方政府加强农村教师队伍建设的重要示范。这项改革，将使我国西部农村教师队伍面貌发生重大改变，将极大提高义务教育的整体水平，使亿万农民的子女终身受益。义务教育是教育工作的重中之重，在全面建成小康社会进程中具有基础性、先导性和全局性的重要作用。建立城乡统一、重在农村的义务教育经费保障机制，是教育领域健全城乡发展一体化体制机制的重大举措。这有利于推动统筹教育改革，优化教育布局，实现城乡义务教育在更高层次的均衡发展，促进教育公平、提高教育质量；有利于深化财税体制改革，推动实现财政转移支付同农业转移人口市民化挂钩，促进劳动力合理流动，推动经济结构调整和产业转型升级；有利于促进基本公共服务均等化，构建社会主义和谐社会，建设人力资源强国。

4. 促进发展：促进义务教育均衡高位发展

实施“特岗计划”有利于缓解经济薄弱的西部农村地区义务教育阶段学校教师紧缺状况，优化教师队伍结构，提高教师队伍质量和水平，逐步改变农村教师队伍面貌，进而提高农村教育质量。建设社会主义新农村是发展农村社会事业、构建社会主义和谐社会的重要基础。构建和谐社会的一个重要内容就是要把农村的事情办好，使农民安居乐业、和睦相处，使农村安定有序、充满活力。当前，农村的总体是稳定的，但也存在一些不和谐因素。特别是因为土地征用、环境污染、农民工工资拖欠等引发的事件时有发生，甚至酿成群体事件和恶性事件，影响了一些地方的社会稳定。为此，必须加快发展农村各项社会事业，全面改善农村的教育、卫生、文化、环境等设施条件，切实加快农村发展，维护农民合法权益，缓解农村社会矛盾，减少农村不稳定因素，以便为和谐社会的构建奠定坚实的基础。“特岗计划”的实施，对促进“两基”攻坚和教育均衡发展，对于建设社会主义新农村，构建社会主义和谐社会具有重要意义。

（二）基于现实的审视：农村特岗教师的价值

1. 时代价值：深化农村教师队伍改革

实施“特岗计划”是全面深化教师队伍建设改革的需要。站在教育事业获得全面发展、发生全方位变化、实现系统性提升的基础上，如何建设教育强国？如何在从人力资源大国向人力资源强国转变中切实发挥教育的关键作用？答案是必须先有一支教育强师。努力培养造就一大批一流教师，不断提高教师队伍整体素质，是当前和今后一段时间我国教育事业发展的紧迫任务，既要“让广大教师在岗位上有幸福感、事业上有成就感、社会上有荣誉感，让教师成为让人羡慕的职业”，又要让广大教师自觉追求做“四有”好老师，做好学生的引路人，在立德树人、加快推进教育现代化、更好满足人民群众对教育的需求上自觉发挥更大作用。教师队伍建设改革是一项全面深化的工程，需要全面贯彻党的教育方针，坚持社会主义办学方向，遵循教育规律和教师成长发展规律，全面提升教师素质能力，深入推进教师管理体制机制改革，形成优秀人才争相从教、教师人人尽展其才、好教师不断涌现的良好局面，要重视建好建强农村教师队伍。

2. 社会价值：优化农村教师队伍结构

“特岗计划”的实施，有利于优化农村教师队伍结构。众所周知，受城乡二元体制、自然地理条件、历史差距积累等因素影响，加之粗放的城镇化进程中乡土精英抽离、乡土文化丧失、人口流动加速等原因，农村教师队伍面临职业吸引力不强、补充渠道不畅、资源配置不足、结构不尽合理、整体素质不高等突出问题，制约了农村教育的持续健康发展。“特岗计划”实施至今，不少研究业已证明特岗教师的出现极大地充实了农村义务教育阶段的教师队伍，且占据了农村教师很大的比例。特岗教师的加入为偏远农村地区的义务教育吹去了一阵“清新的风”，带去了一场“及时雨”，因为他们带去了一些先进的教育理念和教学方法，为农村教育的发展增添了活力。此外，特岗教师的加入也极大地改善了当地教师的年龄结构和学历结构，特别是缓解了农村中小学音乐、体育、美术和英语教师素质偏低的状况，有效地提高了农村教师队伍的整体素质，农村教育面貌由此焕然一新。

3. 发展价值：激发农村教师队伍活力

实施“特岗计划”，对于解决当前农村教师队伍建设领域存在的突出问题，吸引优秀人才到农村学校任教，稳定农村教师队伍，带动和促进教师队伍整体水平提高，促进教育公平、阻断贫困代际传递具有十分重要的意义。过去，“下不去，留不住，教不好”是农村教师工作的难题。如今，“特岗教师在中小学现有编制内，实行聘任制，公开招聘、择优录用、合同管理”，按照专业对口原则，农村义务教育学校补充音乐、体育、美术专业教师，对全日制本科及以上学历人员可采取公开考核招聘的方式招聘；逐步形成“越往基层、越是艰苦，地位待遇越高”的激励机制；充分发挥

“国培计划”和“省培计划”示范引领作用，利用“行动计划”教师专项培训经费，分类分层实施特岗教师素质能力提升培训，加大特岗教师培养培训力度，全面提升特岗教师的专业水平，有助于造就一支师德高尚、素质优良、结构合理、甘于奉献的农村教师队伍，提升农村教育水平，保障每个农村孩子都能接受公平且有质量的教育。

4. 生态价值：促进农村教师持续发展

由于“特岗计划”的实施，农村教育被注入新的活力和元素。农村中小学曾一度呈现出“哥哥姐姐教高中，叔叔阿姨教初中，爷爷奶奶教小学”的状况，一些农村教师很难适应课程改革对教育教学活动的要求。这个特征在代课教师群体中呈现得更为突出。相对于代课教师，特岗教师比较年轻，这就为农村中小学输入了新鲜血液。同时，很多农村学校已有国家配置的电脑等现代化多媒体教学设备，但被闲置的较多；许多农村教师在教学中习惯于传统的教学模式。特岗教师上岗后，带来了新的教育理念和教学方法。问卷调查显示，在教学方面，65％以上的特岗教师能将课程改革的新理念落实到实际教学活动中，70％的特岗教师尝试在教学中运用新的教育教学方法。另外，48.75％的特岗教师担任了班主任工作。特岗教师年轻，有朝气，思想开放，易被学生接受，能很快和学生建立和谐的师生关系，为农村学校注入了新的活力。特岗教师辅导一大批农村教师学会了制作课件和使用多媒体，多媒体教学设备的利用率大大提高，这为农村教育注入了新的元素。

（三）基于未来的预测：农村教育发展的愿景

1. 全面发展：办人民满意教育的实然

教育事业全面发展，农村教育明显要加强。务必全面贯彻党的教育方针，落实立德树人根本任务，加快推进教育现代化，办人民满意的教育，建设教育强国。建设教育强国是中华民族伟大复兴的基础工程，必须把教育事业放在优先发展位置，要以教育强国思想为引领，以提升教育质量为主线，全面贯彻落实国家教育方针，办适合的教育，解决好发展“不平衡”“不充分”问题，满足人民群众日益增长的对优质教育资源的需求。要推动城乡义务教育一体化发展，完善职业教育和培训体系，使绝大多数城乡新增劳动力接受高中阶段教育、更多接受高等教育，提高教师素质，在全社会倡导尊师重教，完善资助体系，决不让一个孩子因为家庭困难而失学。

要深化教育人事制度改革，激发教育内生动力。要加强师德师风建设，培养高素质教师队伍，倡导全社会尊师重教，同时继续支持和规范社会力量兴办教育。要构建终身教育体系，办好继续教育，建设学习大国、学习型社会，提高国民素质。

2. 协调发展：全面发展素质教育的必然

全面贯彻党的教育方针，落实立德树人根本任务，发展素质教育。立德树人是教育的根本任务。党的十九大报告提出，“要全面贯彻党的教育方针，落实立德树人根本任务，发展素质教育，推进教育公平，培养德智体美全面发展的社会主义建设者和接班人。”这是我们党改革开放以来始终坚持党的领导、牢牢把握社会主义办学方向的总体要求，需要我们结合新时代的新要求，全面系统、创造性地落到实处。立德树人，就要坚持社会主义核心价值观导向，深入开展理想信念教育、爱国主义教育、中华优秀传统文化教育和革命传统教育，加强法治教育、国防教育和可持续发展教育，促使学生将其内化为精神追求、外化为行动自觉。立德树人，就要把握好素质教育时代特征，强化学校体育工作，帮助学生养成自觉科学锻炼良好习惯；全面推进艺术教育，提升学生审美素养；促进教育与生产劳动和社会实践紧密结合，提高勤工俭学、志愿服务、实习实践活动的成效，以知促行、以行促知，学以致用。

3. 均衡发展：持续推进教育公平的应然

坚持以人民为中心，持续推进教育公平，补齐民生短板。教育公平是社会公平的重要基础。党的十九大报告指出，“必须多谋民生之利、多解民生之忧，在发展中补齐民生短板、促进社会公平正义”，并对促进教育公平作出重要部署。保基本、补短板、促公平，重中之重是推动城乡义务教育一体化发展，高度重视农村义务教育。这是缩小城乡义务教育差距的标本兼治之策，也是促进城镇基本公共服务与农村共享的关键环节，将充分彰显教育权利和机会公平。这项工作重点从县域做起，逐步向有条件的市域扩展。在此基础上，抓住人民最关心最直接最现实的利益问题，不断满足人民过上美好生活的需要，办好学前教育，扩大普惠性学前教育资源，基本普及学前3年教育，提高保育教育质量；办好特殊教育，为家庭经济困难残疾学生提供免费高中阶段教育，更好保障残疾人基本教育权利；普及高中阶段教育，巩固提高中等职业教育发展水平，促进普通高中多样化发展，不断提高新增劳动力平均受教育年限。

4. 高位发展：加快教育现代化建设的使然

社会现代化水平越高，对国民素质要求必定越高，对创新人才的渴求必定更加强烈，教育在国家现代化全局中的战略地位必定更加凸显。党的十九大报告指出："建设教育强国是中华民族伟大复兴的基础工程，必须把教育事业放在优先位置，深化教育改革，加快教育现代化，办好人民满意的教育。"这一重要论述的历史渊源，可以回溯到改革开放之初，纵贯40余年奋斗历程。20世纪80年代邓小平同志从社会主义现代化的高度看教育，强调"教育要面向现代化，面向世界，面向未来"，要求把沉重的人口负担转化为人才资源巨大优势。党的十四大报告第一次指出，"我们必须把教育摆在优先发展的战略地位，努力提高全民族的思想道德和科学文化水平，这是实现我国现代化的根本大计。"此后的党代会报告和中央全会文件多次强调在社会主义现代化建设全局中优先发展教育，党的十七大报告第一次确定"提高教育现代化水平"的重要要求。可以说，我们党自改革开放以来对教育事业的定位，就是始终要求现代化建设必须优先发展教育，同时要求教育自身现代化水平不断提高。

二、西部农村特岗教师发展研究的现状如何

（一）国内关于农村特岗教师发展现状的研究

通过"中国知网""读秀"和"超星数据库"3个检索平台，以"特岗计划"和"特岗教师"2种方案进行检索，时间截至2021年10月，查到相关文章1772篇，从类别来看，报纸文章298篇(16.8%)，期刊论文1178篇(66.5%)，硕士学位论文289篇(16.3%)，会议论文7篇(0.4%)。目前国内学者的研究，主要分为2类。

1. 对"特岗计划"的直接受惠者——特岗教师的研究

这类研究主要包括6个方面。

(1) 对特岗教师心理健康与社会支持的研究

主要有《新聘特岗教师自我和谐状况调查研究——以安徽阜阳2009年新聘特岗教师为例》《四川地区特岗教师心理健康现状调查及对策研究》《地震灾区中学特岗教师心理健康状况调查》《农村特岗教师人际关系与自尊之相关研究》《农村特岗

教师人际关系与孤独感之相关研究》《安徽农村特岗教师心理健康状况调查》《特岗教师角色适应中的心理问题分析及对策研究——以河南省虞城县为例》《贵州省农村特岗教师心理健康问题的社会支持研究》等。研究发现：特岗教师的“躯体化”“焦虑”“恐怖”“偏执”“精神病性”及“其他”因子得分明显高于全国常模平均水平，特岗教师的心理健康水平偏低，他们存在不同程度的心理健康问题，缺少社会支持。

（2）对特岗教师生存状态与生活质量的研究

主要有《特岗教师，你在他乡还好吗——基于一所乡镇中学特岗教师生存状态的调查研究》《特岗教师的生存状态研究——以安徽省 LQ 县特岗教师为例》《“特岗教师”对农村义务教育师资队伍建设影响的研究——以安徽省临泉县为例》《“特岗教师”生存状态的调查研究——以安徽省 F 市为例》《从特岗教师工作生活质量的调查看特岗计划——以四川省 A 县为例》等。研究发现：特岗教师生存状态堪忧，生活质量偏低。

（3）对特岗教师职业认同、职业倦怠与职业发展的研究

张旭指出，特岗教师的职业认同受社会环境、学校环境及个人因素影响。特岗教师面临待遇低、职称评定难、工作成就感低、深造机会少、再就业政策不清晰、考核制度不健全、缺乏职业发展长效机制等职业发展问题，存在不同程度的职业倦怠。“应完善相关政策和配套制度，延长工资的转移支付年限，保障并提高福利待遇水平，加强培训、考核、人文关怀和政策宣传，建立职业发展长效机制。”

（4）对特岗教师专业素质与专业发展的研究

研究指出，特岗教师存在专业理想不稳定、专业知识欠缺、专业能力薄弱、专业发展条件差等问题，其专业发展的症结在于“缺乏政策制度保障，学校无力关注，自主发展意识不强”。

（5）对特岗教师队伍建设与管理的研究

特岗教师队伍建设存在结构不合理、工作负担重、生活状况不乐观、专业发展困难、稳定性差等问题，主要原因在于“机制建立不完善、政策落实不到位、服务管理不系统”。

（6）对特岗教师培训与培养的研究

特岗教师培训主要存在以下问题：培训时间安排不科学、培训力度不够；培训形式单一，培训方式缺乏实践性；培训内容缺乏针对性；培训成效和质量不高。金

东海和蔺海沣指出，应“建立科学与灵活的特岗教师岗前培训制度；组建一支以一线优秀教师为主的培训者团队；强化按需施训，增强培训内容的针对性；力促岗前培训的实践性转型”。有研究者认为，应建立和完善长期有效的特岗教师培训机制。也有研究者指出，特岗教师的培训内容应包括适合农村学生的典型教学经验交流、优秀教师的公开课观摩、新课改理念、班主任管理等；应当以研讨的方式而非专题讲座的方式进行培训。还有一些研究者认为，应加强特岗教师的师德师风培养、思想政治素质培养、乡土情怀培养和价值观引导。

2. 对“特岗计划”政策执行状况的研究

这类研究主要包括 2 个方面。

(1) 对“特岗计划”执行过程中的问题与对策的研究

主要有《“特岗教师”政策的现实困境与出路》《农村特岗教师计划的实施：问题与对策》《贵州省 W 县“特岗教师计划”实施中的问题及建议》《“特岗教师”如何更好地落地生根——关于农村教师“特岗计划”工作的思考》《农村特岗教师政策的问题及改进》《特岗教师政策合理性审思》《农村特岗教师计划的“优”与“思”——以安徽省 F 县为例》《农村“特岗教师”政策实施：问题与对策》《“特岗教师”政策审视——以河南省为例》《教师分层、社会流动与教育政策的完善：以“特岗教师”为例》等。研究发现，政策执行过程中存在以下问题：招聘唯学历化，对从教素质考查不够；岗位弹性落实有偏差，存在县城中小学“截留”现象；到岗后“教非所学”，专业化发展受限；政策承诺与实际兑现存在落差，配套措施滞后；服务年限偏短，服务期满后入编困难；等等。张济洲指出：“应强化政策执行力、提升特岗教师农村教育生活适应力、关注职业生涯、发挥政策合力作用。”杜亮认为：“特岗教师主体与农村学生相似的社会阶层来源背景使其具有特殊的角色榜样作用，需考虑其特殊地位与社会作用，完善相关政策。”此外，有少数研究者关注到“特岗计划”在民族地区实施的适应性问题，开展相关研究并指出，特岗教师在民族地区的文化适应问题归因于文化冲突，多元文化背景影响特岗教师身份认同的自我建构，应加强政策在民族地区的适应性研究，推动民族教育生态的发展，实现政策效果的最优化。

(2) 对“特岗计划”执行效果与效益的研究

李跃雪和邬志辉指出，“特岗计划”实施效果总体良好，受到地方学校的欢迎。刘红熠认为，该政策的价值只是部分实现，前景有待探讨。朱翠林研究了该政策的财政专项资金绩效评价并构建了专项资金绩效评价的三级指标体系。安雪慧和丁维莉评估了该政策的效果，认为其在解决教师结构性短缺矛盾和提升教师队伍质量方面起到积极作用，促进了教师管理制度的创新。赵传珍从效果、效率、效益、公平性等维度评估了政策的绩效，但不同评估维度所用数据缺乏对称性和完整性，缺乏对政策执行主体和利益相关者的观照，结论存在一定局限。

（二）国外关于类似农村特岗教师发展现状的研究

各国为促进当地教育发展，实现教师资源的合理优化配置，引导教师向落后地区流动，做法不尽相同，可供我国“特岗计划”参考借鉴。

1. 美国“为美国而教”(Teach for America，缩写为 TFA)计划

美国贫富地区之间的教育差距早已产生，普林斯顿大学的毕业生温迪·卡普在 1990 年提出一项计划：通过招募背景不同的优秀大学生到农村公立学校和贫困社区进行为期两年的支教活动，实现教育公平、缩小贫富地区的差距。

1994 年美国把这项计划纳入“美国志愿”，这项计划开始获得美国联邦政府财政拨款。至今，美国已有上百万名学生受益于 TFA 计划，该计划之所以取得显著成效，源于以下四个特点：第一，计划使命性强烈。TFA 计划的两大使命简单概括，一是招募顶尖学府的优秀学生去师资力量薄弱的学校担任教师，二是为所有受教育儿童提供优质的教育，促使这份优质教育引领他们一生的成长。第二，多方参与，拥有强大的社会网络体系。除了政府、学校、媒体的介入，还有私人部门、基金组织、慈善机构等通过多种形式支援 TFA 计划，成为参与该计划优秀大学生的精神支持和财力后盾。第三，筛选环节严格把关，重视优质、多样的教育。为确保志愿者成为优秀成功的教师，遴选环节多样与严格并存，每个环节都严格把关。第四，监督机制完善，以结果为评估导向。组织内部和外部持续有效的监督促进了 TFA 计划不断发展，主动进行评估并形成自律和他律的监督机制。美国 TFA 计划与我国“特岗计划”有很多相似之处，该计划三十余年的成功经验对我国“特岗计划”有重要启示作用。

2. 日韩教师定期流动制度

日本早在第二次世界大战后就开始实行教师定期流动制度，十分重视均衡配

置教师资源。该制度趋于成熟完善后一直沿用至今，国家只提出宏观方针，具体的实施方案由各都道府县根据实地教育状况自行决定。日本得以长期有效地实行教师定期流动制度除了有赖于体系制度方案的科学指引，还离不开完善的法律保障和配套措施。例如，日本教师的工资高于公务员、对偏远贫困地区教师发放多种津贴等确保了该制度的顺利实施。20 世纪 70 年代以来，韩国依据本国国情学习日本实行教师流动换岗制度，保障学校师资力量均衡发展。不同的是，韩国的教师流动换岗制度规定教师平均每间隔两到四年需在本地区学校之间换岗一次，相关部门要给予教师利益补偿。日韩两国的教师定期流动制度均有利地保障了本国教育的均衡发展，合理配置了城乡教师资源，保障了教育公平。日韩两国的教师定期流动制度虽然在发展中依然存在不足，但为我国“特岗计划”的顺利实施提供了丰富的实践素材，有利于我国“特岗计划”在实施过程中少走弯路。

3. 法国教师计划分配制度

法国实行教师计划分配制度，教师本人意愿在分配计划中可得到充分尊重，教师工作满 3 年后可以考虑申请出国任教。法国每年会依据义务教育发展实际情况重新核定编制数量和指标分配。在法国担任教师须有资格证书，法国的教师身份与其他国家不同，法国的教师属于国家公务员，因此其工资、津贴等都由法国政府发放。计划分配有两层含义，既包括教师入职时的岗位分配，又包括教师入职后的服从分配，可一次性地实现全国教师的整体调整。在学区方面，法国政府也有国家政策上的倾斜。例如，增加“教育优先区”教师岗位的数量，为“教育优先区”的教师发放补助，在“教育优先区”工作满一定年限的教师可以获得额外加分，等等。法国的教师计划分配制度绝非完美，但政府统一调控的方式非常值得我国借鉴参考。

4. 俄罗斯完全中学战略

俄罗斯农村普通教育体系分为三级：第一级是小学 1—4 年级，称为初级普通教育学校；第二级是初中 5—9 年级，称为不完全中学；第三级是高中 10—11 年级，称为完全中学。完全中学在俄罗斯农村学校体系中占比最大，要解决农村教育问题，首先要解决的就是完全中学存在的问题。为改变农村学校教育发展落后的现状，俄罗斯联邦政府制定了完全中学战略：在 2002 年至 2010 年期间，对农村普通教育网络进行结构性的重组和调整，并进一步整合农村教学体系，奠定高质量的教育基础。主要包括以下四点。一是完全中学附带设五、六年级；二是以完全中学为基础设立附近村落的中小学为区域性的学校联合体；三是将工人新村、城镇行政村的完全中学改建为特科学校；四是以农场集中的地区建立农村学校的社会文化综合体。俄罗斯的完全中学战略不仅满足了部分地区的教育需求，还活跃了当地的农村社会经济，一举两得的做法值得我国深入思索和学习。

上述国家采取的农村教育改革措施，均是依据各自国家的国情，在一定程度上有效拉近城乡教育水平，促使教育形成良性发展机制。在政策方面，各国制定相关政策并采取相应配套措施向社会合理地广泛招募教师，为均衡师资提供了政策保障。在经费方面，各国大量投入教育经费，提升教师缺乏地区教师的薪资待遇和水平，并为其提供良好的生存保障和工作环境，为均衡师资提供了经费保障。纵使不同国家采取的举措不同，但教育国际化已成为必然趋势，在发展教育的道路上，我们要结合我国教育现状，广泛且有针对性地学习他国成功教育改革的出发点、战略、模式等，合理借鉴和按需运用到我国教育改革中来，以便更好地服务我国农村教育事业发展。

（三）对已有农村特岗教师发展研究的反思

综上所述，学界对“特岗计划”相关问题开展了卓有成效的研究，取得了丰富的成果。尤其是对“特岗计划”的直接受惠者——特岗教师，学界开展了较为丰富的研究，涉及特岗教师的心理健康、社会支持、生存状态、生活质量、职业认同、职业倦怠、职业发展、专业素质、专业发展、队伍建设与管理、培训与培养等议题，为特岗教师的生存与发展等多方面的实践提供了理论指导。针对“特岗计划”政策的执行状况，学界开展了一定的理论探究和基于某地或某省个案调研的实证研究，探究了“特岗计划”实施的问题、效果与对策，为“特岗计划”实施过程中的部分现实问题的解决提供了一定的参考依据。已有的研究还存在如下一些问题：

其一，从学科视角看，相关研究主要集中在教育学、心理学、政治学和社会学等学科领域，民族学、伦理学、历史学等学科视角的研究以及多学科综合视角的研究极为欠缺。其二，从研究对象看，对特岗教师的关注和研究较多，对“特岗计划”实施情况的调研和省思较少。其三，从研究方法看，对全国范围特岗教师群体或西部特岗教师群体或“特岗计划”实施总体的调查研究鲜有见刊，以某地或某省多地“特岗计划”实施个案为对象的调查研究也不多，实证研究有待丰富；对“特岗计划”在我国不同地区实施情况的横向比较或在同一地区实施情况的历史比较等研究极为缺乏，比较研究和历史研究有待加强。而且，对“特岗计划”政策的价值、意义与评估等方面的基础理论研究以及对特岗教师队伍建设、管理、培养与激励等方面的基础理论研究都还比较薄弱。其四，从研究内容看，对特岗教师信息化和管理方面的研究较少，对“特岗计划”在不同区域实施状况、成效、问题与对策的个案研究不多，对“特岗计划”在民族地区的适应性问题研究极为欠缺，以不同区域与不同类型政策执行单位为个案检测政策效果的研究极少，以政策绩效评估为视角的研究成果寥寥无几，政策实施的绩效尚未得到系统的评估。

三、如何研究西部农村特岗教师发展

（一）相关概念的界定

1. 农村特岗教师

关于什么是“农村”的界定有理解上的差异。在一般意义上，农村是指以从事农业生产为主的农业人口居住的地区，不同国家、不同地区所规定的农村统计口径有所不同。本研究中，农村是指以“大农业”（即农、林、牧、副、渔五业）为主要产业的广大的乡（镇）和村等行政区域。

“农村教师”，指在县城以下以“大农业”为主要产业的广大的乡（镇）和村所在地学校任教的教师。本研究中的“农村教师”特指在以“大农业”为主要产业的广大的乡（镇）和村所在地小学和初中任教的教师。

“特岗教师”是特设岗位教师的简称，是指由施行“特岗计划”所招聘的教师。在范围上，本研究中的特岗教师指所有由施行“特岗计划”所招聘的教师，既包括3年服务期满已入编或未入编的教师，也包括服务期未满3年仍在岗或3年服务期未满就离岗的教师，既包括由施行中央“特岗计划”所招聘的教师，也包括由施行地方“特岗计划”所招聘的教师。

“农村特岗教师”，本研究中是指在以“大农业”为主要产业的广大的乡（镇）和村所在地小学和初中任教的特岗教师，泛指有“特岗”经历的、在义务教育学校任教的教师。

2. 农村特岗教师发展

“发展”，是事物从产生开始的进步变化的过程，是事物的不断更新；是指一种连续不断的变化过程，既有量的变化，又有质的变化。

“农村特岗教师发展”，本研究将其界定为农村特岗教师的全面发展：既包括农村特岗教师个体的发展，也包括农村特岗教师群体的发展；既包括农村特岗教师作为社会人的发展，也包括农村特岗教师作为专业人员的发展；既包括农村特岗教师生存和身心的发展，也包括农村特岗教师工作和专业的发展。

3. 农村特岗教师发展生态机制

本研究中，“农村特岗教师发展生态机制”是指以有利于农村特岗教师可持续发展为目的，根据教师发展规律、教育现状、生活现状、发展现状，在教育系统内外环境之间以及内环境各要素之间建立起一种自然的、健康的、合规律的、相互支持的、互促互进的和谐关系，并综合运用行政、人事、社会、文化、经济和教育等手段，调整农村特岗教师在身心、生存、工作和专业等方面的发展的教育政策、措施或方法。

(二) 研究目标的定位

本研究的目标有四个方面：

1. 事实陈述

对当下西部农村特岗教师发展现状进行全纳、还原式事实陈述，以全面了解当下西部农村特岗教师发展的基本现状。

2. 价值判断

对西部农村特岗教师发展过程中存在的问题作出甄别，对表层问题作出归类罗列，对深层问题予以澄清聚焦。

3. 理论分析

对影响西部农村特岗教师发展的深层、表层问题的成因作出诊断，并对其进行深度分析，作出综合归因，予以学理分析。

4. 实践探索

基于上述事实陈述、价值判断，从思想认识、行为操作、生态机制方面探寻一套可供当前西部农村特岗教师良性发展付诸实施的具体方案，积极探寻促进当下西部农村特岗教师良性发展的相关对策及其实施路径。

(三) 研究方法的运用

本研究是一项理论与实践相结合的研究，在研究过程中力求做到宏观研究和微观研究相结合。本研究以“问题”为导向，根据研究的需要灵活地将“形而上”的思辨方式与“形而下”的实证方式相结合，坚持理论与实践、个别与一般、定性与定量相融合的方法论原则。

1. 文献研究法

本研究所使用的文献资料主要是关于教师发展理论、西部农村特岗教师发展状况与保障政策的学术论文、专著、研究报告、政策文件以及相关网站的原始资料。除了对文献资料进行细致印证与梳理以外，本研究还十分注重对文献资料的阐释与评价。

2. 调查研究法

自行编制“西部农村特岗教师发展状况调查问卷”，该问卷包括西部农村特岗教师个人基本情况、工资待遇状况、身心发展状况、社会生活状况、工作生活状况、专业发展状况、培训提高状况、培养与选用状况共 8 个部分。调查对象的抽样采用整群抽样与分层抽样相结合的方式，分别在我国西南(四川省、贵州省和云南省为样本省)和西北(陕西省、宁夏回族自治区和新疆维吾尔自治区为样本省或样本区)40 个样本县中抽取了近 4 700 名农村特岗教师进行发展状况和生态机制抽样调查，全面了解当下西部农村特岗教师发展现状和主要问题。

3. 行动研究法

根据访谈调查情况，选择具有典型性的农村特岗教师个体和群体，进行人种志研究，形成西部农村特岗教师的发展图像。根据典型个案取样、关键个案选样和理论本位选样的要求，采用目的抽样的方式，分别在样本省(区)的样本县每类别选取 3 名[①]，共计选取 96 名(其中，四川省 36 名，云南省 12 名，贵州省 16 名，陕西省 10

① 依据：不完全归纳法原理。

名，宁夏回族自治区 8 名，新疆维吾尔自治区 14 名）农村特岗教师为典型个案，进行个人和集群人种志研究。通过参与式观察、深度访谈、口述史、生活史、实物等具体手段的运用，对西部农村特岗教师发展的材料进行客观的收集、整理与分析，了解西部农村特岗教师发展现状，在微观层面对西部农村特岗教师发展的文化现象和文化群体的价值观念、思维方式、行为方式进行深入细致的描述与分析。

4. 比较研究法

比较研究法最显著的优点在于可以更好地突出研究对象的特质。由于我国是个多民族国家，不同地区的文化差异比较大，本研究以我国西部农村特岗教师发展政策为基点，在每个样本省（区）和样本县选取典型区域或学校为比较对象，通过对这些区域或学校的比较研究，总结各地在实施"特岗计划"政策方面的特点、经验与教训，提炼对改进"特岗计划"政策有益的经验。

理论与政策探讨

第一章

农村特岗教师发展理论基础

教育公平是实现社会公平稳定的重要基础，为缩小城乡教育差距，我国不断重视提高农村教育质量，特岗教师的重要社会价值便得以体现。农村特岗教师的重要价值，不仅关系到农村教育的健康发展，也切实关乎农村孩子的成长问题，因此关注农村特岗教师发展是改善和促进教育公平的重要举措。由于产生机制不同，农村特岗教师与农村一般教师发展的具体情形也不尽相同。但是与农村一般教师发展一样的是：农村特岗教师发展亦基于一系列成熟的理论。马克思主义关于人的全面发展理论、马斯洛需求层次理论、社会生态学理论、儒家思想、教师专业发展理论和比较教育学理论等为农村特岗教师发展奠定了坚实基础。

第一节　关于人的发展方面的理论

人的发展是指随时间的推进在人身上发生的变化。人的发展是一种高品位的、复杂而充满动态的变化过程。人的发展是多方位的、多样化的，不仅涉及生理发展、感知发展、智能发展，而且还涉及人格发展、情绪发展、社会性发展、人际关系发展等。农村特岗教师的发展也是全面的、多样化的，涉及农村特岗教师全方位、全面的发展。

一、马克思主义关于人的全面发展理论

马克思认为,一个物种的全部特性就包含在这个物种的生命活动之中,而人的生命活动就是劳动。马克思说:“全部人的活动迄今都是劳动。”劳动从本质上来说,又是一种“自由的自觉的活动”,因而马克思很自然地得出结论:“人的类特性恰恰就是自由的自觉的活动。”物质生产劳动是生产力与生产关系的统一,马克思指出,作为社会的存在物,人的本质在其现实性上是一切社会关系的总和。

(一) 人类社会发展的根本目的和核心:人的自由全面发展

消灭阶级和阶级对立,实现个人自由全面的发展,是马克思、恩格斯设想的未来共产主义社会的基本目标,这一目标贯彻于他们的全部理论中。在马克思、恩格斯的早期著作中,如马克思在《1844 年经济学哲学手稿》中,已开始把人类解放和人的自由全面发展当作无产阶级的未来目标,并把人类解放与消灭私有制联系在一起。在《德意志意识形态》中,马克思、恩格斯比较系统地阐明了历史唯物主义的基本原理,对历史上人的发展作出考察,并把人的解放与生产力的发展联系起来。他们指出,个人的全面发展“正是共产主义者所向往的”;在《共产党宣言》中指出,“代替那存在着阶级和阶级对立的资产阶级社会的,将是这样一个联合体,在那里,每个人的自由发展是一切人的自由发展的条件”。1867 年马克思在《资本论》中又指出未来共产主义社会是“一个更高级的、以每个人的全面而自由的发展为基本原则的社会形式”。1877 年马克思在《给〈祖国纪事〉杂志编辑部的信》中,把共产主义社会称为“在保证社会劳动生产力极高度发展的同时又保证每个生产者个人最全面发展的这样一种经济形态”。关于这一点,恩格斯说得非常明确。1894 年 1 月恩格斯在回答友人要求他用最简短的语言来概括未来社会主义新时代的“基本思想”时说,“除了《共产党宣言》中的那句关于人的全面发展的话以外,我想再也找不出更合适的话了。”可见,实现人的自由而全面的发展,既是《共产党宣言》的基本思想,也是整个马克思主义的基本思想。

(二) 人的自由全面发展的内涵和主要内容

马克思在批判资本主义社会“畸形发展”的片面性、工具性和有限性的基础上,阐明了人的发展的具体内涵,即全面、自由、充分、和谐发展。

关于人的自由全面发展的主要内容,马克思将其概述为“人以一种全面的方式,也就是说,作为一个完整的人,占有自己的全面的本质”。由此出发,马克思认

为:“(1)人的全面发展是人的活动及其能力的全面发展,指的是将人的丰富的能力(包括体力和智力、自然力和社会力、个体能力和集体能力、现实能力与潜在能力以及知、情、意等)最大限度地发挥出来,即任何人的职责、使命、任务就是全面地发展自己的一切能力。(2)人的全面发展是人的社会关系的全面发展,指的是人与人之间社会关系(包括经济关系、政治关系、道德关系、交往关系、家庭关系等)的高度丰富展开与占有。它将由贫乏变得丰富,由封闭变得开放,由片面变得全面,由地域的人变为世界历史的人。(3)人的全面发展是人的个性的全面发展,指的是个人关系和个人能力的普遍性和全面性,它不再受到压抑,不再只是局限在少数人或某些阶层身上,每个人的物质生活和精神生活不断得到提高,个人素质不断完善。”

(三) 实现人的自由全面发展的前提

实现人的自由全面发展的前提,是要使人真正成为自然和历史的主人,成为社会发展的主体,人在社会发展中居于主体地位,发挥主体作用。这就要实现人的解放,克服人对人的依赖(人丧失独立人格,成为依附性的人),也要克服人对物的依赖,即对金钱、物质财富、物的价值的依赖。以往的社会使人成为物的奴隶,成为为物而存在的人,是见物不见人。恩格斯在《反杜林论》中指出,改变这种状况,就要消灭或改革一切阻碍人健康发展的奴役人的制度,消灭私有制。恩格斯认为,只有在摆脱了私有制的共产主义社会中,人们才能真正成为自然和历史的主人,从而成为真正自由的人。

(四) 实现人的自由全面发展的条件和途径

马克思认为,人的自由全面发展的实现首先必须以“发达的生产力为基础”。因为,只有生产力的高度发展,才能保证“人的体力和智力获得充分的自由发展和运用”;只有通过生产力的发展才能促进生产关系的调整和变革,实现社会制度、社会形态的完善和更替,使人的社会关系全面生成和高度丰富起来;也只有生产力的高度发展,才能消灭旧社会的生存条件,消灭阶级、消灭旧的社会分工,实现“自由个性”的发展。生产力包括科学技术,科学技术的出现、发明及其运用,必然是劳动时间的缩短和“自由时间”的延长,而这正是人的全面自由发展的重要条件。

实现人的自由全面发展的途径:一是社会生产力的发展,它是人的自由全面发展的现实前提和基础。二是需要进行制度改革。人在历史上的发展,根本上取决于生产力的发展程度,而直接则取决于社会关系即社会制度。马克思指出,人类的文明发展“虽然在开始时要靠牺牲多数的个人，甚至靠牺牲整个阶级，但最终会克服这种对抗，而同每个人的发展相一致”。三是实现人的自由全面发展还要求构成社会“活的有机体”各要素（经济、政治、文化、生态等）的综合协调发展。

（五）人的自由全面发展是具体的、历史的过程

人的自由全面发展，是一个长期的历史过程。只有在马克思主义产生之后，马克思主义者和共产党人才能自觉地明确地把实现人的自由全面发展的基本目标写在实践的旗帜上。在不同的时代和不同的历史条件下，马克思主义者和共产党人面临着不同的社会环境、面对着不同的社会问题，会提出和解决不同的历史任务。每一代人都要在继承既有的生产力的基础上，在所处的特有的历史条件和社会背景下，面对和解决关系人的发展的特有的经济、政治、文化和社会问题，提出和完成实现人的自由全面发展的具体的特殊的历史任务。

马克思主义关于人的全面发展理论，是对人类生存和发展的一种终极关怀。它代表着人类发展的趋势，也体现了人类对自身发展的渴求，而不是现实中人的现实目标。要实现这一目标，还需要一个漫长的历史过程。但是，这一远大的目标却激励着我们开展现实活动，使我们通过脚踏实地开展现实活动向着这一理想目标逐步逼近，从而使我们的现实活动具有终极的意义。今天，我们“按照‘五位一体’总体布局和‘四个全面’战略布局，牢固树立和贯彻落实创新、协调、绿色、开放、共享的发展理念，主动适应经济发展新常态，全面贯彻党的教育方针，坚持稳中求进工作总基调，注重内涵发展，坚持发展抓公平、改革抓体制、安全抓责任、整体抓质量、保证抓党建，坚定不移沿着中国特色社会主义教育道路前进，加快推进教育现代化”①。这既是马克思关于人的全面发展理论在现实社会的具体运用，又是加快教育现代化，办好人民满意的教育，贯彻立德树人的根本任务。

马克思认为，教育一方面是提高生产力的重要手段，另一方面是造就全面发展的人的唯一方式。在中国特色社会主义新时代，人的全面发展的重要途径是通过素质教育来实现。人的素质主要包括政治思想素质、科学文化素质、心理素质与身体素质等。素质教育就是要培养有理想、有道德、有文化、有纪律的社会主义事业的建设者和接班人。21 世纪是知识经济时代，在国际政治、经济、科技、文化等领域

---

① 摘自《教育部 2017 年工作要点》。

多角度、多格局的激烈竞争中，决定性的因素是人的素质。谁拥有高水平、高素质的人才，谁就具有竞争优势，处于主动地位。党和国家十分重视我国人力资源的培养与开发。素质教育是全社会都要关注的问题。国民素质的整体提高要通过具体内容来体现和落实。现代科学技术呈现高速发展和综合化趋势的特点，对人才的培养提出许多具体要求。除应具备热爱祖国、事业心强、学术造诣深、作风端正、治学严谨等基本条件和品格外，还应具备适应新时代的特殊素质，要有综合性知识结构，要有开拓创新精神，要有竞争意识和团队合作精神，要有国际交往能力和应变能力。对未来的学科带头人则有更高的要求，不仅应具有出众的知识水平和素质、能力，而且还必须有预见和战略眼光，能正确抉择、把握学科发展方向，有较强的综合领导能力，善于设计战略方案并带领团队实现目标等。

农村特岗教师的全面发展、自由发展、有个性的发展，关系到“特岗计划”政策的全面实施，也是检验“特岗计划”政策效果的一个重要方面，要运用马克思主义关于人的全面发展理论来指导发展，扭住农村特岗教师发展的本质这个“牛鼻子”，关照农村特岗教师发展的阶段，注重农村特岗教师发展的途径，把农村特岗教师作为“社会人”关注其全面发展和持续发展。

二、马斯洛需求层次理论

马斯洛需求层次理论亦称马斯洛基本需求层次理论，是行为科学的理论之一。马斯洛认为，在特定时刻，人的一切需求如果都未能得到满足，那么满足最主要的需求就比满足其他需求更迫切。

马斯洛需求层次理论是基于以下的基本假设的：已经满足的需求，不再是激励因素；人们总是在力图满足某种需求，一旦一种需求得到满足，就会有另一种需求取而代之；大多数人的需求结构很复杂，无论何时都有许多需求影响行为；一般来说，只有在较低层次的需求得到满足之后，较高层次的需求才会有足够的活力驱动行为；满足较高层次需求的途径多于满足较低层次需求的途径。

马斯洛需求层次理论把需求分成生理需求、安全需求、社交需求、尊重需求和自我实现需求五级，依次由较低层次到较高层次。

（一）生理需求

这是人类最原始、最基础的维持自身生命的需求，衣、食、住、行等方面的需求都属于这一范畴。这些需求的满足为人类维持生存创造了基本物质条件——现实的个体生命。否则现实的实践活动的主体将不复存在。因此,生理需求是推动人们行动的最初动力。马斯洛认为,只有这些维持生存的最基本的需求得到满足后,才能衍生出其他的更复杂的需求。基于此,生理需求只是人的需求的最低层次。

(二) 安全需求

人们要求保障生命、财产安全,避免失业和疾病的侵袭,免于各种灾难、威胁及不公正待遇等方面的需求被称为安全需求。人类天生存在着趋利避害的机能,诸如人的各种器官眼、耳、口、手、脚乃至整个身体都在积极寻求最安全的模式与环境。因此,马斯洛认为人的各种器官都是寻求安全的工具,甚至科学和人生观都可以看成是为满足安全需求作出巨大贡献的一部分。安全需求是比生理需求高一层次的需求。

(三) 社交需求

首先,人人都有自己的家庭社会角色,都渴望得到别人的爱和关心,也希望能爱别人,从而保持融洽的关系。其次,任何人都希望有所归属,希望自己成为无论是班集体、社会组织还是党派等的一分子,在有困难或者情绪低落的时候能有倾诉的对象,从感情上和心理上找到寄托。

(四) 尊重需求

马斯洛把尊重分为自尊、他尊、权利欲三个方面。人人都渴望成功,得到名誉和声望,得到别人的尊重,从而受到社会的肯定和认可,实现自己的社会价值,体现自己的社会地位。独立而较强的经济能力、体面而高尚的社会地位、他人的信赖和高度评价等都是人们孜孜不倦追求的尊重需求。由于对这些需求的追求,人们愿意努力工作,愿意挖掘自己的潜力。因此,马斯洛认为,尊重需求的满足,能使人们提高自信心,认识到自己的价值,对工作生活乐观积极向上。

(五) 自我实现需求

马斯洛认为这是最高层次的需求,人们在任何实践活动开展前,都会给自己设定预计目标、要求等。希望按照这些要求充分发挥自己的潜力,最好地实现预定目标,从而得到别人的承认与认可,实现自己的个人价值与社会价值。马斯洛认为,满足自我实现需求的途径是因人而异的。自我实现需求的满足就是努力挖掘自己的潜力,使自己越来越成为自己所期望的人物。

五种需求如阶梯一样从低到高，按层次逐级递升，但次序不是完全固定的，可以变化，也有种种例外情况。

马斯洛需求层次理论的核心是人的“自我实现”的思想。人本主义心理学派认为：需求是人的心理最重要、最本质的东西，是人的所有行为的根本动力。既然是以人为本，那么着重研究作为人的本性的需求，自然是理所当然的了。基于此，特岗教师生态发展应该努力做到群体与个体“自我实现”，这样，他们的需求就会从低一级不断地向高一级发展，最终达到自我实现——尽自己最大的可能为社会作出贡献。

第二节　关于社会学方面的理论

人际关系学说的创始人梅奥说过：“人是独特的社会动物，只有把自己完全投入到集体之中才能实现彻底的自由”，通过社会化，使自然人在适应社会环境、参与社会生活、学习社会规范、履行社会角色的过程中，逐渐认识自我，并获得社会的认可，取得社会成员的资格。农村特岗教师从学校到社会、从城市到农村，需要经历社会化的过程，完成角色的转变，实现全面融入社会。

一、社会生态学理论

社会生态学把人类看作最活跃的生态因子，与生物学、经济学、法学、医学和其他学科处于互相密切的联系，主要的观点是任何社会体系应当与自然环境相适应，而自己利用自然的手段和方式、自己的生产要适应自然的条件，社会体系应当完全适应自然条件、自己的群体以及自己的生活方式。

（一）真实自然的环境是人类发展的主要源泉

布朗芬布伦纳强调环境的重要作用，反对“脱离环境谈发展”和“脱离发展谈环境”。他认为：人类发展的生态学就是人与人直接生活的环境之间相互适应的科学研究。人是不断成长的、积极主动的，是参与活动的主体。而环境的特性也在不断地变化。所以，人与环境之间存在一个需要不断相互适应的过程。要科学地认识人类发展的心理过程，必须以对环境的缜密的科学认识为基础。

事实上，人始终处于发展过程中，环境也确实在不断变化。人在改造环境，环境也时刻影响人的发展。忽视环境研究人的发展将看不到环境因素的作用，研究结果一定不适应生活中的人。所以，在对环境的科学认识基础上研究人的发展是正确的。只有环境才是人成长的动力，也只有社会环境才能导致人的社会化，并且，只有社会化才能成为真正的人。

（二）环境与人的发展相结合

布朗芬布伦纳强调环境的重要作用，但环境对人的影响不是机械的，环境与人是结合在一起的，人是环境中的人，脱离环境谈人的发展是无意义的。研究的最终目的就是要系统地说明人类发展的过程及结果，而这一过程和结果又是个体与环境的复合函数。他指出：行为是人与环境的复合函数，即 $B=F(PE)$，其中，B 代表行为，F 代表函数，P 代表人，E 代表环境。同时，发展也是人与环境的复合函数，即 $D=F(PE)$，其中，D 代表发展，其他同上。需要强调的是，行为与发展绝不是个人与环境的简单相加，两者之间存在着重要的“交互作用”。这两个函数说明：行为(B)的发生，由人与环境因素决定。不同人在相同环境下行为是不一样的；同一个人在不同环境下行为也是不一样的。所以，人的行为只能在充分考虑两者关系条件下去研究。发展(D)的发生，也由人与环境决定。不同人与不同环境的不同组合将导致不同的发展出现。行为和发展相互影响、相互作用。行为促进发展，发展影响行为。

（三）认知能力的发展因环境而不同

布朗芬布伦纳认为：多数关于认知能力的概念与测量都基于一个假设，即认知能力不因时间、地点而变化，即“环境无关论”。而认知过程的复杂性和解决问题的效率都是他们所依存的环境的函数，认知所发生的环境绝不是认知的附属物，而是认知的成分。在不同环境下，能力的含义是有区别的，尤其是测量的含义大不一样。对不同环境下的儿童作同一测量的比较是不科学的，一定要考虑文化与亚文化的作用。他强调，来自不同文化或亚文化的群体之间，认知成绩的差异是由他们不同的经历造成的。这种经历指的是：在历史发展的某一个阶段，在个体成长过程中，某一特定的文化或亚文化所存在的认知加工类型的不同。所以，任何对个体或群体认知能力的评价，必须参照影响其成长的文化或亚文化来作解释，对认知过程和结果进行环境式与非环境式的两种评估。

（四）生态系统模型

生态是指有机体或个人正在经历着的，或者与个体有直接或间接联系的环境。

这些生态环境由若干镶嵌在一起的联系系统组成：微系统（microsystem）、中间系统（mesosystem）、外层系统（exosystem）、宏观系统（macrosystem）。

微系统有无数个，凡是个体直接参与的环境都是微系统。以图1.1所示的生态系统为例，其中在家庭中与父母直接交往的系统、在学校与老师和同学交往的系统等属于微系统。这些微系统之间的联系属于中间系统。比如，家庭与学校之间的关系程度、学校与社会的联系程度等。但有的微系统之间也可能没有联系。在如图1.1所示的生态系统中，可能影响儿童的环境因素属于外层系统。比如，父母的生活态度、老师的教养水平和小伙伴的家庭和睦程度等。将这几个系统置于其间的背景则属于宏观系统。这些系统之间是相互联系的、相互影响的，它们都可能对儿童产生影响。

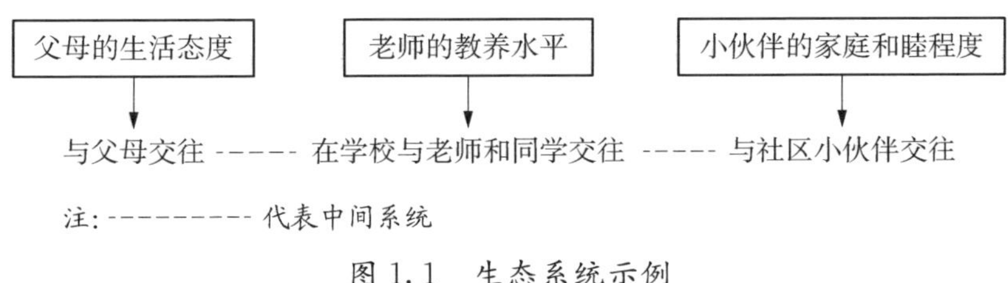

图1.1　生态系统示例

农村特岗教师生活在农村，农村的自然环境、交通环境、办公条件、生活条件、工作环境，特岗教师与领导的关系、与同事的关系、与学生的关系、与学生家长的关系、与社会各界的关系，学校的制度文化、教学文化、管理文化，等等，这些要素构成农村特岗教师生存与发展的生态系统，这个系统良性发展关系着农村特岗教师良性发展。

二、儒家思想

儒家是中国古代在董仲舒"独尊儒术"之后最有影响的学派。作为华夏固有价值系统的一种表现的儒家，并非通常意义上的学术或学派。儒家思想的内涵丰富复杂，封建皇权逐步发展出基础理论和思想，即讲大一统、讲君臣父子。

人与自然的关系问题是人类思想的永恒主题，更是以"天人合一"为理论视域和思维方式及其理想和追求的儒家的根本问题。如果说生态伦理学是人类对人与自然关系的伦理关照的话，那么，儒家的生态伦理思想作为儒家在理解和处理人与自然关系问题上的原则立场、观点和方法的理论体系，则无疑是以“仁”为核心，以“亲亲”为基础，以“爱物”为指向。用孟子的话说，就是“亲亲而仁民，仁民而爱物”；用朱熹的话说，就是“仁是根，恻隐是萌芽。亲亲、仁民、爱物，便是推广到枝叶处”。

历史地看，儒家生态伦理学思想的原创建构，以孔子仁学思想体系为起点，肇端于人类文明“轴心时代”的春秋战国时期。孔子以仁释礼、以仁导礼，不仅实现了“仁”的理论化飞跃，而且构建了一个以“仁”为核心的思想体系。董仲舒说：“孔子贵仁。”“仁”是孔子思想的核心范畴和最高道德原则。那么，何谓“仁”？子曰“爱人”；曰“先难而后获”；曰“出门如见大宾，使民如承大祭，己所不欲，勿施于人，在邦无怨，在家无怨”；曰“能行五者于天下，为仁矣”；曰“恭、宽、信、敏、惠：恭则不侮，宽则得众，信则人任焉，敏则有功，惠则足以使人”；曰“克己复礼为仁”；曰“非礼勿视，非礼勿听，非礼勿言，非礼勿动”。总之，在孔子看来，“仁之本为孝悌，仁之义为爱人，仁之方为忠恕，仁之行为安百姓，仁之象为恭宽信敏惠，仁之制为礼乐教化”。他不仅赋予了“仁”多方面的思想内涵，而且从根本上为儒家生态伦理学思想的形成和发展奠定了坚实的基础，同时也规定了儒家生态伦理学思想发展的精神方向。

孟子不仅将孔子的仁爱思想从人际伦理扩展到了人以外的自然界，而且构建了一个以“仁”为核心，以“亲亲而仁民，仁民而爱物”为思想进路和关系原理的生态伦理学思想体系。他说：“夫仁，天之尊爵也，人之安宅也。”“仁者，人也，合而言之，道也。”“君子之于物也，爱之而弗仁；于民也，仁之而弗亲。亲亲而仁民，仁民而爱物。”那么，对此究竟应当作何理解呢？赵岐注云：“先亲其亲戚，然后仁民，仁民然后爱物，用恩之次者也。”孙奭疏云：“孟子言，君子于凡物也，但当爱育之，而弗当以仁加之也，若牺牲不得不杀也；于民也，当仁爱之，而弗当亲之也。以爱有差等也。是则先亲其亲，而后仁爱其民；先仁爱其民，然后爱育其物耳。是又见君子用恩有其伦序也。”朱熹注云：“物，谓禽兽草木。爱，谓取之有时，用之有节。程子曰：仁，推己及人，如老吾老以及人之老。于民则可，于物则不可。统而言之则皆仁，分而言之则有序。杨氏曰：其分不同，故所施不能无差等，所谓理一而分殊者也。尹氏曰：何以有是差等？一本故也，无伪也。”其述张栻之言曰：“圣人之心，天地生物之心也。其亲亲而仁民，仁民而爱物，皆是心之发也。然于物也，有祭祀之须，有奉养宾客之用，则其取之也，有不得免焉。于是取之有时，用之有节，若夫子之不绝流、不射宿，皆仁之至义之尽，而天理之公也。”所以，在孟子等人看来，既然“天性之亲”“人伦之爱”为“天下之公理”，只要经由忠恕之道，推己及人，推己及物，就可以实现人与人、人与社会、人与自然的和谐共生和动态平衡的理想。

那么，由“亲亲”之“仁”（“孝悌”）何以能够推广到“亲亲”以外的他人乃至天地万物呢？以《孟子》文本为依据，可以发现，其根据主要有两个：其一是“仁者无不爱也”的前提预设；其二是“人皆有不忍人之心”的本质规定。而如果说“仁者无不爱也”是“亲亲而仁民，仁民而爱物”的内在根据和深层原因的话，那么，人皆具有的“不忍人之心”则是“仁者无不爱也”的内在根据和深层原因。孟子曰：“君子所性，仁、义、礼、智根于心”，“恻隐之心，人皆有之。羞恶之心，人皆有之。恭敬之心，人皆有之。是非之心，人皆有之。恻隐之心，仁也。羞恶之心，义也。恭敬之心，礼也。是非之心，智也。仁、义、礼、智，非由外铄我也，我固有之也，弗思耳矣”。在孟子看来，“人之所不学而能者，其良能也；所不虑而知者，其良知也。孩提之童，无不知爱其亲者；及其长也，无不知敬其兄也。亲亲，仁也；敬长，义也；无他，达于天下也。”他举例说：“牛山之木尝美矣。以其郊于大国也，斧斤伐之，可以为美乎？是其日夜之所息，雨露之所润，非无萌蘖之生焉，牛羊又从而牧之，是以若彼濯濯也。人见其濯濯也，以为未尝有材焉，此岂山之性也哉？虽存乎人者，岂无仁义之心哉？其所以放其良心者，亦犹斧斤之于木也，旦旦而伐之，可以为美乎？其日夜之所息，平旦之气，其好恶与人相近也者几希，则其旦昼之所为，有梏亡之矣。梏之反复，则其夜气不足以存。夜气不足以存，则其违禽兽不远矣。人见其禽兽也，而以为未尝有才焉者，是岂人之情也哉？故苟得其养，无物不长；苟失其养，无物不消。孔子曰：‘操则存，舍则亡；出入无时，莫知其乡。’惟心之谓与！”

张载则在继承孔孟思想的基础上，明确提出了“天人合一”和“民胞物与”的生态伦理学思想和命题，而且为儒家生态伦理学思想的建构提供了更为广阔的理论视域和思维方式。他说：“乾称父，坤称母。予兹藐焉，乃混然中处。故天地之塞，吾其体；天地之帅，吾其性。民，吾同胞；物，吾与也。”对此，朱熹的解释是：“人物并生于天地之间，其所资以为体者，皆天地之塞；其所得以为性者，皆天地之帅。然体有偏正之殊，故其于性也，不无明暗之异。惟人也，得其形气之正，是以其心最灵，而有以通乎性命之全体，于并生之中，又为同类而最贵焉。故曰‘同胞’，则其视之也，皆如己之兄弟矣。物则得夫形气之偏，而不能通乎性命之全，故与我不同类，而不若人之贵。然原其体性之所自，是亦本之天地而未尝不同也，故曰‘吾与’。则其视之也，亦如己之侪辈矣。惟同胞也，故以天下为一家，中国为一人，如下文之云‘惟吾与也’。故凡有形于天地之间者，若动若植，有情无情，莫不有以若其性，遂其宜焉。此儒者之道，所以必至于参天地、赞化育，然后为功用之全，而非有所强于外也。”

在张载的论证和朱熹的解释基础之上，王阳明不仅明确提出了“一体之仁”的思想和命题，而且为实现“亲亲”“仁民”和“爱物”的内在统一奠定了坚实的思想和理论基础。他说：“大人者，以天地万物为一体者也。其视天下犹一家，中国犹一人焉。若夫间形骸而分尔我者，小人矣。大人之能以天地万物为一体也，非意之也，其心之仁，本若是其与天地万物而为一也。岂惟大人，虽小人之心，亦莫不然。彼顾自小之耳。是故见孺子之入井，而必有怵惕恻隐之心焉，是其仁之与孺子而为一体也。孺子犹同类者也，见鸟兽之哀鸣觳觫，而必有不忍之心焉，是其仁之与鸟兽而为一体也。鸟兽犹有知觉者也，见草木之摧折，而必有悯恤之心焉，是其仁之与草木而为一体也。草木犹有生意者也，见瓦石之毁坏，而必有顾惜之心焉，是其仁之与瓦石而为一体也。是其一体之仁也，虽小人之心，亦必有之。是乃根于天命之性，而自然灵昭不昧者也。”

中国传统文化的“天人合一”思想是农村特岗教师发展的重要文化渊源。中国传统的生态伦理智慧是在人与自然的长期交往中形成和发展起来的。中国传统的“天人合一”思想是迄今为止人类最重要的生态伦理智慧的一部分。所谓天人调谐思想，即强调天人相统一，将人与自然的关系定位在一种积极的调谐关系上，不主张征服自然；强调人既不是大自然的主宰，也不是大自然的奴隶，而是大自然的朋友。其中，儒家强调仁者要热爱大自然，亲近大自然，把融入大自然视为最大的快乐、人生追求的最高志趣。儒家认为，天是包括四时运行、万物生长在内的自然界，天即自然界的功能，自然界是有生命的自然界，它本身就是生命整体。道家要求人要以尊重自然规律为最高准则，以崇尚自然、敬畏天地作为人生行为的基本归依。道家认为，天、地、人“本是同根生”，要“知常”“知和”“知止”“知足”。佛教主张只有公平地对待所有生命及其权利，才能建立真正合理的生态平衡观，才能彻底有效地改善生态环境。

第三节　关于教育学方面的理论

19 世纪中叶以后，马克思主义的产生，近代心理学、生理学的发展，为科学化教育奠定了辩证唯物主义哲学和自然科学基础。现代生产和科学技术的发展，教育实践的广泛性、丰富性，更进一步推动了教育学的发展。教育学的研究对象是人类教育现象和问题，以及教育的一般规律，是教育、社会、人之间和教育内部各因素之间内在的本质的联系和关系，具有客观性、必然性、稳定性、重复性。农村特岗教师发展必须遵循教育的发展规律，也离不开教育学的指导。

一、教师专业发展理论

1966 年，国际劳工组织和联合国教科文组织联合发表了《关于教师地位的建议》，该文明确指出："教育工作应被视为一种专门职业。这种职业是一种要求教师具备经过严格而持续不断的研究才能获得并维持专业知识及专门技能的公共业务，它要求对所辖学生的教育与福利拥有个人的及共同的责任感。"

现阶段我国的教师管理制度日趋完善，在教师的准入和聘任制度上也反映出教师作为一种专门职业具有鲜明的专业特征：国家规定了教师任职的学历标准；教师要有必要专业知识（学科专业知识和教育专业知识）和专业能力；国家对教师有职业道德要求；国家对教师教育有专门机构、专门教育内容和措施；国家有教师资格认定制度和管理制度；教师要在专业上不断持续发展。

教师行业是一个特殊的行业，除了要求教师具有各个学科的专业知识，经过职业教师培训之外，还有其特殊性：教师面对的是正在塑造个性的学生，因此教师的一举一动将对学生产生深远的影响。所谓"学高为师，身正为范"便是对教师行业的生动描述。教师行业是个不断创新的行业。新的课程标准将提高学生的创新能力放在了很重要的位置，它赋予教师行业不断创新的性质，包括教师对教材的创新和教师在课堂的创新。教师行业是一个要求教师以教为乐、奉献终生的行业。这就要求教师对自己的行业有高度的热情，对培养新人有高度的责任感，有"俯首甘为孺子牛"的精神。教师专业性既包括学科专业性，也包括教育专业性，国家对教师任职既有规定的学历标准，也有必备的教育知识、教育能力和职业道德的要求。

（一）教师要有必备的教育知识

对于教育知识，不同的学者有不同的分类。1986 年美国卡内基教学促进基金会主席舒尔曼对教师的知识分类进行了研究，并提出了作为教师应掌握的七种类型的知识：学科知识；一般教学法知识；课程知识；学科教学知识；学习者及其特点知识；教育背景知识；教育目标、目的和价值观及其哲学和历史背景的知识等。

我国学者将教师应具备的知识划分为：学科知识（本体性知识）；条件性知识；实践性知识。学科知识（本体性知识）是指教师针对所教学科向学生传授的专门的知识，教师的学科知识可在大学学习过程中得到。在教学过程中不仅要求教师对所教学科的知识有深刻的理解，还要求其能在现实环境中灵活运用。条件性知识是指教师在教学过程中运用的教育学和心理学的知识。包括制订教学目标，对学生进行正确评价。掌握好条件性知识有助于教师采取正确的教学策略，实现教学目标。实践性知识往往来自教学经验的总结，也就是教师经过长期的教学活动所具有的对课堂情景的把握。

（二）教师要有必备的教育能力

教育能力是指专业教师的能力素养。专业教师必须具备从事教育教学工作的基本能力。叶澜教授指出，教师应具备三种能力：第一，有理解他人和善于与人交往的能力，即双向沟通能力。这是作为教师应具备的基本能力。第二，组织管理能力。教师要不断和学生打交道，这就需要教师具有组织学生和管理学生的能力。这也是教师做好班级工作的前提。第三，科研意识与科研能力。这是保持教师专业不断发展的重要保障。

（三）教师要有职业道德

职业道德是指教师在教学活动中应遵循的道德规范。它是和教学活动直接相关的，对教师的职业心理和职业理想都有很大的影响作用。我国传统的优秀教师职业道德有很多，比如有教无类、文行忠信、以身作则、学而不厌、诲人不倦等。美国威斯康星—奥克莱尔大学职业与服务中心则将教师的职业道德分为了值得依靠、积极心态、富有责任心和同情心及耐心等。

（四）教师专业成长一般经历四个阶段

教师的专业成长一般要经历四个阶段，分别为：调整磨合期、适应发展期、成熟提高期、反思创新期。

第一阶段，调整磨合期。初步了解课程标准内容，基本熟悉教学过程的基本环节，基本掌握现代教育技术辅助教学，能独立指导活动小组活动。

第二阶段，适应发展期。比较全面了解课程标准内容，比较熟悉教学过程的基本环节，独立开展教学工作，熟练掌握信息技术辅助教学，能独立指导学科活动，有一定效果。自己能利用业余时间比较自觉地进行业务学习和提高。

第三阶段，成熟提高期。能有计划、有目的地开展班级管理工作，班级管理有一定的层次，班风有特色。熟练掌握学科课程标准，熟悉所任教学段教学的全过程要求，能有意识、有目的地开展教学工作，积极开展教科研工作，并有初步的成果。恰当地开展信息技术与课程融合，能建立体系完整符合个人教学需求的学科资源库，能够根据自己的专业发展需要，有选择性地进行业务进修与培训，能成为学校的学科骨干，切实成为学生学习的组织者、促进者和引导者，努力使课堂充满生命的活力。

第四阶段，反思创新期。系统把握学科内容，能结合本学科发展的需要不断更新、充实教学内容。熟练掌握信息技术与学科整合的策略，教学态度认真严谨，教学风格鲜明，教学成效明显，能注意学生创新精神和实践能力的培养。具有较强的创新意识和教研科研能力，掌握教学改革和发展的最新动态。积极参与专业建设、学科建设、课程改革和实验室建设，取得显著成绩。

特岗教师占据农村教师队伍的相当数量，作为一个特殊群体，他们拥有合格学历，或毕业于师范专业，或具有教师资格证，具有一定的理论知识，他们的专业发展不仅影响农村教师队伍的整体素质，而且也影响着城乡教育均衡发展。重视农村特岗教师的专业发展，是提高农村义务教育质量的一个重要保证。

二、比较教育学理论

比较教育学是教育科学领域中的一个新的分支学科。对于什么是比较教育，大多数比较教育学者认为，应从各国实际出发，研究世界教育发展中的重大国际性教育问题，而不是从抽象定义出发，构思现实意义不大的形式上的理论体系。比较教育学是以比较法为主要方法，研究世界各国教育的一般规律与特殊规律，揭示教育发展的主要因素和相互关系，探索未来教育发展趋势的一门教育科学。它既是一门理论学科，更是一门偏重于应用的教育学科。

（一）认识论：从文化相对主义视角理解教育的独特性质

当西方建立以现代性为进步特征的世界体系时，边陲国家就“感染”了一种无法治愈的落后病症。心态不对等使现代化在一定意义上趋同于西方化。后发型国家比较教育研究无可避免地承载迻译和借用的教育职责，但也出现了“以偏概全的强行性放大”或“比较结果的二级推论”等偏态研究行为。“比较教育学者需扩展视野，跳出理性中心、欧美中心的囿限，并以较为包容的观点检视教育在社会、世界中所扮演的角色和地位”，这种研究旨在试图呈现自身独特性的、与世界原理相对共处的另一个“区域原理”。

教育是一个复杂的过程，其与历史、社会、政治、经济等形成一个关系密切的整体，教育事实的整体性是比较的本质性标识。教育的区域研究就是借鉴“相对的范畴”获得世界教育的彼此认同，透过各个区域教育的特质的澄清和交流，迈向新的世界。区域教育的独特性质重点考察这一区域内教育活动场中发生的冲突及其化解的“有机连带”(organic solidarity)。但是，关注特质的区域研究并非仅仅描绘区域教育世界中散落的细节，而是考察在不同的区域中教育的特性是如何嵌构到那些各有特色的、赋予过程以形式和意义的整体完形中。教育的区域研究实际上就是对世界教育现实多样性形态存在的反映与把握，即教育本身是如何发生的及有关它的机制和过程的系统性思想。这就需要“理解”这一特殊的社会科学研究策略。以问题为核心、以区域为框架，“明述其形式、清楚其形态”。20 世纪 60 年代美国比较教育的焦点从日本学(Japanology)转移到苏联学(Sovietology)，再到 70 年代的伊斯兰学(Islamology)，尽管区域研究勃兴源于冷战背景下国家政治军事的利益，但在议题选择上仍呈现出对他者的理解或与他者共存的认识趋势。美国、中国、日本和非洲国家之所以成为西方比较教育课程的研究主题，也在于其所代表的西方民主社会、社会主义国家、新兴国家及第三世界国家区域的典型特征，通过对这些特定区域的研究，足以呈现类型多样、纷繁全面的区域教育图景。从这个意义上讲，有学者把比较教育学定义为“基于整体取向的比较视野，研究国际教育发展的多样化类型及其相互影响关系，进而促发教育理解与推动教育发展的一门学科”。

（二）价值论：致力于他文化形态所具有独特性意义的理解

比较教育学从 20 世纪 70 年代开始走向“科学化”的发展道路，诺亚(Noah)和埃克斯坦(Eckstein)学科规训标杆式著作《朝向一门比较教育科学》(*Toward a Science of Comparative Education*)试图通过表征制度的观念和变量进行测量,验证先前的假设,从而建立通则。现代化理论、依附理论和世界体系理论等理论流派倡导由殊相到共相的方法论预设,作为广义社会科学的一员,在不同国家、不同民族和不同时代,无论被赋予了多少种不同的期望以及扮演了多少个不同的角色,呈现出真实的"教育事实"是这一学科安身的原则和依存的本分。教育研究重点不在于评比比较对象的优劣,而是凭借分析框架审视独特文化脉络下相似教育问题的异同关系,以便更清楚地区分、辨别、厘清研究对象。其核心在于研究反映教育的特性,换句话说,就是通过"是什么"和"为什么"的追求,推动透视的焦点切入产生某种教育特异议题的特异世界。所以,选择具有典范性,在一定程度上表征着具有内在一致精神(或者文化因子)的群体通过寻求教育制度的独特性了解彼此之间的差异。比较者依据共同面向(问题框架)衡量比较对象之间(区域解释)以及比较对象与共同面向之间的关系,呈现研究对象的特质,勾勒出比较对象的定位,从而更加明了地辨别区分比较对象。比较的旨趣在于增进彼此了解、呈现你我关系、丰富比较教育的知识库。

教育研究所追寻的逻辑不是按照线性现代进程跟踪"先进"教育发展进路的谱系,从而达到世界同一的教育共相。从这个角度讲,比较教育研究不存在强弱的文化投射,只有其他区域中的人群过着别样的生活。其目的就是明确教育的区域特征,打破肇始于欧洲、对文明价值分类排队后推进"后进"区域的进化,入列就位于"世界"的普遍性法则的典型线性黑格尔和马克思的进化史观。教育区域研究的主要任务并非在于论证知识的普遍有效性和借鉴实用性,而在于确证什么样的知识经过何种途径适合特殊利益与需要,可以视为比较教育活动与研究的精致化过程。比较教育的特殊贡献在于针对文化规范与价值、语言、工具的特殊性进行的学术性探索(scholarly engagement)过程中汲取的系统经验。

(三) 方法论:以文化持有者的内部眼界贴近感知经验

一门学科能否获得认可的重要标准在于其知识主旨的学术可靠性能否得到人们的认可。研究方法的发展提高了利用图书文献、历史事件、统计资料及对象区域内学术成果或宣传的信度,但隐藏在地域文化中的规则和价值只有从所在地域或者生活其中的群体中挖掘真实规范的景象才会显现。"扎实原生"的立足点是比较教育学感知判断具有丰富细节以及多层教育影响因素教育事实新表象的主要途径，也是比较教育学学术可靠和知识可信的重要理路。对明确区域教育特质的深度研究来说，实地研究具有特殊的优势，因为教育系统是塑造文化的主动因素，自身也是一种次级文化，社会生活生态学及教学主体生命有机体与之交织，制度或政策比较研究便无能为力。

从 20 世纪 70 年代开始，一些比较教育学者开始转向微观的质化取向的实证研究。有学者对比较教育宏观分析与调查问卷的方法提出了质疑，主张观察、描述与解释发生在日常生活中的社会事实与教育实际，以了解真实的教育历程。也有学者主张对学校内部的教育实际作详细的观察与描述，以期获得彻底的了解与深刻的洞悉。还有学者聚焦研究国家的乡村学校，关注统治阶级的意识形态、学校生活中的矛盾面及国外“合理”教育模式改革等议题。通过“我”的现场目睹及“我”在身同感受的基础上对其社会和文化的整体考虑作出专业判断，以局内人（insiders）的观点贴近感知经验（experience-near）的方式建构日常生活与文化的价值，也只有适切描述参与教育事件中的个人、互动和关系，研究人员才能了解关于变化过程的内在与外在条件，注重当地的教育细节，并将其联接至宽广的社会历程。但这不简单地等同于肇始于人类学的传统民族志，通过参与式观察进入区域，原汁原味地复原区域的生活细节，而是通过人类学参与观察、深度访谈和团体聚焦等参与式观察的方法获取对教育对象的哲学认知，强调对研究对象生活的理解诠释，批判反省背后的文化脉络、体制规范、社会制度、意识形态、权力结构的根植性（embeddedness），用田野考察“在地”（on-site）的观点“再现”（re-present）区域复杂关系中的人们及其文化、意念与生活经验是教育区域研究的重要方法。这种探究是一个内在的过程，它本身与它得以实现的经验是分不开的，这种体验的经验或者关系就是所要探寻的数据与证据。教育的研究方法是对体验、关系以及成套文化意义转化的内在理解，是一种反观自省，它强调能动性，并且一贯坚持从属群体在生产他们的特有文化和理解力的过程中所发挥的作用。互动调适的本性（interactive-adaptive）可以帮助研究人员取得可使研究方法调适研究情境的资料，而且允许研究者不断地回顾。

到了 20 世纪 90 年代，我国比较教育学者在介绍西方新马克思主义教育、西方后现代主义教育、女性主义教育、后殖民主义教育、批判教育学理论方面也做了大量工作。21 世纪以来，我国比较教育学者还大量引介了全纳教育理论、多元智力理论等大量的西方教育思潮。就制度层面而言，比较教育学者为中国引介了发达国家的各级各类教育制度和行政管理制度。例如：基础教育阶段的普及义务教育制度、教师教育与管理制度、教科书审查制度等；高等教育方面的学位制度、弹性学习制度、大学内部组织与管理制度等；职业教育方面的德国双元制培训模式；成人教育方面的社区教育制度、岗位培训制度等。这些学术工作对建立和健全我国的教育制度发挥了重要作用。就实践层面而言，比较教育学引入了课程开发、校本培训、家校合作、心理与就业指导等方面大量的实践案例，并在教育第一线得到了推广。

不同区域、不同性别、不同民族、不同专业背景、不同时期、不同阶段的农村特岗教师对生活、工作、发展，以及人生价值、教育意义的理解不尽相同，采用比较教育的原理进行分析，可以为找准农村特岗教师发展的基本规律打下基础。

第二章

“特岗计划”政策探讨

教育大计，教师为本，“特岗计划”吸引了高素质人才从事农村义务教育工作，开辟了农村教师补充的新机制，促进了新农村建设和义务教育均衡发展。特岗教师正在为缩小城乡教育差距尽力。教育部等四部委要求“特岗计划”实施地制定相关政策，鼓励特岗教师在3年聘期结束后继续扎根基层、从事农村教育工作；对服务期满重新择业的特岗教师，国家提供必要的条件和帮助；服务期满的特岗教师享受国家引导和鼓励高校毕业生面向基层就业的有关优惠政策。

第一节　“特岗计划”政策概述

为了鼓励、吸引更多高校毕业生到农村学校任教，“特岗计划”的设计充分考虑了政策的吸引力问题，从明确身份、保障待遇、任满去留等方面都做了人性化的科学设计。

一、“特岗计划”政策背景

（一）提高农村教育质量任务紧迫

2005年，中国共产党十六届五中全会明确提出：“切实提高师资特别是农村师资的水平”。时任中共中央总书记胡锦涛明确指出：“要引导和鼓励更多的高校毕业生到西部、到基层、到祖国最需要的地方去，磨砺意志，增长才干，为实现全面建设小康社会的宏伟目标贡献自己的智慧和力量。”2006 年新修订的《中华人民共和国义务教育法》明确规定：“国务院和县级以上地方政府应当合理配置教育资源，促进义务教育均衡发展。”2006 年，《中共中央　国务院关于推进社会主义新农村建设的若干意见》进一步提出：“加强农村教师队伍建设，加大城镇教师支援农村教育的力度，促进城乡义务教育均衡发展。”

在此之前，国家推出了一系列补充农村教师的新举措，如“大学生志愿服务西部计划”（2003—　）、城乡教师交流制度（2003—　）、“农村学校教育硕士师资培养计划”（2004—　）、“三支一扶计划”（支教、支农、支医和扶贫，2006—　）等。在此之后，国家又推出了一系列政策。2007 年，推出了免费教育师范生政策。2010 年颁布的《国家中长期教育改革和发展规划纲要（2010—2020 年）》明确指出：“实施农村义务教育阶段学校教师特设岗位计划，吸引高校毕业生到农村地区从教；加强农村中小学薄弱学科教师队伍建设，重点培养和补充一批边远贫困地区和革命老区急需的紧缺教师。”2011 年 8 月 28 日，时任国务院总理温家宝在河北省张北县农村教师大会上提出：“教师是学校和乡村的灵魂，要不断完善特岗计划，采取多种措施为农村学校补充大批高校毕业生。”2012 年 6 月，教育部印发的《国家教育事业发展第十二个五年规划》指出：“创新农村教师补充机制，完善农村义务教育阶段学校教师特设岗位计划，积极推动地方采取到岗学费返还、补偿、代偿等措施，吸引高等学校毕业生到农村任教。”2012 年 8 月，国务院出台的《关于加强教师队伍建设的意见》明确规定：“大力推进城镇教师支持农村教育，鼓励支持退休的特级教师、高级教师到农村学校讲学，继续实施并逐步完善农村义务教育阶段学校教师特设岗位计划，探索吸引高校毕业生到农村小学、教学点任教的新机制。”2012 年，中国共产党第十八次代表大会报告提出：“大力促进教育公平，合理配置教育资源，重点向农村、边远、贫困、民族地区倾斜，同时要加强教师队伍建设。”2013 年 9 月，教育部、财政部联合颁布的《关于落实 2013 年中央 1 号文件要求对在连片特困地区工作的乡村教师给予生活补助的通知》指出：“落实乡村教师生活补助，坚持地方自主实施、中央综合奖补的原则。”2013 年 12 月，教育部、国家发展改革委、财政部联合出台的《关于全面改善贫困地区义务教育薄弱学校基本办学条件的意见》重点提到：“要特别抓好农村教师队伍建设，通过实施特岗计划等方式，完善农村教师补充机制，提高教师队伍素质。”2015 年 6 月，《国务院办公厅关于印发〈乡村教师支持计划（2015—2020

年)〉的通知》指出:“扩大农村教师特岗计划实施规模,重点支持中西部老少边穷岛等贫困地区补充乡村教师,适时提高特岗教师工资性补助标准。”2017 年 9 月,中共中央办公厅、国务院办公厅印发的《关于深化教育体制机制改革的意见》指出:“落实艰苦边远地区津贴、乡镇工作补贴,以及集中连片特困地区和艰苦边远地区乡村教师生活补助政策。完善老少边穷岛等贫困艰苦地区教师待遇政策,依据艰苦边远程度实行差别化补助,做到越往基层、越往艰苦地区补助水平越高。”2017 年 10 月,习近平总书记在中国共产党第十九次全国代表大会上的报告提出:实施乡村振兴战略;优先发展教育事业;推动城乡义务教育一体化发展,努力让每个孩子都能享有公平而有质量的教育。

可以看出,党和国家在新世纪新阶段以来高度重视农村教育的发展,通过一系列农村教育发展政策的实施来提高农村教育质量。所有这些教师教育政策在实施过程中均取得了显著成效,得到了教育者和受教育者的支持与肯定,为促进农村教师队伍建设,加快农村教育事业发展,缩小城乡教育发展差距起到重大作用。

(二)农村教师紧缺亟待解决

目前,农村教师职位对高校毕业生缺乏吸引力,优秀人才难以流向农村学校,农村教师队伍补充渠道不畅通。改革开放以来,农村公办教师补充完成了从国家按需分配到按人力资源市场配置自主择业的转变。相应的,在补充方式上经历了主要以分配为主到主要依赖招聘大学毕业生任教的过程。

统招统分中等师范毕业生曾是农村教师补充的重要方式。从 1980 年到 1999 年,中等师范学校共培养了 740 万名毕业生,为农村学校补充了相当数量的合格教师。中等师范学校主要招收成绩优异的初中生为培养对象,免费培养和毕业包分配的政策,在当时的条件下,在数量、质量上基本都保障了农村教师队伍的建设需求。

从 20 世纪 90 年代开始,随着义务教育规模的扩大和社会变革的深入,我国的师范教育体系和教师招聘方式相继发生了一系列的重大变革。1994 年,高校实行并轨招生,全部大学生都要缴纳一定数量的学费,且所有毕业生都变为自主择业。1996 年,原人事部出台了《国家不包分配大专以上毕业生择业暂行办法》,不同地区的师范院校毕业生在之后的几年内陆续不再包分配,而是自主择业。农村公办教师招聘必须经过当地人事部门或教育部门组织的考试,简称“逢进必考”。1999 年,教育部下发了《关于师范院校布局结构调整的几点意见》，推动师范教育由三级师范向二级师范过渡，并通过实施教师资格制度实现教师队伍补充与人才市场接轨。

这样，原有的毕业生分配方式被取消，农村教师的补充方式开始变为以招聘本、专科院校的毕业生为主。边远贫困地区的农村学校对重点、名牌高校的毕业生缺乏吸引力，只能以招聘地方院校的毕业生为主。在生源质量上，原来的中师生源多是优秀的中学生，而升格后的大专生源则是高考中的低分段学生，且很多地方的大专院校逐渐走上了综合化的道路，并未将发展重心放在师范教育质量的提高上，因此教师教育的质量并没有得到相应的提高。

1999 年，《中共中央国务院关于深化教育改革全面推进素质教育的决定》提出，“鼓励综合性高等学校和非师范类高等学校参与中小学教师培养”。2001 年，《国务院关于基础教育改革与发展的决定》又提出，“完善以现有师范院校为主体、其他高等学校共同参与的开放的教师教育体系”。这样，教师队伍的来源更加多样化，但开放、多元的教师教育体系并没有解决边远农村地区无力吸引优秀人才从教的矛盾。

在办学、管理体制上，从 1985 年开始，义务教育管理体制实行“地方负责，分级管理”。1994 年开始的“分税制”改革已使一些县级政府面临财政困难。2001 年的农村税费改革取消了教育附加费，乡镇办学面临经费短缺的严重问题，农村教师招聘数量和质量也受到影响。2001 年开始义务教育管理体制转变为“以县为主”，农村义务教育办学经费从主要由农民负担转变为主要由政府负担。

在教师的管理上，从 20 世纪 90 年代开始逐步实行教师编制化管理。1993 年，中共中央、国务院颁布《中国教育改革和发展纲要》，要求教育系统制定合理的学校人员编制标准，严格考核，精简机构和人员，提高办学效益。2001 年，《国务院办公厅转发中央编办、教育部、财政部关于制定中小学教职工编制标准意见的通知》发布，要求中小学教职工编制根据高中、初中、小学等不同教育层次和城市、县镇、农村等不同地域，按照学生的一定比例核定和配置教师。编制化的管理制度不能照顾到农村学校分散的特点，教师编制分配数对农村不适切，很多农村地区学校出现了教师总数超编但结构性缺编等问题。

综合来看，农村办学体制与教师招聘正逐步被全面、深入地纳入到国家民族素质和综合国力提升的政治格局中来。农村教师队伍结构性紧缺、教师良莠不齐、教师发展不均衡的事实证明，完全依赖人力资本市场自由分配、大学生就业偏好来补充农村教师队伍已不能满足现实需要。中央政府和省级政府应该发挥更大的宏观调配作用，保证数量充足的合格师资流向农村教师岗位。

二、政策的本质与价值

（一）“特岗计划”政策本质

公共政策的本质是社会利益的集中反映，这一本质决定了公共政策必须反映大多数人的利益，关注社会公平问题。“特岗计划”作为公共政策的具体表现，公平理应成为其基本的价值取向。公平应满足两个原则：一是满足事物发展的最低欲求；二是缩小各事物之间的差距。“特岗计划”体现公平原则主要通过“特岗计划”适用范围实现，“特岗计划”的适用范围是西部“两基”攻坚县县以下农村地区，这些地区教育师资缺乏，“特岗计划”本着促进我国教育均衡发展的原则，在师资供应方面加大对贫困地区的倾斜，充分体现了公共政策的本质，即为实现社会公平而努力的愿景。调查结果显示，“特岗计划”政策在报名、笔试、面试、录用几个环节的公平性是得到认可的，能够使有意愿到农村从事教育工作的个体通过这个公平的渠道，机会均等地进入教师队伍当中来。然而，“特岗计划”政策仍然缺乏监督机制，在岗位分配环节的公平性有待提高。由于对地方教育人事部门缺乏相应的监督措施，导致在特岗教师的分配过程中出现有失公平的现象。诸如部分有关系背景的特岗教师会被分配在离市区较近、条件环境相对比较好的学校，而非本地户籍的特岗教师往往会被分配到最偏远、条件最为恶劣的区域。

这里涉及一对重要的关系——权利与义务。权利与义务是事物本身所具有的内在规定，公共政策在享有社会所给予的公共权利时必然需要承担起相应的公共责任。政府提供公共服务时，最简便的方式便是借助国家的形式颁布相应的法律法规确定公共政策的内涵。根据《农村义务教育阶段学校教师特设岗位计划实施方案》文件精神，“特岗计划”是针对我国农村地区学校存在师资总量不足与结构不合理等问题，国家设立中央专门基金，通过采取公开招聘高校毕业生到西部地区“两基”攻坚县县以下农村学校任教的形式，从而提高农村教师队伍整体素质，创新农村学校补充机制，促进城乡教育均衡发展的一项公共政策，即“特岗计划”是中央出台、地方负责、针对农村中小学的一项公共政策。“特岗计划”所具有的公共权利表明其有权利依靠自身所具有的特殊性，通过自身手段寻求特岗教师，从而承担起为农村基础教育发展作出应有贡献的责任。同时，依据 1985 年《中共中央关于教育体制改革的决定》中明确规定的基础教育实行地方负责、分级管理的体制，“特岗计划”必须受限于当地政府，使“特岗计划”受用主体之一特岗教师履行接受当地政府管理的义务。但是，在“国标、省考、县聘、校用”的招聘体制下，容易导致财权和人事权在一定程度上的分离，处理不当容易引发一定的政策风险，而政策问责制度的缺失则加剧了机会主义现象的发生。具体而言：第一，地方主管部门的机会主义行为。地方政府可能会因过度短缺而导致过度需求，利用“特岗计划”政策多招、快招，不考虑本县的财政负担能力和教育系统的缺编状况，使相当一部分特岗教师服务期满却面临再次失业的尴尬境地。第二，受援学校层面的机会主义行为。人力资源在真正的“校用”环境内部分配不均，导致出现教师闲置现象。第三，特岗教师层面的机会主义行为。部分教师通过招录获得岗位，却不及时到岗。主管部门对特岗教师实际在岗情况没有明确的审查制度，缺岗状况得不到及时上报，在地方审查机制不完备的情况下其工资仍照常发放。

（二）“特岗计划”政策价值

公共政策主要涉及政府、社会、个人三者之间的关系。就“特岗计划”而言主要表现为调整国家、学校、特岗教师之间的利益关系。从“特岗计划”政策本身来看，可以从“特岗计划”的实质价值与形式价值两方面进行剖析。实质价值主要是指公共政策所选择的、追求的、并在政策活动中时时处处体现出来的价值内容，既是教育政策活动的出发点，又是教育政策活动的归宿。就“特岗计划”而言，实质价值便是实现教育均衡发展，这既是“特岗计划”制定的初衷也是“特岗计划”的归宿。形式价值主要是指公共政策活动过程的每个环节都必须遵循的一系列确定的程序或原则，是规范公共政策价值主体在控制教育资源和获得自身利益的过程中的活动顺序、范围和方式等的一系列不以人的意志为转移的程序性价值要求。就“特岗计划”而言其形式价值主要表现为国家和政府通过制定相关法律与准则，规范“特岗计划”执行过程中各利益群体之间的利益分配方式及确定相应可见的价值标准来规定“特岗计划”在一定时期必须达到的显性结果。

公共政策的价值又与公共政策主体相关。公共政策主体是包括决策主体（国家或政府）、咨询主体（专家与智囊）、执行主体（行政机构及官员）及受用主体的统一体,四者之间相互关联,缺一不可。就“特岗计划”而言,“特岗计划”的决策主体是教育部、财政部、人事部、中央编办四部委,咨询主体是研究农村教育的相关学者,执行主体是地方教育管理部门及相关负责人,受用主体是特岗教师及农村学校。从“特岗计划”四主体之间的关系可以明确看出,决策主体在“特岗计划”中发挥着核心作用,为“特岗计划”的实施提供了目的指向与权威判断;咨询主体与执行主体通过论证“特岗计划”实施的科学性为其提供了理论基础;受用主体的具体实施,为“特岗计划”提供了现实依据。

同时,公共政策的价值最终要由受用主体来回答。就“特岗计划”而言,在推行之初所显示出的都是正面效应:地方政府通过“特岗计划”能用人,却不必支付工资;特岗教师普遍年轻,充满活力,给农村学校带来了一股清新的动力,同时绝大部分特岗教师都未婚,可以全身心地投入学校工作中。但是,随着政策在实际中不断深入推进,政策与条件变化的不适应性也逐渐显现,突出表现为特岗教师的婚恋与住房问题。为了自身利益的最大化,地方部门只负责招聘教师,却不对教师的后续安置负责,将到岗后续问题推给了受援学校。在无上级拨款的情况下,农村学校根本无力解决最基本的周转宿舍问题,无法在特岗教师与农村环境的磨合中给予物质和精神上起码的支持。

三、政策目的与特点

(一)“特岗计划”的目的

进入 21 世纪以来,农村学校在校舍建设、教学仪器、图书设备等硬件保障方面已大有改观,但大部分农村地区学校教师总量不足、第一学历较低、学科结构不合理、总体年龄偏大、缺乏活力等问题始终未能有效解决。如何为农村学校补充学历较高、知识结构合理、年轻有活力的各学科教师是“特岗计划”政策的出发点与立足点。

1. 创新农村学校教师的补充机制

自 1999 年国家放开对教师就业分配的管理限制以及实行教师自主择业以来,教师内部的流动更加频繁。由于我国城乡之间的发展不平衡,农村教师在收入水平、工作条件、社会地位等方面都与城市教师有着不小的差距。这一方面导致不少农村教师包括骨干教师出现了流失的现象,另一方面也导致很难吸引优秀的大学毕业生到农村任教。此外，由于地方财政、编制的影响，我国农村教师存在有编难补的问题。2004—2006 年，我国差不多有 10%的县接连 3 年没有补充新教师，有的县时间更长，甚至达到 10 余年。据相关统计资料显示，2006 年我国 3 万多所农村小学平均每个班仅拥有 1.3 名教师，4 万多个教学点每个班仅能配备 1 名教师，远远低于我国小学班师配置的平均水平——一个班配备 1.9 名教师。农村师资总量的不足，使很多农村教师被迫上好几门课，增加了教师的负担。很多农村学校为了解决教师不足的问题，聘请了大量的工资低的“代课老师”，直接影响了我国农村教育的质量。

为了解决农村教师的补充问题，“特岗计划”创造性地提出了一套“先进后出”新机制。为了解决地方财政不足问题，“特岗计划”提出由中央设立专项资金作为特岗教师的工资性支出。3 年的服务期不仅能让特岗教师对自己的岗位有所了解，而且能让学校对每一位特岗教师进行全面的考察，为学校的长远规划提供了保障。服务期满后，特岗教师可以自由离开，这也为特岗教师免去了后顾之忧。当城里、县镇学校需要补充新教师时，优先考虑特岗教师，以及“硕师计划”的实施，一定程度上解决了农村教师吸引力不足的问题。“特岗计划”创造性地解决了我国农村由于吸引力不足导致的教师补充困境，吸引了一大批年轻教师站上了农村的讲台。

2. 拓展高校毕业生就业渠道

就业是民生之本，是关系到人民幸福、社会安定的重要因素。随着高校毕业生人数的逐年递增，高校毕业生的就业压力一年更甚一年。2002 年，全国约有 37 万高校毕业生需要实现就业，以后每年都有几十万毕业生未能实现就业，到了 2009 年，这个数字达到了 196 万。“特岗计划”架起了高校毕业生通往农村的桥梁，截至 2018 年，通过“特岗计划”共招聘了 73 万余名特岗教师，对于缓解我国当前高校毕业生的就业压力具有重要的意义。

3. 逐步解决农村学校师资总量不足和结构不合理等问题

由于我国农村教师的补充面临困境，导致我国农村教师的结构出现了失衡。农村教师结构的失衡主要表现在：第一，教师年龄结构的失衡。在“特岗计划”实施之前，我国农村教师常年处在补充很少甚至没有补充的状态，这也导致我国广大农村地区普遍存在“爷爷奶奶教小学，叔叔阿姨教初中，哥哥姐姐教高中”的现象，年轻教师很少。2004 年，有学者对我国山东省 4 个县市的 12 460 名农村小学教师的年龄进行统计，发现教师的年龄普遍偏高，其中47岁以上的小学教师大约占了教师总人数的40％。第二，教师学科结构的失衡。这主要表现在我国中西部农村学校有些学科，像英语、音乐、美术、体育和信息技术等学科，教师严重缺乏。据相关调查统计显示，我国有508个县平均每5所小学还不足1名外语教师，西部山区农村小学的英语教师更少，平均每10所才有1名英语教师，这也导致一些农村学校无法开设国家规定的课程，有的学校为了开设课程，不得不让那些没有接受专业教育的教师兼任。第三，教师学历结构的失衡。在国家推行“特岗计划”之前，我国农村教师的学历普遍偏低，甚至有部分教师的学历未能达到国家的标准。2004年，我国农村小学教师中很大一部分都只取得了高中学历，占了53.84％，专科及以上学历的教师比例不高，只占了44.25％。2005年，我国农村小学中具有专科以上学历的教师也只占47％。

“特岗计划”的招聘条件明确规定年龄必须在30岁以下，年轻的教师走上讲台，优化了我国农村教师的年龄结构，为我国农村教师注入了新鲜血液，也为我国农村学校带来了生机与活力。特岗教师的学历全部都在专科以上，并且以本科生为主，优化了我国农村教师的学历结构。对于很多特岗教师来说，他们成为农村学校有史以来学历最高的教师，他们的到来提高了农村教师的整体素质。“特岗计划”的招聘涵盖了各个学科，特岗教师到岗后，解决了我国农村紧缺学科的教学问题，尤其是补充了大量的音乐、美术、体育等学科的教师，解决了我国农村教师“教非所学”的困境。

（二）“特岗计划”的特点

“特岗计划”作为一项农村教师招聘政策，在特岗教师工资分担、各级政府权限与责任安排、招考方式、特岗教师管理四个方面具有与以往招聘方式不同的特点。“特岗计划”的特点如图2.1所示。

图2.1 “特岗计划”的特点

1. 中央支持，地方配套

中央财政设立专项资金，用于特岗教师的工资性支出，并按当年标准，与地方财政据实结算。特岗教师在聘任期间，执行国家统一的工资制度和标准；其他津贴、补贴由各地根据当地同等条件公办教师年收入水平和中央补助水平综合确定。凡特岗教师工资性年收入水平高出国家统一标准的，高出部分由地方政府承担。

2. 省级统筹，按需设岗

在教育部、财政部、人社部、中央编办四部门共同制定总体规划、年度计划和指导性意见的基础上，相关省（自治区、直辖市）要研究制定实施"特岗计划"的具体政策和落实办法，并精心组织实施，按需设岗。省级财政要统筹落实资金，用于解决特岗教师的地方性补贴、必要的交通补助、体检费和按规定纳入当地社会保障体系享受相应的社会保障待遇（政府不安排商业保险）应缴纳的相关费用，以及特岗教师岗前集中培训和招聘的相关工作等费用。此外，还需负责设岗县（市）特岗教师的日常管理和考核的指导和监督工作。

3. 公开招聘，平等竞争

特岗教师实行公开招聘，招聘工作由省级教育、人社、财政、编办等相关部门共同负责，遵循"公开、公平、自愿、择优"和"三定"（定县、定校、定岗）原则，按下列程序进行：公布需求；自愿报名；资格审查；考试考核；集中培训；资格认定；签订合同；上岗任教。同时，招聘可采取组织专家招聘会、网上招聘会，或组织设岗所在地有关部门到高校招聘等多种方式进行。

"特岗计划"对招聘对象有严格的条件限定：以高等师范院校和其他全日制普通高校应届本科毕业生为主，可招少量应届师范类专业专科毕业生；取得教师资格，具有一定教育教学实践经验，年龄在 30 岁以下的全日制普通高校往届本科毕业生；参加过"大学生志愿服务西部计划"、有从教经历的志愿者和参加过半年以上实习支教的师范院校毕业生同等条件下优先；报名者应同时符合教师资格条件要求和招聘岗位要求。

4. 服务 3 年，期满考核留任

特岗教师实行合同管理。合同中应详细明确规定用人单位和应聘人员双方的权利和义务。聘任期间，各设岗县（市）和学校分别对特岗教师户口和档案关系的管理、相应的周转房和必要的生活条件、培训进修及评估评定工作制定详细的工作方案。特岗教师服务期是3年,要鼓励特岗教师在3年聘期结束后,继续扎根基层从事农村教育事业。对自愿留在本地学校的,经考核合格符合留任条件的要给予入编,要负责落实工作岗位,将其工资发放纳入当地财政统发范围,保证其享受当地教师同等待遇。

第二节 “特岗计划”政策解析

“特岗计划”政策牵涉各方利益,需要明确政策的核心要义,详细规定操作要领,提高政策的科学性和可行性,从而规避政策风险,并根据实施情况和形势变化适时作出调整。

一、“特岗计划”的核心要义

根据2006年《农村义务教育阶段学校教师特设岗位计划实施方案》,中央每年依据各省申报的特岗教师的需求,总体部署、规划,调整“特岗计划”的实施范围。岗位设置相对集中,采取“侧重初中,兼顾小学”的实施原则,建议在农村中小学1所学校安排3—5人,原则上安排在县以下农村初中,适当兼顾乡镇中心学校。人口较少的边境县、少数民族自治县和少小民族县可安排在农村生源占60%左右的县城学校。

(一) 特岗教师待遇

3年聘任期间:执行国家统一的工资制度和标准。与当地正式教师享有同等待遇,绩效工资不足的部分由地方财政解决;津贴补助由各地根据当地同等条件公办教师收入和中央补助水平综合确定,提供必要的交通补助、体检费和按规定纳入当地社会保障体系享受相应社会保障待遇(政府不安排商业保险)应缴纳的相关费用。

3年聘任期满后:鼓励期满后继续从事农村教育事业,对愿意留在当地学校的,要负责落实工作岗位,将其工资发放纳入当地财政统发范围;对重新择业的,要为其重新选择工作岗位提供方便条件和必要帮助;可推荐免试攻读教育硕士。

(二) 特岗教师的户口和档案管理

特岗教师在聘用期间,其户口根据本人自愿,可留在原籍,也可迁至工作学校所在地或工作学校所在地的县城；其党(团)组织关系转至工作单位，其应积极主动参加工作单位的党(团)组织活动；其人事档案原则上由服务县政府人事行政部门人才服务机构免费管理。

服务期满后，被国家机关、国有企事业单位正式录(聘)用的，在服务期间建立的工作档案和党(团)组织关系按规定转到具有人事管理权限的相关单位管理或由政府人事行政部门人才服务机构代理；其他人员的工作档案和党(团)组织关系按照中组部、人事部《流动人员人事档案管理暂行规定》(人发〔1996〕118 号)，直接转到原生源所在地政府人事行政部门人才服务机构。

(三) 特岗教师的聘后管理

特岗教师聘用后的日常管理与考核主要由设岗学校和设岗县教育行政部门负责。每个年度结束时，各设岗学校要对本校特岗教师的政治思想表现和工作情况进行综合考核，评定考核等次，并报县教育行政部门审核后存入其工作档案。

二、特岗教师招聘机制

“特岗计划”的核心内容是由中央财政直接购买中西部农村贫困地区的教师岗位，面向全国招聘优秀大学毕业生到农村任教。这一计划实施多年来成果卓著，2006—2018 年期间共招聘了 73 万余名大学毕业生补充到农村基础教育领域。总体来看，“特岗计划”建立了一种畅通的农村教师招聘机制。所谓畅通，是指它能够持续地、稳定地，同时又具有一定灵活度地即动态地满足农村教师数量、质量和结构优化的需求。

(一) 各级分工

教育部在国家级层面规定“特岗计划”的实施细则和责任分工，规定特岗教师的招聘条件、招聘程序、管理方法和考核办法。中央财政设立专项资金，用于特岗教师的工资性支出，并且制定人均年工资标准，与地方财政据实结算。教育部、财政部牵头制定总体规划和年度计划，提出特岗教师总量指导性意见。教育部根据中小学生数量变动情况确定招聘人数，财政部按实际招聘人数据实核定经费。

在省级层面，省教育厅主要负责统筹协调，协同省财政厅、省人力资源和社会保障厅、省编办，四部门联合制定年度“特岗计划”实施方案，落实和监督各设岗县“特岗计划”的执行。

各设岗县主要负责特岗教师的日常管理和考核。各省地市一级职责差异较大，如四川、湖南的地市一级基本只负责报送计划、岗前培训等，而河南、贵州的地市一级除了以上职责之外，还承担着组织笔试、面试的重要工作。

“特岗计划”采取中央统筹、地方实施的组织原则，因此，地方政策调整的空间较大，不同省份在具体实施过程中的职责分工上有自己的特色。例如：

新疆采取了五家联合的方式，除省教育、人社、财政、编办四家单位以外，中共新疆维吾尔自治区委员会组织部也参与了“特岗计划”实施过程。

湖南成立了专门的省级特岗办公室，同时，以湖南省教育科学研究院教育人力资源所为代表的省级科研力量也介入了组织考试等实施过程。

贵州坚持省级统筹，由省政府出面来协调各部门，大力推进“特岗计划”的实施。同时，贵州省在 2008 年还参照中央“特岗计划”模式，由省、地、县分别提供资金，创造性地实施了多层次的地方“特岗计划”，即建立中央、省、地、县四级“特岗计划”实施体制。

（二）招聘对象

各省规定的招聘对象范围大都与中央政策保持一致：全日制普通高校师范类专业应届本、专科毕业生；全日制普通高校具备教师资格条件的非师范类专业应届本科毕业生；取得教师资格，同时具有一定教育教学实践经验、年龄在 30 岁以下且与原就业单位解除了劳动（聘用）合同或未就业的全日制普通高校往届本科毕业生。青海、山西、贵州因其特殊性而在招聘对象范围上有所不同。

各省规定的招聘对象范围差异主要体现在对学历以及生源地的要求上。中央“特岗计划”对考生学历要求较高，地方“特岗计划”在学历要求上有所降低。中央“特岗计划”除少数省市对考生来源有所限制外，大部分是全国统考统招特岗教师，打破了以往相对封闭的地区教师招考体制，有利于人才流动和文化交流。地方“特岗计划”往往把招聘范围划定在本地区本县，这种限制主要考虑的是特岗教师队伍的稳定及本地区就业两个因素。

（三）招考模式

招聘考试方面，从负责笔试和面试实施层级看，共有省级笔试省级面试（省考省面）、省级笔试地市级面试（省考市面）、省级笔试县级面试（省考县面）、省或地市级笔试市级面试（省市考市面）、县级笔试县级面试（县考县面）五种模式。

可以看出，省级部门在笔试中扮演了重要角色，笔试以省考为主。市、县级部门则在面试中扮演了重要角色，面试以市级面试、县级面试为主。同时，从通常的县级主持考试录用到省考省面，招考事权逐渐上移，县级招考权力逐渐减弱，省级统筹力度逐渐上升，在事权上移的同时也更利于教师准入机制的公平公正和教师聘用质量的提高。

(四) 考试内容

各省的考试方式和考试内容大同小异，多数考试都包括笔试和面试两个环节，在测试内容上都重视对教育学、心理学知识和教学技能的考评。以四川省为例①，该省特岗教师招聘考试包括笔试和面试两个环节。

1. 笔试

笔试包括教育公共基础知识笔试和专业知识笔试两项，考生的笔试综合成绩由两项成绩共同组成，各占 50%的分值。

教育公共基础笔试满分为 100 分。教育公共基础笔试参照《四川省人力资源和社会保障厅　四川省教育厅关于印发〈四川省中小学公开招聘教师教育公共基础笔试和复习大纲〉的通知》(川人社发〔2012〕145 号)进行命题和考试。专业知识笔试满分也为 100 分。报考语文、英语、数学、物理、化学、生物、历史、地理、政治岗位的考生分别参加本专业知识笔试。报考信息技术岗位的考生参加数学专业知识笔试。报考音乐、体育、美术和藏文岗位的考生参加语文专业知识笔试。专业知识笔试不区分初中岗位和小学岗位。专业知识笔试的命题依据及标准为：教育部考试中心颁布的《2013 年普通高等学校招生全国统一考试大纲(文科/理科・课程标准实验版)》和《2013 年普通高等学校招生全国统一考试(四川卷)考试说明(文科/理科・课程标准实验版)》。英语专业知识笔试，不考听力和口语。

2. 面试

面试满分 100 分。面试考核内容以教师基本素养、所报考岗位的学科专业知识、语言表达能力、仪表举止、试讲试教等为主，采用现场打分方式进行。对于报考没有组织专业知识笔试的音乐、体育、美术、信息技术和藏文等岗位的考生，将加大专业知识水平测试和能力考核力度。面试综合成绩即面试成绩与加分之和。

---

① 资料来源：2013 年四川省特岗教师招聘简章。

四川省"特岗计划"的考试方式与多数省份的考试方式相类似，但一些设岗市县的招考方式也各有特色与侧重。

（五）分配方式

山西省、湖南省采取的是报考时定县、定校、定岗的分配方式，即在报考时已明确岗位所在县、校及任教学科；而其他省份仅"定县"，其中78%的县采取统一分配的方式，少部分县采取考生自主选岗的分配方式。不同分配方式各有利弊。定县、定校、定岗的方式存在的问题主要是，考生容易扎堆报考某一岗位，导致出现岗位冷热严重不均的现象。县级部门统一分配岗位的方式主要是指，县级教育行政部门结合考生志愿，根据报考计划、学校需求、年龄层次、性别比例等多种因素综合决定特岗教师的岗位。这种方式可避免考生根据成绩自主选岗易出现的农村师资分布不均衡问题，但其也容易受到设岗县盘根错杂的人际关系的影响；考生根据成绩自主选岗这种方式则主要照顾考生的个人意愿，给予考生尽可能多的自主决定权，但也可能导致高分考生集中在优质学校、低分考生集中在边远学校或教学点的现象，容易造成设岗县内部农村教师资源分布的不均衡。

（六）日常管理

对特岗教师的管理主要实行"以县为主，省级教育行政部门监督指导"的管理体制。大多数设岗县采取了对特岗教师实施专门管理的模式以加强管理，有的设岗县还成立了专门的县级"特岗计划"办公室，以加强对特岗教师的管理。部分设岗县提前将特岗教师纳入正式教师管理体制，如贵州省威宁县在2008年制定的《威宁县特岗教师管理办法》中就明确规定特岗教师属于在编教师。

在特岗教师违约规定方面，各地政策普遍较为宽松，特岗教师若有意愿离职并不会面临太多的政策性阻碍。山西省则通过严厉的违约惩罚措施来保证特岗教师队伍的稳定性。

（七）培训

培训分为岗前培训和后续培训。实地调研发现，特岗教师岗前培训主要有三种方式。第一种方式是特岗教师单独岗前培训；第二种方式是与县级公招的新教师一同培训；第三种方式是与新入职的县级公职人员一同培训。

特岗教师单独岗前培训这种方式比较普遍，也最有针对性，多适用于"特岗计划"实施力度较大、招聘人数较多的设岗县。部分省、区如青海、新疆则组织了省级统一的专门针对特岗教师的岗前培训活动。与县级公招新教师一同培训针对性稍弱，多适用于“特岗计划”与县级公招并行的设岗县。与新入职的县级公职人员一同培训针对性最弱，多见于特岗教师招聘人数较少的设岗县。

（八）考核

考核是综合考察特岗教师工作表现的重要途径，其结果是影响能否入编的重要因素。调研表明，特岗教师最看重的工作业绩考核依据依次是“学生的成绩”“学生的喜爱程度”以及“各种教育和才艺评比”，而地方教育行政管理人员认为考核特岗教师的主要依据依次是“学生的成绩”“优秀教师、优质课、才艺等各种评比”以及“家长和社区的认可”。这种差异表明特岗教师有着较新的教学理念，注重学生的感受，而地方教育行政管理人员更在意特岗教师实际的教育教学成效。

三、政策变化与调整

“特岗计划”自 2006 年实施以来，总体来说变化不大。比较明显的变化体现在加大了对特岗教师的工资保障力度、扩大了实施范围并逐步完善和落实了免试读研优惠政策；此外，中央政策也增强了对设岗省、市、县实施地方“特岗计划”的激励。

（一）不断优化“特岗计划”政策目标

2006 年的目标是“引导和鼓励高校毕业生从事农村义务教育工作，创新农村学校教师的补充机制，逐步解决农村学校师资总量不足和结构不合理等问题，提高农村教师队伍的整体素质”；2012 年的目标是“要大力推进地方特岗计划”“统一地方与中央特岗教师招聘标准，逐步建立省级统筹的农村教师补充新机制”；2013 年的目标是“鼓励具有研究生学历的毕业生到农村学校任教”“要努力提高村小、教学点特岗教师招聘比例”；2015 年的目标是“大力促进教育公平和城乡教育资源均衡配置”。

（二）逐渐扩大设岗范围和调整岗位比例

2006 年的设岗范围是“国家西部地区‘两基’攻坚县为主（含新疆生产建设兵团的部分团场），包括纳入国家西部开发计划的部分中部省份的少数民族自治州，适当兼顾西部地区一些有特殊困难的边境县、少数民族自治县和少小民族县。注意重点向藏区、‘双语教学’区、少小民族聚居区倾斜”。“在 2007 年应选择确定一批办学条件较好的县城以上学校，对其新录用的教师先安排进‘计划’，去县以下农村学校任教，3 年服务期满后回原聘用的县城以上学校执教”；在 2010 年，把“中部地区”纳入了实施范围；2012 年进一步明确为“11 个集中连片特殊困难地区（六盘山区、秦巴山区、武陵山区、乌蒙山区、滇桂黔石漠化区、滇西边境山区、大兴安岭南麓山区、燕山—太行山区、吕梁山区、大别山区、罗霄山区）和四省藏区县、中西部地区国家扶贫开发工作重点县、西部地区原‘两基’攻坚县（含新疆生产建设兵团的部分团场）、纳入国家西部开发计划的部分中部省份的少数民族自治州以及西部地区一些有特殊困难的边境县、少数民族自治县和少小民族县”；在 2014 年，“优先满足村小、教学点的教师补充需求，进一步提高村小、教学点特岗教师招聘比例，将做好村小、教学点的教师招聘工作作为 2014 年的工作重点”；在 2015 年，“要切实加强乡村学校教师补充，向本地生源倾斜，优先满足村小、教学点的教师补充需求……自 2015 年起，特岗计划设岗县（市）的县城学校不再列为中央特岗计划设岗学校，不再补充新的特岗教师”。

（三）适时调整招聘原则

2006 年强调“事权不变，创新机制。中央统筹，地方实施。相对集中，成组配置。侧重初中，兼顾小学。先行试点，逐步扩大”；2011 年强调“充分考虑当地教师队伍学科结构分布等因素，加强偏远农村学校教师和音乐、体育、美术等紧缺学科教师的补充，建立直接向偏远农村学校轮换派遣合格教师的工作机制”；2012 年强调“初中与小学教师队伍补充协调发展。继续建立并完善直接向偏远农村学校轮换派遣合格教师的工作机制”；2013 年强调“要充分考虑当地教师队伍学科结构分布等因素，加强音体美等紧缺学科教师的补充，努力实现初中与小学教师队伍补充协调发展”。

（四）逐步提高工资性补助标准

2006 年“中央财政设立专项资金，用于特设岗位教师的工资性支出，并按人均年 1.5 万元的标准与地方财政据实结算。特设岗位教师在聘任期间，执行国家统一的工资制度和标准；其他津贴补贴由各地根据当地同等条件公办教师年收入水平和中央补助水平综合确定”。2008 年，该标准提高到 18 960 元。2009 年，再次提高到 20 540 元。2010 年提出，“今后城市、县镇中小学校教师自然减员空岗优先聘用服务期满特岗教师”“特岗教师在工资待遇、职称评聘、评优评先、年度考核等方面与当地其他公办学校教师同等对待”；“从 2012 年起，中央财政特岗教师工资性补助标准提高为西部地区人均年2.7万元，中部地区人均年2.4万元”；2013年提出“各地要在‘国培计划’实施中统筹安排，开展针对特岗教师的业务培训，帮助特岗教师尽快成长为工作骨干”。

（五）适时增加设岗数量

2006年，“特岗计划”以招聘2—3万名特岗教师进行试点；2011年，“特岗计划”设岗数量增加至5.6万个；2012年，特岗教师招聘计划数增加至约6万名；2015年，特岗教师招聘计划数增加至约7万名；2017年，特岗教师招聘计划数增加至约8万名；2018年，特岗教师招聘计划数增加至约9万名。

（六）实施特岗教师免试读研政策

2011年11月，教育部办公厅发布的《关于做好2011年特岗教师在职攻读教育硕士工作的通知》中规定的报名条件是：服务期满且留任当地学校；具有全日制普通高等学校本科学历；近3年年度考核合格且至少有一次考核优秀；同等条件下，获得县级及以上荣誉称号者优先录取。2012年，选拔了1004名特岗教师免试在职攻读教育硕士。从2013年开始，每年计划招收2500名特岗教师免试在职攻读教育硕士，同等条件下优先录取村小、教学点特岗教师。2016年，在职人员攻读硕士专业学位工作以非全日制研究生教育形式，纳入国家招生计划和全国硕士研究生统一入学考试，特岗教师服务期满后3年内参加全国硕士研究生招生考试的，初试总分加10分，同等条件下优先录取。专科毕业的特岗教师服务期满后，达到与大学本科毕业生同等学力且达到招生单位具体业务要求，可报名参加考试。

（七）鼓励地方实施“特岗计划”

自2009年起，中央“特岗计划”的名额分配将与地方“特岗计划”的实施力度挂钩。中央“特岗计划”的名额将视各地实施中央“特岗计划”的情况以及是否实施地方“特岗计划”的情况进行分配。

第三节 “特岗计划”政策执行

“特岗计划”政策的关键在执行。十多年来，“特岗计划”政策的执行分为三个阶段，基本实现了政策设计期望的目标——特岗教师分配到“两基”攻坚县农村义务教育阶段学校，这些特岗教师具有共同的群体特征。

一、"特岗计划"执行进程

(一) 第一阶段：探索性实践阶段(2006年之前)

自我国实行教师自主择业以来，我国公办教师的招聘实行的都是"逢进必考"的制度。我国农村学校在工资待遇、工作环境等各个方面都不占优势，导致其在教师招聘的道路上举步维艰。为了解决我国农村教师的补充困境，从国家到地方都开展了一些积极的探索。云南省红河州率先在教师招聘政策上进行了创新，地方财政出资2 000万用于教师招聘，从而缓解了农村地区教师紧缺的状况。2004年，湖北省教育厅组织实施了"农村教师资助行动计划"，招聘了一批应届本科毕业生到农村中学任教，优化了农村教师的结构，提高了农村教师的专业素养。同时，国家从2006年开始实施"三支一扶"政策，每年大约有2万名高校毕业生深入到乡镇从事支教、支农、支医和扶贫工作，这也为"特岗计划"的实施提供了借鉴。这些国家到地方的积极探索，都为"特岗计划"的出台和实践提供了重要参考。但是这一阶段"特岗计划"还处在萌芽阶段，并没有上升到国家政策层面，也没有大规模的实施。

(二) 第二阶段：规范化发展阶段(2006—2008年)

2006年，教育部、财政部、人事部、中央编办四部门联合颁发了《关于实施农村义务教育阶段学校教师特设岗位计划的通知》，标志着我国"特岗计划"的正式出台，也标志着我国"特岗计划"进入了规范化发展阶段。2006年，计划招聘2—3万名特岗教师到西部农村地区任教，并按人均年1.5万元的标准对特岗教师进行工资发放。2007年，"特岗计划"开始按照教师队伍的整体情况以及学科结构来招聘教师到农村中小学任教。2008年，特岗教师的工资发放标准由原来的人均年1.5万元提高到人均年1.896万元。

(三) 第三阶段：规模化推广阶段(2009年之后)

从2009年开始，教育部等四部门出台文件，继续推进"特岗计划"，我国的"特岗计划"进入了规模化推广阶段。"特岗计划"的规模以及范围都在不断扩大，设岗规模扩大到5万个以上，设岗范围由原来的西部11个省区的"两基"攻坚县扩大到中西部地区22个省份的国家扶贫开发工作重点县。国家也加大了对"特岗计划"的投入力度，由2006年的2.4亿元增加到2011年的34.7亿元，从2012年开始，中央财政对西部地区特岗教师的工资性补助标准提高到人均年 2.7 万元，中部地区为人均年 2.4 万元。同时，有些省份根据自身的特点，形成了具有鲜明特色的地方“特岗计划”。例如：2009 年，贵州“特岗计划”由原来的国家、省、市、县四级变为国家和县两级；河南从 2009 年开始实施地方特岗和国家特岗 1∶1 的配套方案；重庆从 2012 年根据自身情况来招聘音乐、美术和体育教师。

二、特岗教师的基本分布

（一）特岗教师区域分布

根据《中国农村扶贫开发纲要（2011—2020 年）》确定的 11 个集中连片特殊困难地区和四省藏区县、中西部地区国家扶贫开发工作重点县、西部地区原“两基”攻坚县（含新疆生产建设兵团的部分团场）、纳入国家西部开发计划的部分中部省份的少数民族自治州以及西部地区一些有特殊困难的边境县、少数民族自治县和少小民族县，主要分布在河北、山西、内蒙古、辽宁、吉林、黑龙江、安徽、江西、河南、湖北、湖南、广西、海南、重庆、四川、贵州、云南、陕西、甘肃、宁夏、青海。对于每个省（自治区、直辖市）而言，需要具体落实到每个县。以四川省为例，据《四川教育统计年鉴》①和相关政策的文献研究，从 2006 年到 2016 年，在四川省 21 个市（州）中先后有 16 个招聘了特岗教师，这些市（州）包括甘孜州、阿坝州、凉山州、乐山市、攀枝花市、雅安市、绵阳市、巴中市、泸州市、广元市、达州市、成都市、德阳市、广安市、宜宾市和南充市，截至 2017 年 3 月，自贡市、内江市、资阳市、眉山市和遂宁市 5 个市没有招聘特岗教师。同时，在四川省的 182 个县市区中先后有 93 个招聘了特岗教师，占到全省的 51.1%。

（二）特岗教师的民族分布

教师个体的民族属性，对教师传承民族文化具有重要的影响作用。为此，有必要对特岗教师的民族属性进行分析。以四川省为例，四川省有 55 个少数民族，其中世居的少数民族有 14 个。在 2011 年和 2015 年，四川省特岗教师中人数最多的 3 个民族为汉族、彝族和藏族；2011 年的特岗教师来自 17 个民族，2015 年的特岗教师来自 15 个民族。再以广西壮族自治区为例，在 2012 年招聘的特岗教师中，人数最

---

① 截至 2017 年 3 月，2015 年及以后的《四川教育统计年鉴》未出版。

多的3个民族为汉族、壮族和瑶族，特岗教师的民族分布势态与广西人口的民族分布一致，且世居广西的11个民族中都有成为特岗教师的。

（三）特岗教师招聘学科分布

教师学科结构是指教师群体掌握的学科专业知识的构成情况，包括教师群体掌握的各种知识之间的比例、相互关系、相互作用以及由此形成的整体功能。在2006年至2016年四川省特岗教师的招聘中，小学学段主要招聘了语文、数学、外语、信息技术、音乐、体育、美术7个学科的教师，从2010年开始招聘了藏文教师；初中学段主要招聘了政治、语文、数学、物理、化学、生物、地理、历史、外语、信息技术、音乐、体育、美术13个学科的教师，2013年和2015年均招聘了藏文教师。从招聘的学科教师人数来看，小学特岗教师中，语文、数学、外语学科的教师数占前3位，其次为音乐、体育、美术3科；初中语文、数学、外语学科教师数也占前3位，其次是物理、化学和历史，最后是体育、政治、信息技术、音乐和美术。可见，“主科”科目的任课教师需求在学校需求中占主导地位；体育、美术、音乐和信息技术等科目的教师数在初中和小学分布基本一致，并占据一定比例，这有利于缓解中小学“副科”教师奇缺现状，调整中小学学科结构。

三、特岗教师的群体特征

（一）特岗教师的性别、婚姻等情况

教师性别比是指教师群体中男女教师的构成状态。合理的教师性别比有利于学校人际关系和谐、学生心理平衡发展。调研显示，在特岗教师中，女性教师、年轻未婚教师和农村户籍教师所占比例偏大。抽样四川省2011年和2015年两个年度的特岗教师：2011年招聘的4182名特岗教师中，男性为1378名，占比33.0%，女性为2804名，占比67.0%；2015年招聘的3524名特岗教师中，男性为909名，占比25.8%，女性为2615名，占比74.2%。这说明男性特岗教师明显少于女性特岗教师，男性特岗教师所占比例在30%左右徘徊。从婚姻状况来看，超过70%的特岗教师尚未结婚。调查还发现，超过三分之二的特岗教师的生源地为农村。特岗教师来源具有本地化的特征，96.2%的特岗教师都来自本省。其中，特岗教师工作学校与家乡的最小行政区划关系为同一个乡镇、同一个县(县级市/区)、同一个地级市、同一个省的比例分别为11.3%、30.5%、26.2%和28.2%。

(二) 特岗教师的家庭情况

特岗教师的家庭年收入普遍较低。针对调查问卷中“您父母年收入的总和大致为________元”一题，特岗教师填写的父母年收入总和在1万—2万元之间的最多，大于2万元的较少。总体上，特岗教师家庭经济情况处于“中等”水平，89.0%的特岗教师认为自己父母家庭的经济条件在其家乡属于“中等”或“偏下”水平。据调查，74.6%的特岗教师家庭经济情况在其家乡处于“中等”水平，14.4%的特岗教师家庭经济情况处于“偏下”水平，11.0%的特岗教师家庭经济情况处于“偏上”水平。调研结果显示，有近40%的特岗教师表示，相对于生活适应、工作压力，经济负担是自己目前最大的压力，这表明特岗教师对收入有着较高期待。调研还发现，特岗教师父母的文化程度普遍不高。在特岗教师家庭中，父亲文化程度占最大比例的是“初中”，初中和初中以下的比例约为64%；母亲文化程度占最大比例的是“小学”，初中和初中以下的比例接近80%。其中，超过70%的特岗教师家庭都比较支持自己的孩子报考特岗教师。

> 2013年毕业离校后，父母每天都要给我打好几个电话要我回家参加本县的特岗教师考试。他们认为：“当教师挺好的，地位高，又清闲，每年有寒暑假，同时，还在他们身边，可以照顾他们。”他们每天近乎恳求的语气使我那颗在省城找工作坚如磐石的心背叛了我。经过一番思想斗争后，我回到了家乡。
>
> ——“我的特岗故事”征文摘录

(三) 特岗教师的学历及学业表现

教师学历结构是指教师群体中学历层次的分布状态，是教师基础理论水平、科研水平和潜在能力的重要标志。调查显示，特岗教师的学历水平较高，在校成绩良好。以2015年四川省招聘的3524名特岗教师为例：在2314名小学特岗教师中，有专科学历者858人、本科学历者1456人，分别占比37.1%和62.9%；在1210名初中特岗教师中，有专科学历者56人、本科学历者1148人，分别占比4.6%和94.9%。另外，还有极少量研究生学历者补充到特岗教师队伍中。由此可见，特岗教师的学历以本科为主，且有一定比例的研究生学历，专科学历者主要到小学任教。进一步统计发现，这些特岗教师毕业的院校的类别既有师范院校，也有非师范院校；既有省内院校，也有省外院校。其中，师范院校毕业的占81.8%，非师范院校毕业的占18.2%；省内院校毕业的占84.0%，省外院校毕业的占16.0%。关于特岗教师在校学习成绩的问卷调查表明，特岗教师在校期间的学习成绩都比较靠前，自我陈述“优秀”（班上成绩排名前 10%）和“良好”（班上成绩排名前 25%）的占 90%以上。虽然这个数据的主观成分可能较重，但也能看出特岗教师总体质量较高。

> 这些老师的共同特点就是学历高、思想很活跃、上进心强、热情高、干劲比较足。他们来了之后给学校带来了活力和惊喜。以前不能开设的诸如音乐、信息技术等课程，现在能够开设了；以前不能开展的课外活动，现在可以开展了；……
>
> ——某位九年一贯制学校校长（四川省仪陇县）

（四）一群热爱教师职业的人

从调研的情况来看，特岗教师普遍热爱本职工作。这一点可以从他们报考特岗教师的动机和对自己工作的认识中看出来。热爱教育事业是多数特岗教师的报考动机。对于“为什么报考特岗教师”这一问题，特岗教师们表示最主要的原因是“喜欢教师职业”和“支援农村教育”，反映出特岗教师对教育事业的热爱。选择“喜欢教师职业”这一项的特岗教师接近半数；选择“支援农村教育”的特岗教师所占比例也比较大。地方政府对特岗教师的关怀和重视，也强化了特岗教师们对农村教育事业的热爱和献身精神。

“我的特岗故事”征文活动共收集到 3 000 多篇文章，其中大量文章的字里行间流露出特岗教师对教育事业的热爱以及对投身农村教育的热情和理性思考。在这些文章中，特岗教师们回顾了自己报考特岗教师的心路历程，描述了他们在工作、生活中的收获和感悟。通过对这些文章的阅读、分类，我们发现特岗教师大体上分为以下几类。第一类，也是数量最多的特岗教师，他们是农村户籍出身，他们热爱教师职业，熟悉农村生活，对各种困难估计充分，在大学毕业后积极返乡任教。第二类，在毕业时也有过寻找其他工作的机会，但他们放弃了那些机会而选择农村，选择农村教师这个岗位。第三类，也是农村户籍出身，但对农村艰苦的教学条件心存顾虑，是在经过一定的理性权衡后，在城市就业的压力下，选择回乡任教。从这些文章中可以看出，多数特岗教师经历了了解农村、理解农村、爱上农村教师行业的心路历程。

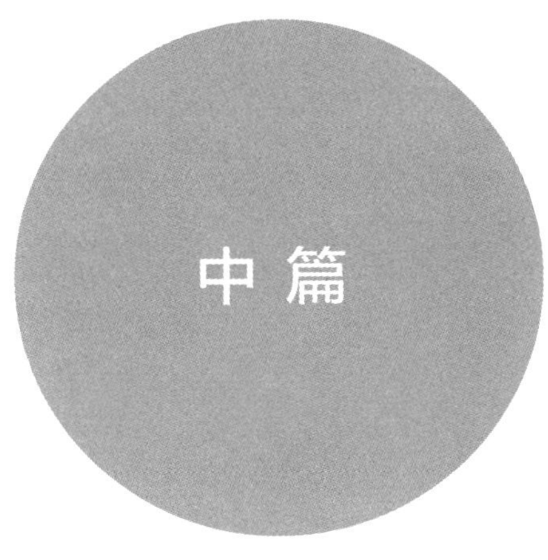

发展状况分析

第三章

“特岗计划”政策效果分析

“特岗计划”政策的目的在于创新农村学校教师补充机制，引导和鼓励高校毕业生从事农村义务教育工作，提高农村教师队伍的整体素质，逐步解决农村学校师资总量不足和结构不合理等问题。截至2015年，“特岗计划”已招收50.2万名大学毕业生到中西部22个省(区)的1 000多个县，3万多所农村义务教育学校任教。中央财政累计投入290多亿元，这些投入不仅直接支持了农村义务教育，也带动了各地加大对农村地区的教育投入，极大地缓解了农村教师短缺的情况，提升了农村教师队伍的整体质量，促进了城乡义务教育的均衡发展。

第一节 “特岗计划”政策整体效果分析

“特岗计划”政策是针对城市和农村教育的现实差距，国家加大对农村教育投入，通过招募优秀人才补充师资的一项教师补给政策，给农村教育事业的发展注入了生机和活力。

一、“特岗计划”的直接效果和作用

(一) 补充农村中小学教师数量不足

在我国义务教育普及发展历程中，一支特殊的代课教师队伍解决了中小学教师短缺问题，保证了学校教育教学活动的正常开展。因为学校有着特殊的教育生

产过程，教师缺勤必定影响教学进程、影响学生的学业发展，而作为社会人的教师必然会因为病假、事假等原因缺课。为了保障教学活动正常开展，学校或者教育主管部门自然会选择临时代课教师。

随着代课教师的逐步清退以及素质教育对教师素养要求的提高，农村中小学合格教师的短缺情况越来越严重，有些学校出现了女教师产假期间找不到合适代课教师的困难。“特岗计划”作为中小学教师队伍的创新补充机制，发挥着非常重要的作用。类似代课教师，特岗教师具有临时性（三年）和补充性特征。特岗教师虽然不占学校编制，但却有严格的质量标准，接受相关的教育教学培训，参加所在学校教师年度考核，参加评优评先，参加中小学专业技术职称评定，并且在这些方面与当地公办学校教师同等对待，这就保证了特岗教师良好的专业发展路径，更好地确保了教育教学活动的正常开展和教学质量的提高。尽管代课教师与特岗教师功能相似，但管理模式不同，后者优势远远大于前者。很多地方在清退全部代课教师的同时，每年都要招聘一定数量的特岗教师来满足正常的教育教学活动需求。

数据表明，随着全国代课教师的逐步清退，特岗教师在农村中小学教师队伍中的比例越来越高，招聘特岗教师成为替换现有代课教师的重要途径。特岗教师在分配数量比例上呈现出逐渐向小学倾斜的趋势，其服务对象更偏向偏远地区的农村小学，而且在全国“特岗计划”的名额配置过程中，也主要是针对那些代课教师较多、缺乏优质教师的农村中小学，这就更加突出了特岗教师对代课教师的替代性。假定一个正常运行的教育教学过程需要的临时教师数量是固定的，那么，图 3.1 中代课教师和特岗教师的总量正好是所需临时教师的总量，几年来的动态变化也正好呈现出两者的替换关系。虽然目前各地仍然存在一定数量的代课教师，但从农村代课教师减少以及特岗教师增多的趋势来看，招聘特岗教师正在成为逐步替换农村代课教师、解决农村教师队伍短缺的有效途径之一。

同时，由于国家“特岗计划”的示范引领作用，各地纷纷采取跟进措施实施地方“特岗计划”，为农村学校补充了大量高水平的骨干教师。例如：河南省按中央计划与地方计划 1∶1 比例配套招聘地方特岗教师，省财政保障地方计划和中央计划教师享受同等待遇；重庆市设立农村教师特设岗位计划，重点补充农村学校音体美等紧缺学科的教师；甘肃省实施幼儿园教师特岗计划，缓解幼儿园教师短缺问题。如果把地方“特岗计划”中的所有教师全部统计进来，那么特岗教师的替代性会体现

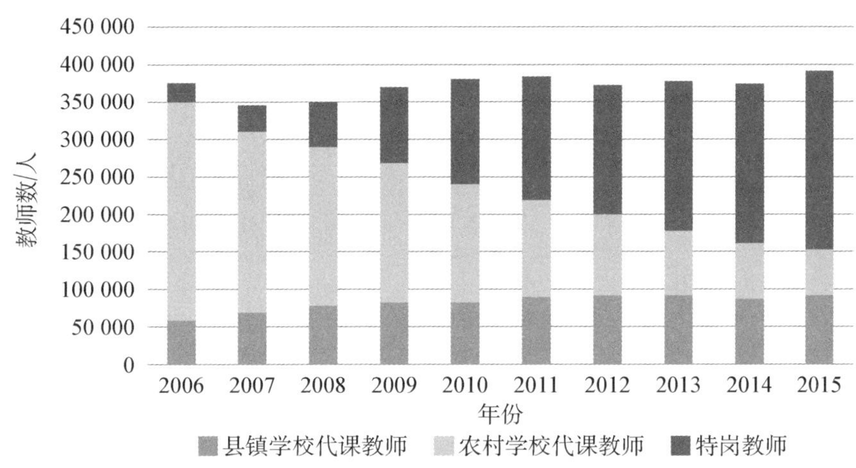

图 3.1 全国特岗教师与农村代课教师数(2006—2015 年)

得更为突出。从特岗教师 3 年服务期满后大约有 83%转为正式在编教师的比例看,特岗教师还会对未来农村在编教师队伍的优化产生长远影响。

(二) 解决农村中小学教师结构性短缺问题

农村中小学师资的短缺,不仅仅体现为教师数量的短缺,更体现为特定学科教师的短缺,如数学、英语、信息技术等学科教师的短缺。相关研究表明,在小学阶段,英语教师较为短缺;在初中阶段,英语、生物、物理、化学、信息技术等学科的教师都较为缺乏,音乐、体育、美术教师短缺则是农村地区中小学较为普遍的现象。"特岗计划"明确提出要改善农村义务教育学校在音乐、美术、体育、信息技术及理科等学科配置上的不合理状况,解决农村学校教师的学科结构性短缺问题。相关调查数据表明,特岗教师在任教学科上分布较为平均:任教语文的占 14.8%,任教外语的占 11.1%,任教数学的占 24.7%,任教理科(物理、化学、生物)的占 14.8%,任教文科(历史、地理、政治)的占 11.3%,任教音乐、体育、美术和信息技术的占 13.1%,任教其他学科的占 10.2%。有些地方在特岗教师的配置过程中还明确提出其招聘必须与学科实际需要紧密结合,重点向紧缺学科倾斜。例如,在安徽 2009 年招聘的 4 058 名特岗教师中,音乐、体育、美术、信息技术和英语等紧缺学科教师达到了 43.2%。

(三) 提升农村教师队伍质量

农村中小学曾一度呈现出"哥哥姐姐教高中,叔叔阿姨教初中,爷爷奶奶教小学”的状况，一些教师很难适应课程改革对教育教学活动的要求，这在代课教师群体中呈现得更为突出。相对于代课教师，特岗教师比较年轻，这就为农村中小学输入了新鲜血液。特岗教师的学历较高，且大多都为第一学历。代课教师中接近50%的人员最多只有教师资格证书；超过50%的人员是临时聘请的初中、高中或大中专院校毕业的学生，没有获得教师资格证书。而特岗教师招聘考试中最基本的要求就是必须获取相应的中小学教师资格证书。

由此可见，招聘特岗教师的确是解决当今农村中小学教师不足和农村教师结构性短缺的重要途径，且在质量上有一定保障。代课教师经历多年的教学之后，校外就业能力和机会都较低；而特岗教师中不少人员在发现自己不喜欢教师职业后，会有自己创业或选择其他行业的想法，并且有能力实现。因此，特岗教师有望成为从岗位到学科有效替补正式教师队伍的生力军。

二、特岗教师与教师招聘管理制度创新

如果把“特岗计划”在补充数量、解决结构性短缺矛盾和提升教师队伍素质方面的效果看作该政策的直接效果，那么，该政策在教师招聘管理制度方面的影响则是间接和长远的，而后者更是该政策未来的实践价值所在。

（一）优质教师与新教师生源

教师质量的衡量指标常常是学历情况、是否获得教师资格证书、教龄长短、是否是师范生、职称情况等。但越来越多的研究发现，这些传统指标对教师质量判断的可靠度在下降。例如，在1990年之前，我国小学教师大多毕业于中等师范学校，中学教师大多毕业于专科或本科师范院校。从生源背景看，由于工作包分配等多种原因，考入师范院校的学生多为初中和高中毕业生中的优秀者，再经过严格的师范专业培训之后，能够很快掌握教师教学活动的基本技能和方法，而且专业态度也较为投入。但随着毕业生工作分配制度的改革以及高等教育的扩展，很多优质学生放弃将师范专业作为第一选择，在一定程度上影响了中小学教师的质量。虽然三级师范专业毕业生都是合格毕业生，但与那些优等生相比在潜力上还是有一些差距的。美国1983年发布《国家处在危机之中——教育改革势在必行》报告，提出了导致教师质量差的原因之一，即师范专业学生原本就不是高水平学生，他们的高等学校入学成绩呈现直线下降的趋势，而且新教师中大部分人很难通过相关的教

师基本知识考试。可见，各国教师质量问题存在一些共性，即在师范生生源上出现了差距。芬兰学生总是在国际学生评价项目（PISA）中名列前茅，很多研究认为这和芬兰教师的质量有密切关系，芬兰的师范专业招生有严格的准入制度，考生要经过笔试和面试两关，相当一批最优秀的高中毕业生选择了师范专业，且竞争激烈，录取率仅为十分之一。

美国从1980年开始通过增加教师工资来提升新教师质量。但相关研究表明，工资增长并没有显著增加新教师毕业于高质量院校的比例。为了解决教师短缺问题，美国一些州降低了教师入职门槛，为成为新教师提供了一些其他渠道。而一些研究表明，这些新教师中有些毕业于名校、有不错的大学入学成绩，他们的教学质量较高（学生学业发展较好）。美国著名的TFA计划旨在吸引有理想的名校毕业生去美国的差校（inner city schools）任教几年，虽然薪水很少，工作时间很长，但每年志愿加入这项计划的学生仍然络绎不绝，成为很多贫民窟学校优秀师资的主要来源。因此，开放式的新教师聘任方式为美国中小学教师队伍注入了新鲜活力。

我国的“特岗计划”从一个侧面改革了中小学新教师生源存在的弊端。“特岗计划”明确规定招聘对象为：高等师范院校和其他全日制普通高校应届本科毕业生和应届师范类专业专科毕业生；取得教师资格，具有一定教育教学实践经验，年龄在30岁以下的全日制普通高校往届本科毕业生；参加过“大学生志愿服务西部计划”、有从教经历的志愿者和参加过半年以上实习支教的师范院校毕业生同等条件下优先；同时符合教师资格条件要求和招聘岗位要求。“特岗计划”将新教师生源扩展到其他全日制普通高校，在就业压力大和就业机会较少的劳动力市场背景下，可以吸收一些有潜质的高中阶段的优质学生。虽然国家对新聘任教师的总体政策也在放宽，但总体来看，特岗教师仍是一个很有吸引力的职业。

（二）优质教师与教师专业精神

教师作为一种专业性职业，其质量不仅体现在学历和资格证书上，更体现在对教育教学的热爱程度和有效教学能力上。特岗教师选择教师职业的原因是多方面的，包括收入稳定、家庭压力等。作为特岗教师，有三年合同聘任时间，足够他们去了解现实中的教育教学实践，判断自己是否真正热爱教师职业。我们并不能否认特岗教师中不乏为了稳定而选择教师职业的人，但是如果他们确实不喜欢教育教学活动，最终会选择离开教师职业而从事其他职业。这种自愿选择退出在一定程度上优化了特岗教师队伍的素质。

调查数据表明，在服务期满后愿意继续留在农村扎根农村教育事业的特岗教师占73%，期满后离开的特岗教师占27%。选择离开的很多特岗教师表示，他们不喜欢做教师，无法接受正常的教育教学工作压力。那么，他们的离开也是一种很好的选择，至少可以提升教师队伍中喜欢和热爱教师职业的教师的比例。在安徽省临泉县的100位特岗教师中，分别有9.1%、46.5%、6.3%和5.8%的人员表示非常喜欢、喜欢、不喜欢和非常不喜欢教师职业，有32.3%的人员表示不清楚自己是否喜欢教师职业。因此，这3年的服务期给了很多特岗教师一个认识自己的过程，以判断自己是否真的愿意终身做一名教师。这在一定程度上保证了3年后留下的特岗教师确实喜欢教师职业。

特岗教师的这种自主退出机制，在保证教师权益的情况下优化了教师队伍质量。相对于特岗教师，代课教师与教师管理部门虽然没有明确的雇佣合同，但是通常被认为有默认的长期隐性合同，因此解聘会产生很多负面问题。特岗教师3年服务期满后的自主选择过程是一种比较好的筛选机制，从入口和出口方面都做了一定的探索，保证了在编教师队伍的专业精神。

（三）特岗教师与教师合同管理制度

《农村义务教育阶段学校教师特设岗位计划实施方案》明确提出："特设岗位教师实行公开招聘，合同管理。合同中应详细明确规定用人单位和应聘人员双方的权利和义务。"虽然特岗教师招聘工作需要各相关部门共同负责，并经过公布需求、自愿报名、资格审查、考试考核、集中培训、资格认定、签订合同和上岗任教8个程序完成，但其中最为突出的是签订合同，这是地方政府（"特岗计划"县）首次与公办中小学教师以合同的形式明确双方的责任和义务。目前，各地普遍都制定了义务教育阶段特岗教师管理办法。以贵州省特岗教师合同管理办法为例，该办法明确规定特岗教师实行合同管理。3年聘期内，特岗教师的考核内容、标准及方式等与当地人事部门对在职公办教师的年度考核相同。当年年度考核不合格的，"特岗计划"县教育局、财政局、人事局、编委办商议后，有权终止合同，予以解聘。这实际上是通过合同管理的方式用3年时间来筛选适合的中小学教师，让特岗教师和学校（地方政府）都有充足的时间来相互了解。

我国中小学教师的身份一直是学者们关注的焦点，虽然不是公务员，也没有按照严格的教师聘任合同管理，但是一旦成为在编教师，就成了地地道道的“铁饭碗”拥有者，很难被解聘。因此，近年来中小学教师的退出机制也成了一个热点话题。如此，特岗教师的合同管理确实是教师聘任制改革的一种很好尝试。特岗教师享有教师法规定的权利，应当履行相应的义务。同时，当地政府要对特岗教师的待遇提供政策性保障。对纳入“特岗计划”招聘的教师，三年期满、三年年度考核合格及以上且本人愿意继续留在当地任教的，由当地教育、财政、人事和机构编制部门做好有关接转工作，落实教师岗位，将其工资发放纳入县级财政统发范围，并由县级人事部门办理正式教师聘用手续；重新择业的，各县要为其重新选择工作岗位及办理户口迁移提供方便条件和必要的帮助；特岗教师执行本省统一的工资制度和标准，其职称评聘、评优评先、绩效考核以及其他津补贴比照当地同等条件公办教师标准执行，享受当地公办教师同等待遇。这种责权匹配的规范式管理正是吸引人才加入特岗教师队伍的主要因素。

第二节　西部地区实施“特岗计划”成效分析

“特岗计划”创新了一种畅通的农村教师招聘机制。调查显示，西部 12 个省（区、市）中，除西藏外的 11 个省（区、市）均招聘了特岗教师。截至 2018 年 7 月，在全国招聘的 73.3 万余名特岗教师中，西部地区招聘了 45.4 万余名，占比超过 60%。西部地区自实施“特岗计划”以来，取得了很好的成效。

一、西部地区实施“特岗计划”成效分析

（一）创新农村学校教师补充机制

在招聘特岗教师的方式上，西部地区主要实施“中央特岗计划”和“中央＋地方特岗计划”两种模式。其中，广西、四川、云南、陕西和青海 5 个省（区）实施的是“中央特岗计划”模式；宁夏、重庆、内蒙古、贵州、甘肃和新疆 6 个省（市、区）实施的是“中央＋地方特岗计划”模式。调查也表明，从 2008 年开始，贵州省参照“中央特岗计划”模式，由省、地、县分别提供资金，创造性地实施地方“特岗计划”，即建立中央、省、市、县四级“特岗计划”实施制度。中央“特岗计划”以补充农村初中教师为主，采取“教师流动、腾出岗位、优化结构”的方式，将学历不合格的初中教师逐年调

整到小学岗位，腾出初中岗位招聘中央特岗教师。省、市“特岗计划”主要招聘专科以上学历毕业生到小学任教。县级“特岗计划”在同等条件下，优先招聘具有教师资格的代课教师，把代课教师纳入县级“特岗计划”之中。重庆设立农村教师特色岗位计划，重点补充农村学校音体美等紧缺学科教师。甘肃省分别从 2011 年和 2012 年开始，实施“幼儿教师特岗计划”和“中央＋县级两级特岗计划”模式，实施“幼儿教师特岗计划”有利于缓解幼儿教师的短缺状况。宁夏和内蒙古两个自治区分别从 2010 年和 2016 年开始实施“中央＋省级两级特岗计划”模式。新疆从 2011 年至 2016 年实施的是“双语教师特岗计划”。

案例： 贵州省共招聘特岗教师 120 100 余人，占义务教育阶段教师总数的 37％

自 2006 年以来，贵州省共招聘 120 100 余名特岗教师到农村中小学任教，“特岗计划”政策实现了全省全覆盖，特岗教师占全省 32.4 万义务教育阶段教师的 37％，已成为贵州省农村学校的一支重要力量。

近年来，贵州省以实施“特岗计划”为主渠道，加大农村学校教师补充。在招聘中创新性实施了地方“特岗计划”，拓展了招考生源，加大了农村学校音体美、信息技术、心理健康、保健卫生等紧缺薄弱学科教师和幼儿教师补充力度，开辟农村学校紧缺薄弱学科教师招聘绿色通道。同时利用“国培”“省培”等机会，加大了特岗教师的培训培养，落实好特岗教师的接转工作，接转率达到 90％以上。

“特岗计划”拓展了农村教师补充渠道，缓解了边远贫困山区师资力量不足的矛盾，完善了农村学校的课程设置和课堂教学，缓解了部分农村学校教师进不去、留不住的现状。同时，“特岗计划”开辟了大学生就业新渠道，各地参照“特岗计划”政策，相继出台了“特岗医生”“特岗计生干部”“特岗农技干部”等政策，缓解了大学生就业压力。

（二）破解农村学校教师结构性矛盾

调查显示，西部设岗县（市）基本是国家确定的集中连片特殊困难地区、国家扶贫开发工作重点县，以及“两基”攻坚县山区、牧区、藏区、少数民族地区、边境地区等，每年招收的超过95%的特岗教师分布在这些县的农村学校。进一步的调研发现，每年招收的特岗教师不仅在上述地区县（市）的农村学校，而且是在最贫困、最边远、条件最艰苦的农村学校，这就解决了长期以来农村学校尤其是偏远农村学校教师"进不来"和"下不去"的问题，从而破解了农村学校教师结构性矛盾。农村学校多以老年教师为主，特岗教师的到来优化了农村教师的年龄结构。

案例(2015年)："特岗教师"化解了宁夏农村教师队伍的结构性问题

从2006年国家启动实施"农村义务教育阶段学校教师特设岗位计划"以来，宁夏已累计招聘特岗教师近2.5万名，占全区中小学专任教师总数的38.5%，1200多所农村学校受益。

据自治区教育厅人事处有关负责人介绍，"特岗计划"创新了农村教师补充机制，一定程度上化解了宁夏农村教师队伍总量不足、年龄偏大、学历偏低、学科短缺等结构性问题。10多年来，"特岗计划"已经成为全区各地农村教师补充的主渠道，山区、川区农村特岗教师占农村专任教师的比例分别达到了52.17%和38.15%。2009年以来，95%以上的特岗教师在3年服务期满后继续留任并转为当地在编教师。

另据了解，10年来，自治区财政累计投入特岗教师专项经费18.3亿元，特岗教师工资5次提高标准，从2006年的每人每年1.5万元调整到现在的每人每年3.1万元。

（三）增添农村学校办学活力

特岗教师的到来，极大地缓解了边远贫困地区学校师资缺乏问题，也为学校发展乃至因青壮年外出打工而显得暮气沉沉的农村社区增添了活力。调查显示，超过八成的农村特岗教师喜欢或者很喜欢在教学中尝试不同的教学方法，超过七成的农村特岗教师认为自己"了解"或者"很了解"新课程理念。面对农村学校教学质量低下及当前社会中广泛流行的"读书无用论"严重挫伤农村学生的信心和兴趣的现实，特岗教师们首先从改变学生的学习观念开始，树立学生学习的自信心。为了改变所任教学校学生的学习现状，他们分析学生的状况，加强与学生的沟通交流，努力融入学生，并向老教师请教，尝试各种教学方法，同时也不断地反省自身，只是希望学生能有所收获和提高,并希望自己的价值能够得到体现。

案例:“特岗教师”的到来给学校增添了活力

四川省南江县一位校长反映:国家实施“特岗计划”前,由于学校偏僻,5 年没有新进教师,全校 64 名教师中民转公教师 21 人,代课教师 16 人,临聘人员 18 人,学校教师的平均年龄在 50 岁以上,有时由于开课困难,还要把已经退休的教师返聘回来。国家实施“特岗计划”以来,学校先后新进了 28 名特岗教师,这激活了学校的办学活力,解决了学校长期以来的师资紧缺问题,也提高了教师队伍的学历层次,以前不能开设的音乐、计算机等课程,现在可以开设了,以前不能开展的文艺活动,现在也可以开展了……

案例:“特岗教师”让学校焕发了生机

新疆阿勒泰市一位农村初中教导主任说:“特岗教师的共同特点就是学历高、思想活跃、上进心强、热情高、干劲足。他们来了之后给学校带来了活力和惊喜。去年中考 87 人参加,其中 700 分以上的有 5 人(满分 800 分),3 名学生考上了重点中学。这开辟了我校办学的历史新纪元,这些学生都是特岗教师教的,他们起到了很大的作用。”

案例: 云南省“特岗计划”成效显著

1. 有效解决了云南省农村中小学师资不足的问题

云南省是首批实施“特岗计划”的省份之一,自 2006 年起按照教育部的统一部署,实施“农村义务教育阶段学校教师特设岗位计划”,五年来,全省共计为因财政供给不足而无法足额补充教师的“两基”攻坚县和边疆、民族、贫困地区补充了 2.5 万名特岗教师,年平均招聘特岗教师数量占全国计划总量的四分之一,极大地缓解了“两基”攻坚县和边疆、民族、贫困地区的师资压力。

2. 有效减轻了教育支出对地方财政的压力

“特岗计划”顺利实施五年来，全省共计获得中央拨付的特岗教师工资经费近13亿元。中共云南省委、云南省人民政府高度重视“特岗计划”实施工作，将特岗教师纳入义务教育学校实施绩效工资的范围。以2009—2010学年为例，云南省共计为2009年招聘的5931名特岗教师拨付工资性经费支出12182.394万元；为2008年招聘的5705名特岗教师拨付工资性经费支出11718.07万元；为2007年招聘的4084名特岗教师拨付工资性经费支出8388.536万元。在各级部门的共同努力下，我省特岗教师的工资基本上按时足额发放。

3. 有效改善了农村地区中小学教师的学历结构

“特岗计划”招聘的教师学科结构齐全，这为学校按要求开足课程提供了保障，对提高边疆民族贫困地区农村中小学教师的总体水平，缩小城乡差距，实现教育的均衡发展，促进教育公平提供了强有力的支持。“特岗计划”实施之前，云南很多边疆民族贫困县均没有新招教师的指标，教学人员老化、专业结构不合理、学历层次低下的问题一直困扰着贫困地区的教育发展。“特岗计划”实施以后，情况发生了明显改变。

4. 有效缓解了高校毕业生的就业压力

云南省自2006年实施“特岗计划”以来，特岗教师的职业吸引力日益增强，逐渐成为高校毕业生的择业热门，报名参加考试的人数也呈现出逐年增长的态势，一些区位相对较好的岗位，招考比例甚至高达数百比一。这一方面突显了“特岗计划”对高校毕业生的求职吸引力；另一方面也反映出我省每年提供的近6000名的特岗教师岗位，在一定程度上缓解了云南省高校毕业生(特别是师范生)的就业压力。

5. 服务期满的特岗教师得到妥善安置

从2009年起，特岗教师3年服务期已陆续届满。就目前的情况来看，3年服务期满且考核合格的特岗教师基本都得到了妥善安置。在充分考虑特岗教师本人意愿的基础上，各级部门对自愿留在本地学校任教的人员，基本都按照政策转聘为当地在职在编教师，由当地统一发放工资；选择重新择业的人员，也可享受云南省当年应届毕业生就业的相关优惠政策。

据统计，云南省 2006 年招聘的服务满 3 年并在岗的 4 163 名特岗教师中，自愿选择转聘为当地在编教师的有 4 038 人（占 97%）；重新自主择业的有 125 人，其中考上公务员 81 人，调入党政部门或其他事业单位 44 人。

二、省区实施“特岗计划”成效分析

（一）贵州“特岗计划”取得的成就

贵州连续 9 年（2006—2014 年）实施“特岗计划”以来，农村义务教育阶段的师资力量进一步加强，生师比进一步降低，教师结构进一步优化，农村教育的活力进一步激发，义务教育均衡发展取得重要进展。

1. 农村师资总量显著提高

2006—2014 年，贵州共招聘 7.036 万名特岗教师，范围覆盖 70 多个县，为农村学校补充了大批教师，而 2005 年贵州农村中小学只有 28 万名专任教师。经过各级政府、学校和特岗教师自身的不懈努力，7 万多名特岗教师走进农村义务教育阶段学校，这一规模居全国第二。“特岗计划”只用了 9 年就为贵州储备了 7 万多名教师资源，这是穷省办教育的一个重要突破。

2006—2014 年，全国共招聘特岗教师 42.3 万人，其中贵州招聘的人数占 16.6%。与实施“特岗计划”的其他省份相比，贵州招聘的特岗教师数量仅仅比“特岗计划”第一大区——新疆维吾尔自治区少 5 000 人。数量的增加直接体现为生师比的降低。2005 年，也即“特岗计划”实施之前，贵州小学的生师比为 25.79∶1，普通初中的生师比为 21.16∶1。2012 年，实施“特岗计划”后，贵州小学的生师比为 19.21∶1，普通初中的生师比为 18.31∶1。农村中小学的生师比更是呈现出低于城镇比例的趋势。这也意味着，“不少农村学校教师长期超负荷工作，无法开齐、开足全部课程”的时代即将成为历史。

“特岗计划”创新了农村义务教育阶段的师资补充机制，贵州农村中小学教师在 28 万人的基础上增加了 22.6%。并且，调查结果显示，97%的特岗教师在 3 年合同期满后将选择留校任教，这与特岗计划实施 6 年来的留任率基本吻合。贵州特岗教师的留任率高于全国 87%的特岗教师平均留任率。特岗教师留任率高的原因是多方面的。一是“特岗计划”的保障条件执行到位；二是大部分特岗教师来自本地；三是就业压力下的被动选择；四是发现职业的意义与责任；五是事业麻木等无所谓的心态。但不可否认,高招聘基数和高留任率将成就贵州教育的未来。

2. 农村师资结构大幅优化

“特岗计划”明显改变了“专业结构不合理、学历层次低”等困扰农村贫困地区教育发展的状况。从贵州 2011 年至 2014 年的特岗教师招聘计划就可以看出学科结构优化的力度。3.7 万名特岗教师招聘涵盖了各个学科,26.64%的“音、体、美、信息”学科指标直接指向解决学科偏废的历史问题。特岗教师补充了大量英语、信息技术和音、体、美等学科教师,大大缓解了学科教师结构失衡问题,特岗教师的大量补充使农村学校基本能开齐规定的课程科目,有力地缓解了“顶岗不顶用”等师资紧缺难题。

除了学科结构的优化,“特岗计划”也提升了农村学校教师的学历层次。“特岗计划”在大学毕业生就业难的情况下,为大学生提供了进入“体制内”的路径,也为农村教育质量的提升准备了条件。2007 年,贵州农村小学教师中专科以上学历的占 51.39%,2012 年提升到 81.54%,提升了 30.15 个百分点;具有本科学历背景的农村初中教师更是从 24.12%提高到 70.59%。“特岗计划”使得许多农村学校第一次有了全日制本科学历的教师,特岗教师成为农村学校有史以来第一学历最高的教师。

3. 特岗教师成长势头强劲

多数特岗教师不畏艰难,不断进取,专业成长的步伐已经迈开。在调查的 253 名特岗教师中,已有 16%的人成为学校的管理者,如教务主任、大队辅导员等;甚至有 15 名(占 6%)特岗教师担任了校级领导。这从另一个侧面展示了特岗教师在本职工作中积极进取的风采。引导高校毕业生下基层,成为“下得去、留得住、用得上、干得好”的扎根型人才,是“特岗计划”的意图之一。贵州山区的条件虽然艰苦,但对饱含激情的大学毕业生来说,这里也可以是他们施展才华的舞台,他们在农村中小学也有用武之地。

特岗教师具有良好的专业发展态势,自我效能感较高。调查显示,7%的特岗教师能够经常根据教学目标的需要主动开发教材,并适时补充新的教学材料;54%的特岗教师能够根据自己对课程标准的理解对教材作适当的调整;30%的特岗教师经常尝试教学方法的更新,在课堂教学中运用一些新方法;35%的特岗教师偶尔做些教学的新尝试;30%的特岗教师有教学改革的念头,但最终因为担心影响学生考试成绩而未付诸实践。正因为大部分特岗教师在教学实践中用心钻研业务，所以有 30% 的特岗教师的任教班级学业均分超过 80 分。

（二）云南省“特岗计划”实施成效分析

云南省是我国最早一批实施“特岗计划”的省份之一，“特岗计划”为该省农村基础教育事业吸纳了一批批高素质人才，给农村教育事业注入了新鲜血液使之焕发新的面貌。截至 2015 年，云南省共招聘特岗教师 7 万余名，缓解了农村地区师资短缺的问题，提高了农村基础教育教学质量，取得了非凡的成效。

1. 地方政策创新，发挥先导作用

云南省“特岗计划”政策创新有两层含义：一是指“特岗计划”政策起源于云南省红河州，旨在解决当地教师短缺问题，教育部肯定了这一创新机制，并联合其他部门对该政策进行调整和完善，使其于 2006 年在试点内推广应用，这一政策从地方逐渐应用到全国。二是指云南省依据中央制定的“特岗计划”，结合自身社会经济发展实际情况对政策进行地方创新，更好地服务于云南省教育事业，这一政策从全国走向地方。

云南省按照中央“特岗计划”的主旨和精神，实施具有云南特色的地方“特岗计划”。为此，云南省召开了政府第 77 次常务会议，会议决议实施《云南省乡村教师支持计划(2015—2020 年)》。该计划提出云南省将进一步拓宽农村教师补充机制，创新教师培养模式，提高乡村教师能力素质以及生活待遇。在特岗教师方面，云南省计划进一步扩大“特岗计划”的覆盖范围，有指引性地为农村中小学补充紧缺学科特岗教师，保障特岗教师在服务期间享受到和编制内教师同等待遇，积极号召优秀大学毕业生下到农村教学，为特岗教师提供良好的环境。这不仅促进了云南省特岗教师队伍的迅速壮大和发展，也保障了农村适龄儿童享受公平且有质量的教育。

同时，该计划鼓励更多人关注并投身于乡村教育：其一，鼓励城市中小学教师到农村“镀金”，中级及以上职称的教师晋升高级职称时必须要有在乡村学校任教 1 年以上的履历，特别指出如果县及县级以上的中小学教师自愿到乡村任教满 2 年的，省财政每年将给予 1 万元作为岗位补贴；其二，鼓励城镇退休的特、高级教师下到农村教学队伍中支教，促进城乡之间教师流动，也使其教师生涯更有意义；其三，鼓励农村学校创新机制，采用多种方式招聘高质量的社会人才来乡担任兼职教师。

“特岗计划”有力调动了云南省创新教师补充机制的积极性，形成了引导大学生服务农村教育及为农村教育补充大量优质教师的良性机制。云南省地方“特岗计划”的创新离不开中央“特岗计划”的引导，在中央财政和省财政的共同扶持下，云南省 80 个贫困县的贫困教育得到了重要的保障。云南省创新的教师招聘制度在全国起到先导和带头的作用。

2. 引导毕业生流向，解决就业难题

高等教育大众化时代已经到来，在市场经济导向下，我国的劳动人事制度具有城乡二元分割和所有制分割的特征，而社会保障、户籍管理、政策导向等方面的变化和差异限制了高校毕业生在劳动力市场的自由流动，造成毕业生就业困难。为此，国家陆续出台促进高校毕业生就业的一系列优惠政策和措施，“特岗计划”属于促进大学生就业政策之一。中央办公厅、国务院办公厅印发的《关于引导和鼓励高校毕业生面向基层就业的意见》中明确指出，要正确引导、鼓励高校毕业生面向基层就业，既有利于青年一代全面发展，又有利于城乡教育均衡发展。就业是民生之本，云南省实施“特岗计划”正向引导部分毕业生面向基层就业，这是一件功在当代、利在千秋的伟大事业。农村的物质条件艰苦，精神生活匮乏，但农村是最基层也是最能锻炼大学生的地方。云南省通过实施“特岗计划”，在高校毕业生和基层农村之间搭起了一架桥梁，既解决了高校毕业生就业难的问题，也解决了农村教师短缺的问题。总的来说，“特岗计划”增强了高校毕业生服务基层的积极性，坚定了特岗教师奉献农村基础教育的信念。

3. 改善农村教育水平，优化教师队伍结构

“特岗计划”在云南顺利实施，优化了农村地区师资队伍结构，不断完善农村义务教育工作，缩小了城乡之间的教育差距，盘活了云南教育事业这盘棋。特岗教师的加入从三个方面改善了农村教育工作。

（1）改善教师队伍年龄结构

农村师资队伍建设进程中合理的编制安排一直是关键问题，编制问题所指：一是编制无法及时补充，导致年轻教师进入困难；二是教师离开学校，而编制还在，编制空位阻碍合理地安排新编制。特岗教师的加入给农村基础教育注入了朝气蓬勃的青春气息，一改往日“爷爷奶奶教小学”的状况，特岗教师在优化了教师队伍年龄结构的同时也优化了学生们的知识结构。

（2）改善教师队伍学历结构

云南省农村教师普遍存在学历层次偏低的现象，导致教师质量良莠不齐，有民转公的教师也有上岗后函授学历的教师，总的来说教师整体素质和教学水平偏低。特岗教师中本科学历者占比高，特岗教师名副其实地成为云南省农村中小学学校学历最高的教师，有力地提升了农村教师的整体素质，改善了教师队伍学历结构。

（3）改善教师队伍学科结构

农村地区特别是偏远山区，教师数量少，编制内教师数量更少，常见的局面是一位教师同时上多门学科的课程，这不仅造成学科的失调也使教师深感身心疲惫。特岗教师的到来，丰富了云南省农村学校的学科结构，除了语数外，英语、计算机、美术、音乐等课程也配备相应的教师，缓解了小学科缺乏授课教师的紧迫现象，使得农村中小学学生能获取全面发展的公平受教育机会。

4. 增强办学活力，提高教育成果

首先，云南省“特岗计划”实施已有10年，为农村教育事业引进了一批批优秀青年，他们有“三高一低”的资历——高学历、高素质、高度的工作热情、相对偏低的年龄；他们迅速给农村学校增添色彩，学生们的“三画”诞生——粉笔画、蜡笔画、铅笔画；朗朗“三声”开始飘荡在学校里——孩子们的笑声、歌声和琴声。特岗教师给农村学校带来的改变获得了政府和社会、相关管理部门、学校、学生家长和学生的一致好评，成果显著。其次，特岗教师给农村学校带来了新的教学方法，优化了农村学校长期传统的教学理念，特岗教师把现代信息技术以及教育改革中倡导的新思想和新模式带到农村教育中来，大大提升了农村教育质量。最后，特岗教师产生了良好的社会效应，取得了被社会广泛认可的教学成果。特岗教师身处被保障的工作和生活环境中，自身价值易得到实现，对他们的真实的宣传会吸引更多的优秀毕业生为云南省农村教育事业做贡献。

三、县市实施“特岗计划”成效分析

（一）贵州省铜仁市印江县“特岗计划”的实施成效

在对铜仁市教育局的多名教育行政工作者及印江沙子坡小学、刀坝小学、松桃甘龙中学的校长进行访谈后，可以归纳出印江县“特岗计划”实施10年来所取得的成效主要有以下3个方面。

一是为农村学校补充了大批合格师资，给农村教育带来了新的生机与活力。“特岗计划”吸引了大批有志于服务农村基础教育的大学生真正站在了中国农村基础教育的一线，为农村教育输入了新鲜的血液，使得农村教育的各个方面都焕发出了新的活力；使得教师来源从单一、封闭走向多元化；改善了师资学历、学科、年龄以及性别结构的不合理；缓解了教师总量不足的现象。

二是促进了地方政府增强改进农村师资队伍状况的力度，解开了边远贫困地区教师补充难的死结。我国基础教育存在着许多不公平的现象，其中的一个重要方面就表现在农村教育的师资严重缺乏，由于农村教师补充难度大，使得边远贫困地区的教育呈现恶性循环，教育教学质量越来越差，成为农村教育发展的一个瓶颈。实施“特岗计划”以后，很多大学毕业生被充实到我国西部农村中小学从事教育教学工作，在很大程度上缓解了这些学校师资奇缺的现象。

三是通过公开招聘教师的模式，增强了选人、用人的公正性和透明性，扩大了高校毕业生的就业机会。每年一次的特岗教师招聘，吸引着广大高校毕业生在通过笔试、面试后成为一名特岗教师，增强了我国教师队伍选人、用人的公正性和透明性，在一定程度上保证了我国西部地区教师队伍的整体素质有所提升。而且，随着进入我国西部中小学教师队伍的高校毕业生逐年增多，特岗教师招聘已经成为师范类高校毕业生就业的重要渠道。

(二) 新疆昌吉州东三县特岗教师带来的教育上改变

1. 输入了新鲜血液

特岗教师大多都是“80后”“90后”，这些年轻特岗教师为原有的教师队伍带来了新思路、新理念，给农村教育输入了新鲜血液，尤其在提升教学质量方面功不可没。特岗教师在农村教育中发挥着自己的优势，体现着年轻的力量，在一线教育工作中发光发亮，不懈努力。被调查的特岗教师中，有1名研究生，135名本科生，而且师范类专业毕业生占到了85%以上。特岗教师大部分都接受过高等教育，年轻的特岗教师人才队伍给农村学校的孩子们带来了希望。

2. 优化了农村教师结构

“特岗计划”在东三县的实施，吸引了大量优秀毕业生的加入，他们扎根一线教育，不怕苦不怕累，这是一种什么精神，是对教育事业奉献的大无畏的精神，是甘愿身体受苦但奉献着自己深爱的事业的精神。年轻、高学历的特岗教师的到来改变了东三县农村学校教师学历整体偏低、年龄较大的结构。原有的教师大部分年龄较大,专业知识结构陈旧,不会电脑和多媒体操作。随着特岗教师的上任,东三县的教育教学质量逐步提高,以前当地的学生要老远跑到县城上学,因为县城里的教学质量高,而今特岗教师的学历和专业技术层次都处于较高水平,而且年轻有活力,深受设岗学校附近群众的喜爱。

3. 弥补了乡镇学校部分学科空白

在实施"特岗计划"之前,农村教育能满足正常的语文、数学科目的教学已经是有难度的,孩子们在德智体美方面没有机会得到满足,孩子们娱乐方式很少也不知道怎么通过艺术活动放松自己。"特岗计划"的实施吸引了相应专业的毕业生加入农村教育,他们填补了一些科目教师的空缺,使得孩子们可以在音乐课堂上放飞自我,在美术课堂上自由翱翔,在体育课堂上挥洒汗水,在计算机课堂上游走世界。在年轻特岗教师的带动下,农村学校闲置的远程教育设备被充分利用,极大程度地提高了教育教学质量。特岗教师不仅对学生们进行德智体美的培养,还给当地教师带来了新鲜力量,教会了他们使用计算机。

4. 特岗教师提升双语教育发展

语言是我们交流最基本的工具,随着中国经济的不断发展,汉语在国际上的地位也越来越重要,各国都掀起了学习汉语的热潮。在中国,对普通话的普及也很受重视,越来越多的少数民族的孩子从小开始重视汉语学习,并一步一步考入内地班、内地高校,走出国门的也大有人在。也正因为这样,汉语教学深受老百姓的喜爱和认同。在昌吉州东三县实行双语教学的学校里,学生可以在双语特岗教师的帮助下学习汉语,这减少了少数民族学生对汉语的不适应,为少数民族学生未来的发展带来了更多的机会。

第三节　地方创新"特岗计划"实践探索

西部各省区、各设岗县依据中央"特岗计划"政策精神,努力实践,大胆创新,因地制宜探索促进农村特岗教师发展的新办法、新举措,形成了一些可借鉴的好做法,好经验。

一、贵州省威宁县"特岗计划"的创新实践

威宁县地处贵州省乌蒙山脉腹地，是贵州省面积最大、最边远的县，总人口140万人，其中少数民族人口（彝、回、苗、布依等）35万人，占全县总人口的25%。由于地域和历史的原因，该县经济文化发展相对比较滞后，是国家扶贫开发工作重点县。其教育发展也远低于贵州省的平均水平，教育欠账严重，"特岗计划"实施之前很多年的教师补充都不能满足该县对师资的迫切需求。"特岗计划"的实施，有力缓解了威宁县教师总量不足，特别是山区学校教师长期短缺的状况，极大地提高了教育质量，被誉为"惠民工程"和"民心工程"。

2006年，威宁县作为贵州省首批纳入"特岗计划"的6个县之一，当年招聘特岗教师1 000名。之后，省、地、县三级政府加大了为该县招聘特岗教师的力度，截至2010年，共招聘特岗教师6 589名，占贵州全省特岗教师总数的1/5以上，招聘力度之大前所未有，是全省特岗教师最多的县，在全国名列前茅。其中本科生1 824名，约占总数的28%；女性2 689名，约占总数的41%。总体上看，专科毕业生多于本科毕业生，男性多于女性。

为更好地对特岗教师进行管理，2008年威宁县出台了《威宁县特岗教师管理办法（试行）》，对特岗教师的管理考核、职责与义务、待遇及政策保障、奖励与处罚等方面进行了一系列规定。

1. 实行中央、省、市、县四级"特岗计划"

从2008年开始，贵州省参照中央"特岗计划"模式，由省、地、县分别提供资金，创造性地实施地方"特岗计划"，即建立国家、省、市、县四级"特岗计划"实施制度，这是一项具有开创性的举措（其他省只有两级或者三级）。

中央"特岗计划"以补充农村初中教师为主，采取"教师流动、腾出岗位、优化结构"的方式，将学历不合格的初中教师逐年调整到小学岗位，腾出初中岗位招聘中央特岗教师。省、市"特岗计划"主要招聘专科以上学历毕业生到小学任教。县级"特岗计划"在同等条件下，优先招聘具有教师资格的代课教师。把代课教师纳入县级"特岗计划"之中，既以人为本，也尊重历史，被视为最有人性化的亮点之一，具有诸多意义和价值。

2. 在政策上对特岗教师的工资及待遇进行保障

威宁县特岗教师自聘用后，享受在职公办教师同等工资和待遇，工龄和教龄自

签订特设岗位教师聘任合同之日起计算。同时，特岗教师签岗聘用后，在医疗、生育、住房公积金等各种福利保险上都和在职公办教师保持一致。此外，威宁县对特岗教师 3 年期满后的接转工作做得比较到位，特岗教师无需为 3 年期满后的正式编制“走后门”，从根本上保证了特岗教师队伍的稳定。

3. 在岗位晋升方面为特岗教师提供发展空间

为留住特岗教师，在岗位晋升方面，威宁县将特岗教师和其他教师等同对待。2011 年全县公选了 200 名副校长和 400 名校长助理(满 1 年工作经验即可参加公选)，其中有特岗教师 300 多名。服务期满转编的特岗教师有机会通过公选担任副校长，未满 3 年尚未转编的有机会通过公选被聘任为校长助理，这种做法使得特岗教师对前途充满了信心和希望。威宁县为留住特岗教师做了诸多努力，使得特岗教师流失人数较少，留任率高。

二、陕西贫困地区学校招聘教师全部纳入“特岗计划”

陕西建立省级统筹乡村教师补充机制。从 2016 年起，贫困地区县以下学校招聘教师全部纳入“特岗计划”，每年招收 2 000 人，确保新补充教师具备本科学历的不低于 80%，确保音体美和信息技术学科教师有一定比例；农村教育硕士师资培养计划向贫困地区倾斜并逐年增加。

陕西计划，到 2020 年，对贫困地区所有教师和校(园)长进行不少于 360 学时的培训，每年培训 8 万人次；全面落实乡村教师生活补助政策；推动 43 个集中连片特困县全面落实乡村教师生活补助。

三、云南对特岗教师按在编教师管理，配套解决经费，实行导师“一对一”指导

自 2006 年起，云南按照教育部的统一部署，实施“特岗计划”。在实施过程中，云南省级各有关部门积极配合，联合出台了做好特岗教师管理工作的意见，将特岗教师纳入所在学校在职在编教师统一管理。全省每年为“特岗计划”配套 6 000 余万元，用于补足中央下达工资性经费的不足部分。云南省工资主管部门向省政府建议，将特岗教师纳入实施绩效工资范围。对聘用期满后的工作，云南省也做了周密细致的提前安排。

上岗前，特岗教师要接受为期 7 天的岗前培训，培训内容包括县情、教情和教学技能、新课程、新教法等，学校学科带头人和骨干教师每人结对 1 名特岗教师，实行导师式“一对一”指导，抓好教学素养关、技能关。省级有关部门每年还通过互联网视频会议系统举办特岗教师网络说课教研活动。

四、新疆把特岗教师纳入自治区人才储备编制管理

新疆将“特岗计划”和自治区人才储备编制计划合并实施。同时，为满足基层学校对教师的需求，自治区决定将于 2008 年启动实施的小学“双语”教师补充计划和“特岗计划”一并实施。

新疆将特岗教师纳入自治区人才储备编制管理，规定县以上学校招聘的特岗教师必须先下到农村学校定岗服务 3 年，服务期满经考核合格应返回县以上定编学校工作。县以下学校招聘的特岗教师直接定编定岗在农村学校。同时规定，各地要按照国家和自治区的有关要求，积极提供必要的工作生活条件，落实好特岗教师待遇保障工作。要在特岗教师绩效工资、社保、探亲、婚育、职称、食宿、冬季取暖费等方面加大督促落实力度，维护好特岗教师的正当权益，切实落实特岗教师与公办教师同校同待遇。特岗教师 3 年服务期满后，经考核合格应在其定编学校工作，工资纳入当地财政统发，进入当地中小学编制管理，而且不再实行试用期，在乡镇(场)工作期间的工作年限计算为连续工龄，在晋升专业技术职务时视为基层工作经历，同等条件下优先晋升。

五、四川南充农村特岗教师有特殊待遇

四川省南充市为让农村特岗教师“来得了”“稳得住”，建立农村特岗教师待遇提高机制：一是出台文件明确规定农村特岗教师待遇不低于当年公招教师。二是大力推进乡村学校教师周转房建设，并规定特岗教师有优先选择权。三是全面落实国家、省关于特岗教师工资政策，确保特岗教师工资按时、按标准发放，确保全市特岗教师享受国家规定的“五险一金”政策。四是发放乡村教师生活补助。结合各县深山区、浅山区、丘陵区及距离县城远近的实际，拉开补助档次，县城教师不享受乡村教师生活补助，距离县城越远、条件越艰苦的学校教师享受补助越多。大部分村小和教学点教师月均补助 900 元以上，个别偏远的学校教师每月补助达到 1 200

元以上，所在学校的特岗教师也享受此项补助。

六、四川泸州实施特岗教师分类培训，特岗教师幸福成长

实施特岗教师培训计划，根据特岗教师来源比较复杂、水平差异较大的特点，泸州市采用“分类培训”，即：岗前培训分为师范专业培训与非师范专业培训，师范专业特岗教师培训不少于10天，非师范专业特岗教师培训不少于30天，并根据拟任学科分学科进行培训；职中采用教材使用跟进培训，注重教师实用技能培训；每次均选聘优秀的一线教师参与培训，采取“高校＋网络研修＋影子跟岗＋返岗实践”的混合式培训模式。

七、四川凉山州宁南县特岗教师享有优先选择岗位权

凉山州宁南县属彝族、汉族杂居的山区农业县，在教师招聘上采用“公招＋特岗”的双轨制，新进教师全部到乡镇学校或村小工作。鉴于特岗教师离职不受限制，公招教师离职有诸多限制，同时，公招教师心理安全上优于特岗教师，为“稳住”农村特岗教师，岗位选择时实行“特岗教师优先”和“特岗教师不下村小”的原则，即：每年8月份选择岗位时，特岗教师优先选择岗位，待特岗教师选择后，再由公招教师选择。这样，既保证了新进教师“下得去”，又解决了农村学校教师“留得住”的问题。

八、四川阆中市实施特岗教师关爱工程

阆中市针对农村特岗教师数量多、工作条件艰苦的现实，实施农村特岗教师关爱工程。一是全面执行国家福利待遇政策。特岗教师与公招教师一样执行国家的工资制度和标准(包括绩效工资)，享受农村地区边远补贴600元/月、乡镇补贴300元/月，并享受养老保险、医疗保险、失业保险、人身意外伤害保险、健康体检和住房公积金。二是实施特岗教师安心项目。为特岗教师修建周转房，统一添置“四件套”(床、办公桌、书柜、椅子)，解决住的问题；组建教师伙食团，周末和节假日照常运行，解决吃的问题；学校工会为特岗教师牵“红线”，让他们组成幸福的家庭，解决婚姻问题。三是实施特岗教师暖心项目。每学期开展全市特岗教师专题活动，为特岗教师搭建交流平台；每年度，召开特岗教师座谈会，了解他们的思想脉络和生活困难，通过慰问，温暖他们的心灵；评优评先向特岗教师倾斜；树立先进典型，大

力宣传先进事迹；在教学竞赛、管理干部选拔等方面为农村特岗教师搭建平台；主动为两地分居的特岗教师解决工作问题。

九、四川阿坝州实施“定向培养”，补齐特岗教师考聘短板

四川阿坝州属民族地区，需要开展双语教学，“比如藏文物理、藏文地理，许多专业术语需要专业的教师、专业的表达”，而双语教师极度缺乏，每年特岗教师招聘，双语教师报名很是尴尬。为培养一批“留得住、用得上、干得好”的紧缺学科教师，阿坝州与阿坝师范学院合作实施“紧缺学科人才定向培养计划”。2015 年，阿坝师范学院通过高考为阿坝州定向培养紧缺专业学科教师 49 人。其中本科层次汉语言文学（藏汉双语方向）一类模式藏汉双语教师 13 名、学前教育（藏汉双语方向）教师 20 名；专科层次学前教育（藏汉双语方向）教师 16 名。从 2015 年起，阿坝师范学院开始探索“双语 1＋N”培养模式，即学生以藏语学习为基础，再选择 2—3 门专业学科作为必修科目，以解决双语教师总体数量不足、专业程度不高的问题。

十、四川达州万源市考核评价“撬动”特岗教师发展

四川达州万源市以考核评价“撬动”特岗教师发展，考核内容包括师德和业务两部分，采取“一年一小考核，三年期满大考核”的综合评价，即：每年由学校对特岗教师进行考核评价，并把结果上报；三年期满由教育局组织考核，参考学校考核评价，最终评定每位特岗教师的考核等级。考核方式采取一查、二听、三访、四座谈、五测评。

一查：查被考核人员备课、批改作业、辅导学生、班主任工作等教师所担任工作的相关内容。

二听：考核组成员实地随机听课一节。

三访：访学生、访家长、访老师，请他们对被考核人员进行口头评价。

四座谈：召开学校教师座谈会（个人述职、学校领导干部及教师评价发言表态）。

五测评：参会教师民意测评，民意测评合格率低于 60％的特岗教师的综合考核结果为“不合格”。

特岗教师考核等次分为优秀、合格、基本合格和不合格，考核结果为合格及以

上方能办理转聘手续。

还有很多其他可借鉴的好做法，好经验。例如：新疆乌苏市针对乡场镇学校多，民汉合校多，特岗教师多，远离城市的农牧区学校多，且三三两两较为分散的现实，开展实施联盟协作式区域教研；宁夏银川出台政策，明确指出特岗教师买房可享受最低均价；陕西每年从特岗教师中定向考录公务员；贵州师范学院实施“三需导向”（国家教育政策落实的需求、教育自身发展的需求、特岗教师专业发展的需求）特岗教师培训课程模式。

第四章

西部农村特岗教师发展专题调查

调查概述

本研究选取四川省、贵州省、云南省、陕西省、宁夏回族自治区和新疆维吾尔自治区作为调研的样本省(自治区);每个省(自治区)采用目的抽样抽取5—7个市州作为调研的样本市州;在35个市州中,抽取40个县(市、区)作为样本县;在40个样本县中抽取235所学校、近4700名教师,进行调研和访谈。共发放4638份问卷,回收有效问卷4105份,有效回收率为88.5%。对收集到的数据,利用SPSS22.0进行统计分析。同时,根据西部农村特岗教师发展的具体情况,设置了具有针对性的访谈题目。采用集体(会议)访谈与个别访谈相结合的方式,对各样本县党政分管教育的领导、教育行政管理人员、设岗学校领导、去职的特岗教师、服务期内的特岗教师、已转正的特岗教师以及高等师范院校领导或教师、高等师范院校学生共计346人次,开展访谈。召开参会人员10人以上的座谈会14场,了解、掌握了"特岗计划"实施的一些真实情况。

采取自制"西部农村特岗教师发展状况调查问卷(在岗教师)",问卷内容涉及生存状况、工作状况、专业发展状况、影响因素4个方面;并有"满意度"测评,包括城乡差异、政策落实、人际关系、办学条件、价值取向、学校管理、工作环境、社会地位8个维度,每道测评题目采用利克特5点计分法计分("1"表示坚决反对,"2"表示反对,"3"表示不确定或说不准,"4"表示赞同,"5"表示非常赞同)。为保证所获数据的可靠性和准确性,对输入的数据进行了信度和效度检验。内部一致性检验所得

Alpha 系数为 0.841，表明问卷有较高的信度；经 Kendall'st 和 Spearman 相关分析，可以看出各维度和总体情况在 0.01 水平上显著相关，因此，确认问卷有较高的效度。

第一节　西部农村特岗教师生存状况调查

一、结果与分析

(一) 生活条件艰苦，环境适应困难

调查表明，农村特岗教师大多工作在偏僻的农村学校，农村学校的艰苦环境给特岗教师的工作和生活带来了不小的挑战。这些农村学校缺水少电，交通不便，有些甚至隐没在深山之中。问卷调查显示，超过 60%的特岗教师对住房和一日三餐的解决不满意。在解决住房问题上，60.3%的农村特岗教师住在“学校提供的单人宿舍”内；17.9%的农村特岗教师住在“学校提供的多人宿舍”内；还有 20.1%的农村特岗教师“自己租房”。在解决一日三餐问题上，61.4%的农村特岗教师吃在“学校食堂”；“自己动手做饭”的农村特岗教师占 29.8%；有 2.2%的农村特岗教师“在校外买饭”。

由图 4.1 可以看出，在当前环境中，农村特岗教师生活中担心的问题排在前 4 位的依次是收入偏低(62.3%)、交通不便(38.4%)、住宿条件差(34.6%)、业余生活枯燥(32.8%)。这既说明农村特岗教师生活和工作条件较为艰苦，也说明农村特

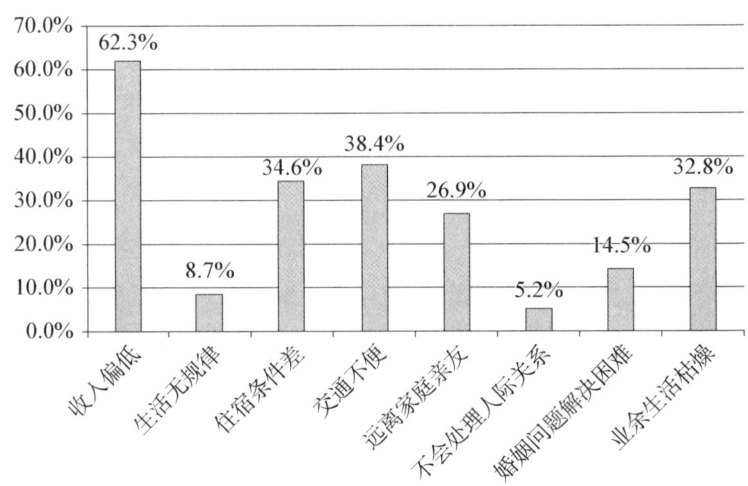

图 4.1　农村特岗教师生活中担心的问题

岗教师的环境适应困难。进一步访谈得知，饮用水、取暖、与外界联络的信号等都对农村特岗教师的适应性构成挑战。

> 四川仪陇县天院寺村小特岗教师李老师说："我与另一伙伴刚到学校时，只看到简陋的教室。那位同事是附近的，每天都回家住，晚上只有自己孤苦伶仃的，每当吹风下雨时，心里总是怕怕的，更为害怕的是停电，周围一片漆黑，内心更增加了恐惧感。"

> 来自新疆墨玉县的特岗教师夏老师说："现实和想象的区别挺大的啊！整个房间，就只有一张桌子、一把椅子和一张床，还有几件洗具。没有电视，没有电话，没有电脑；交通不便，信息闭塞，生活单调。"

一些农村学校没有自来水，学校用水紧张的时候，连吃饭用的水都得自己去挑。

> 四川甘孜州特岗教师杜老师所任教的学校处于藏区，恶劣的气候、地理条件给生活带来了很多不便。她说："做饭用的水必须自己到很远的地方去挑。想给家里人打个电话，往往得拿着手机四处找有信号的地方。"

对不少农村特岗教师来说，舒舒服服洗个澡也成了一件难事。除了新环境带来的挑战之外，农村特岗教师在语言与风俗习惯等方面也面临不小的挑战。

> 云南广南县特岗教师殷老师说，初到现在任教的地方买菜时，她总觉得自己买的"一斤菜"比以前在老家买的"一斤菜"多很多，没有冰箱就会很浪费。后来专门问了同事才知道，当地的一斤是指"一公斤"，自己之前在老家买菜的一斤是指"一市斤"，两者整整相差一半的量呢！

由图 4.2 可知，农村特岗教师对环境"满意"的平均得分为 2.75 分，这说明

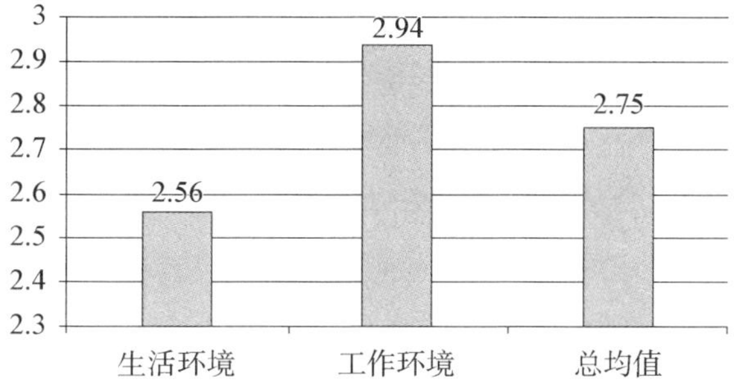

图 4.2　农村特岗教师对环境"满意"的情况

农村特岗教师对目前的农村环境“满意度”偏低。工作环境与生活环境相比较，工作环境的满意值(2.94 分)略高于生活环境的满意值(2.56 分)，这说明农村特岗教师对工作环境的满意稍好于生活环境。

(二) 待遇未达预期，人际有待改善

由图 4.3 可知，超过七成的农村特岗教师收入在 2 001 元至 3 000 元之间，还有 5.6%的低于 2 000 元，高于 3 000 元的只有 21.4%。农村特岗教师对自己的工资待遇的“满意度”均得分为 2.92 分。进一步调查显示，超过一半的特岗教师表示对现有工资收入并不满意，认为“不足以满足开支需要”。这说明农村特岗教师地位低，福利待遇未能达到预期。访谈得知，各地均把中央财政和省级财政的经费足额发放给了特岗教师，不同区域特岗教师收入的差异主要体现在地方政府的配套经费部分，个别经济比较困难的县(市)没有按照中央政策足额配套特岗教师经费。

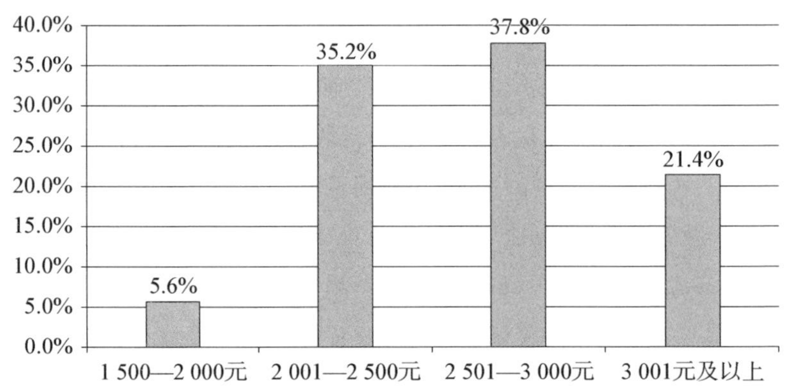

图 4.3 农村特岗教师月平均总体工资(包括津贴补贴、绩效工资等)情况

在问及“您认为您所在地方兑现了国家法定的特岗教师待遇吗?”时，有近三成的特岗教师选择了“基本没有兑现”或“完全没有兑现”或“不清楚”。地方政府有关于“特岗计划”政策的配套落实政策的均得分为 3.38 分，远低于国家政策落实的均得分。特岗教师只能靠微薄的收入维持最基本的生活，教师同工不同酬、同校不同酬的现象颇为明显。

由图 4.4 可知，农村在岗特岗教师与转正特岗教师在收入上存在差异，收入“低于 2 501 元”的在岗特岗教师的比例(49%)比转正特岗教师的比例(29.3%)高出

19.7个百分点；收入为“2 501—3 000元”的在岗特岗教师的比例(33.5%)比转正特岗教师的比例(40.6%)低7.1个百分点；收入为“3 001元及以上”的在岗特岗教师的比例(17.5%)比转正特岗教师的比例(30.1%)低12.6个百分点。另一项调查也表明，超过半数的转正特岗教师认为转正后收入比在岗时收入“增加了”。

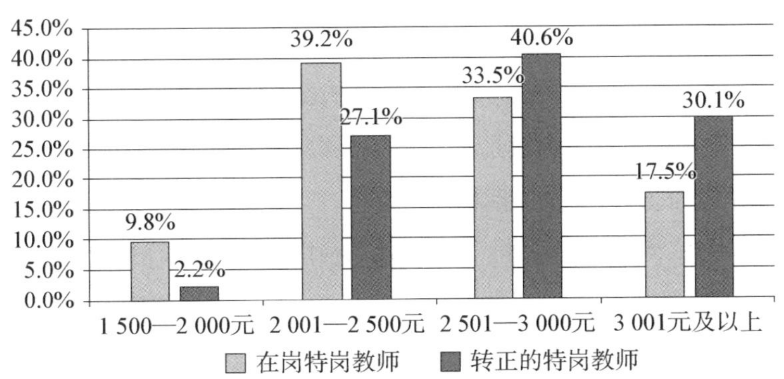

图4.4 农村在岗特岗教师与转正的特岗教师月平均总体工资比较

在回答“您享受到了与在编教师同等的福利待遇(包括培训、表彰、慰问、工会活动等)吗?”时，近三成的在岗特岗教师选择了“否”。

一位特岗教师反映：某地实行年终目标奖并规定，正式教师与退休教师均有，而特岗教师未转正的却没有。同时，国家规定的“五险一金”，特岗教师只能享受“一金”(住房公积金)，而“五险”没有。

调查表明，接近一半的特岗教师的交际范围较小，主要局限在特岗教师这一群体当中，与群体之外的人很少交朋友。这说明农村特岗教师未能全部融入学校。从男女比例结构看，男性特岗教师约为30%，男性明显少于女性，这说明男女特岗教师比例失衡。

访谈中，一位女性特岗教师谈了自己的感受：由于所在学校的公职教师与特岗教师基本上各占一半，公职教师中年轻、优秀的基本上都考走了，剩下的一般都在45岁以上，而特岗教师都是20多岁，年龄上两个群体有“代沟”，有“隔阂”也是很自然的；并且学校基本上不开展什么联谊活动之类的，两个群体之间相互交流的机会很少。

“特岗教师在学校就是低人一等，工作量大，加班是特岗教师的，学校包班的也是特岗教师……特岗教师在学校基本没有‘参政议政’的机会，即使有，很多时候都是说了当白说。”一位姓蒲的特岗教师很无奈地说，“学校评选先进，全体教职工投票时，我是第一名，当选为先进。过两天交材料时才被告知，未转正的特岗教师不能评选……”

“我有机会向学校领导或上级部门反馈自己的诉求”的均得分为3.62分，这说明农村特岗教师不愿意向学校领导或上级部门反馈自己的诉求，或是渠道不畅。进一步调查发现，农村特岗教师对自己应享受的政策知晓度不高，对政策的了解大多通过新闻媒体，学校很少宣传。

（三）工作压力较大，业余生活枯燥

由图4.5可知，对于工作压力，选择“有压力，但能适应”的高达71.9%，还有22.3%的认为“压力很大，难以承受”，说明农村特岗教师的工作压力较大。在对“您目前最主要的压力来自哪里？”的回答中，排在前3位的依次为经济负担(42.3%)、教学任务(31.6%)、专业能力提升(23.1%)。访谈中，超过半数的特岗教师认为教学经验不足、班级管理方法欠缺、组织教学生硬等是工作中面临的主要挑战。

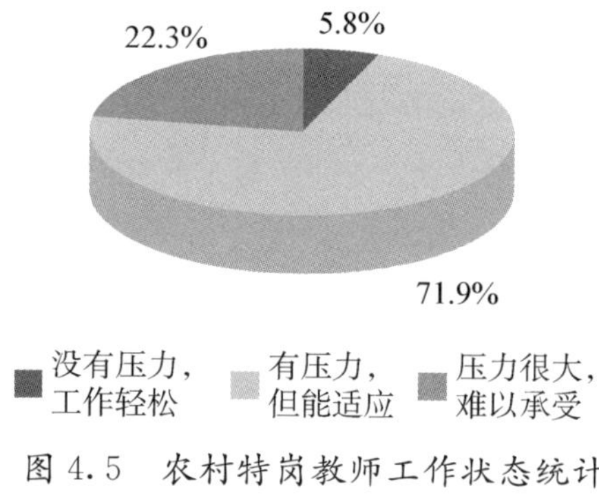

图4.5 农村特岗教师工作状态统计

一位入职两年的特岗教师说：“在教学工作的初期，我担任的是一到六年级的美术教师。由于学校师资紧缺，在我上了一个月的美术课后，学校又安排我教三到六年级的英语，这让我面临不小的挑战。”

“期末考试让我从天堂掉进了地狱。全班平均分三十几分，甚至还有二十几分的同学。”一位男性特岗教师哽咽地说，“为了来这里教书，与女朋友分居两地，为此女朋友经常和我吵架，经过万般努力，我终于说服了她，她同意来我

们学校代课。可是来了不到两个月，她失望了，这里条件实在太差，这不是她追求的生活。同样的问题又摆在了我的面前，我是选择在这里教书还是选择与她一起离开。二者只能选其一，我真的不知道该怎么办。其实我也想选择她，毕竟人都是自私的，先为自己着想，我要是选择和她在一起，我们就都能到乐山找一份工作，两个人肯定能过自己甜蜜的小生活。可是我也不知道为什么，虽然这里的学生这么差，我还是选择了留下。”

由表 4.1 可知，51.8%的农村特岗教师在业余时间备课、改作业，47.9%的休息娱乐，38.8%的自学进修，26.4%的做家务。可见，大部分农村特岗教师的业余生活相对单一，要么是工作的延续（备课、改作业），要么是自学进修。据进一步调查，即使是休息娱乐，也仅是看看电视、聊聊天。这种业余生活方式与农村特岗教师的生活环境紧密相关，由于农村学校所在地区常常没有图书馆、体育馆、博物馆等设施，因而无法为农村特岗教师提供丰富多彩的业余生活方式。

表 4.1　农村特岗教师业余时间的活动（多项选择）

	备课、改作业	做家务	休息娱乐	自学进修	第二职业	其他
频数	2126	1084	1966	1593	74	66
百分比	51.8%	26.4%	47.9%	38.8%	1.8%	1.6%

在问及“您所在的学校有完备的图书资料、网络教室、文体活动设施方便老师使用”时，仅有 12.9%的教师选择了“完全符合”，这说明农村学校没有方便教师使用的业余生活设施。在回答“您所在的学校针对教职工举办的文化体育活动”时，选择“经常有”的教师仅为 7.8%，而选择“从来没有”的教师则有 12.6%，这也从另一侧面说明了农村特岗教师业余生活的枯燥。

二、影响农村特岗教师生存发展的因素分析

（一）社会地位关乎农村特岗教师稳定

在农村特岗教师发展的影响因素方面，如图 4.6 所示，在罗列的 8 项因素中，选择人数由高到低（百分比越高，影响越大，反之亦然）依次为：社会地位（64.1%）、城乡差异（46.9%）、办学条件（40.9%）、政策落实（38.4%）、学校管理（37.8%）、价值取向（35.1%）、工作环境（26.7%）、人际关系（8.1%）。这说明在农村特岗教师发展

问题上，影响最大的是“社会地位”，其次是“城乡差异”和“办学条件”，“政策落实”“学校管理”“价值取向”和“工作环境”有一定的影响，而“人际关系”的影响最小。其实，这些影响因素中，社会地位关乎农村特岗教师队伍稳定。农村特岗教师的社会地位愈高，农村家长和学生对通过读书改变命运，以实现阶层向上流动的认同度也就愈高；反之，则愈低。可见，让全社会赋予农村特岗教师这个群体其本应拥有的崇高地位，绝不仅仅关乎这个特定群体自身的光荣，更关乎乡村社会与农家子弟对待知识的态度，关乎底层社会对未来的期望。

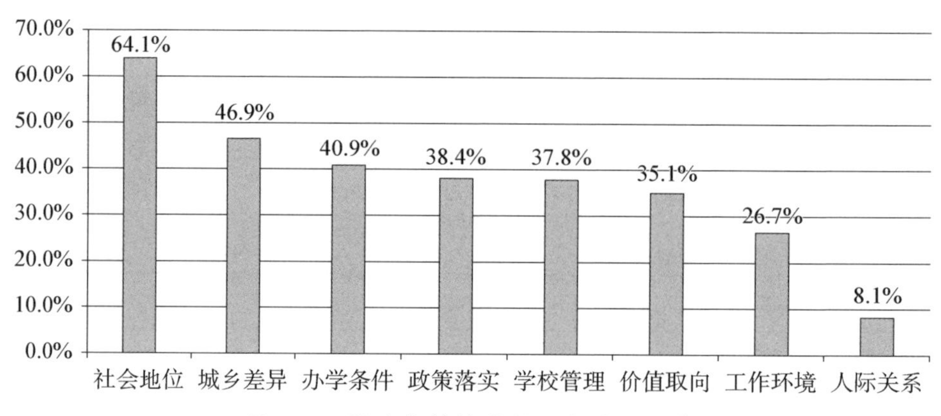

图 4.6　影响农村特岗教师发展的因素

(二) 城乡差异制约农村特岗教师生存发展

在制约农村特岗教师发展的因素方面，如图 4.7 所示，在罗列的 7 项因素中，选择人数由高到低(百分比越高，影响越大，反之亦然)依次为：城乡差异(59.1%)、自

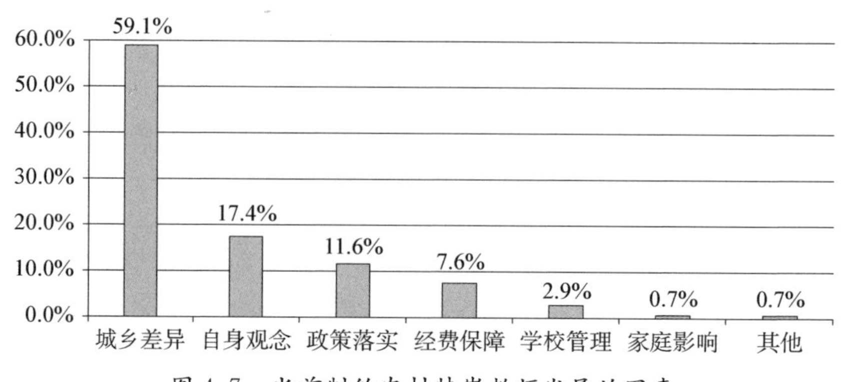

图 4.7　当前制约农村特岗教师发展的因素

身观念(17.4%)、政策落实(11.6%)、经费保障(7.6%)、学校管理(2.9%)、家庭影响(0.7%)、其他(0.7%)。这说明城乡差异是当前制约农村特岗教师发展的最重要因素。事实上,我国存在城乡二元分割体制,而且是“双重二元结构”,即不仅存在以现代工业为代表的现代部门与以农业为代表的传统部门之间的经济二元结构,同时也存在着以城市社会为一元与以农村社会为一元的社会二元结构。在这种结构体制下形成了城乡教育的二元体制,国家优先发展城市教育。如今,“城市人”享受着优质教育,而在仍然较落后的农村地区,教育仍然面临着生存危机——教育投入不足且缺乏保障,师资短缺且整体素质偏低,它们严重制约农村地区教育质量的提高,致使城乡之间的教育差距不断拉大,从而更加强化了城乡二元结构,不利于经济社会的协调发展。

(三) 个人价值观导向农村特岗教师发展态势

在“您选择做特岗教师的原因”方面,如图 4.8 所示,在罗列的 6 项因素中,选择人数由高到低(百分比越高,影响越大,反之亦然)依次为:自我价值实现(46.2%)、政策导向(28.4%)、社会地位(14.9%)、工作环境(4.6%)、家庭原因(3.5%)、人际关系(2.4%)。这说明接近半数的特岗教师把“自我价值实现”作为选择特岗岗位的原因。实际上,“自我价值实现”是价值观的体现。价值观是指关于价值的特殊观念系统,是人们衡量不同事物价值标准的基本看法和价值标准。个人价值观是主体在处理价值问题,尤其是普遍性价值问题所持的立场、观点和态度的总和,直接制约着人们的思想和行为。而农村特岗教师对教师职业的认同程度、对社会的责任大小、自身的发展愿景、是否愿意服务农村教育等一系列的问题均由个人价值观主导。

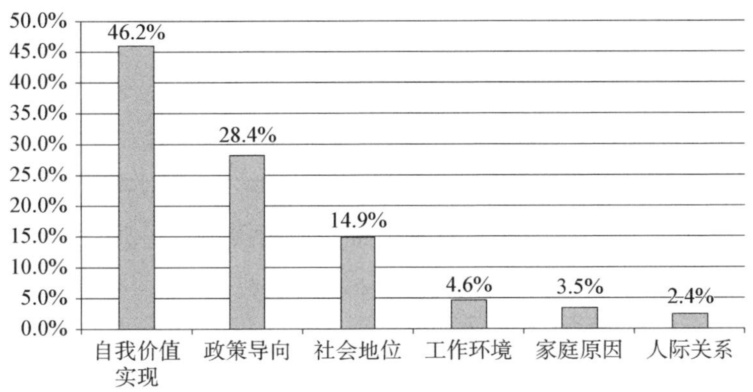

图 4.8 选择做农村特岗教师的原因

(四) 政策落实影响农村特岗教师持续发展

在农村特岗教师发展政策方面存在的突出问题方面,如图 4.9 所示,在罗列的 6 项因素中,选择人数由高到低(百分比越高,影响越大,反之亦然)依次为:教师待遇政策落实不够(45.7%)、教师培训制度有待健全(34.4%)、教师评价制度有待改进(30.4%)、教师管理体制不够完善(28.3%)、教师培养体系有待完善(27.2%)、教师资格制度不完善(23.9%)。这说明"教师待遇政策落实不够"是农村特岗教师发展政策最突出的问题,而教师培训制度有待健全、教师评价制度有待改进也不可小觑。

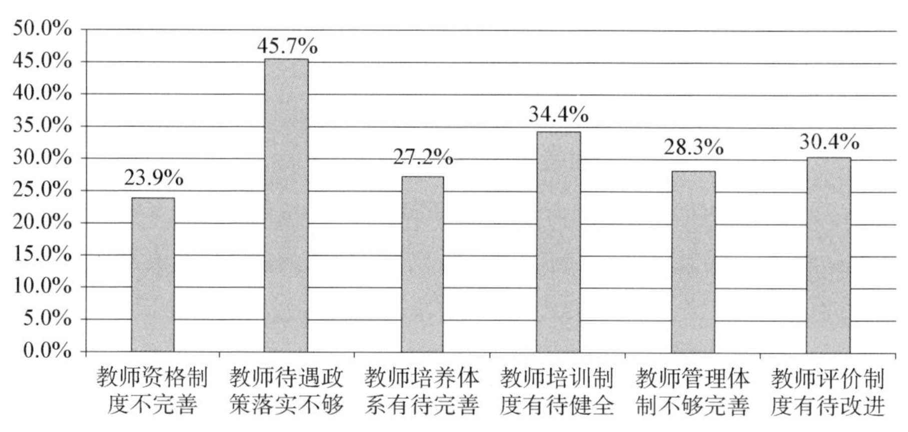

图 4.9 农村特岗教师发展政策方面存在的突出问题

在农村特岗教师希望当地政府和学校改进工作方面,如图 4.10 所示,在罗列的 5 项因素中,选择人数由高到低(百分比越高,影响越大,反之亦然)依次为:提高福

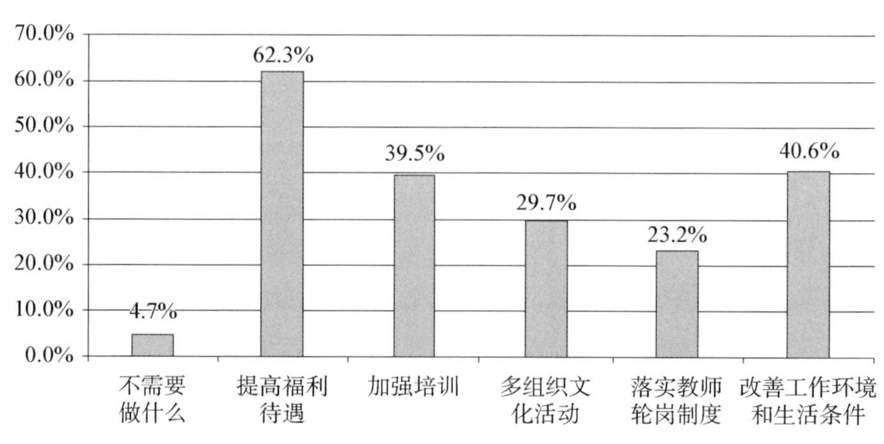

图 4.10 农村特岗教师希望当地政府和学校改进的工作

利待遇(62.3%)、改善工作环境和生活条件(40.6%)、加强培训(39.5%)、多组织文化活动(29.7%)、落实教师轮岗制度(23.2%)。这说明农村特岗教师希望当地政府和学校从福利待遇、工作环境和生活条件、培训等方面加以改进。而选择“不需要做什么”的仅为4.7%。

三、结论与建议

(一) 结论

调查表明,“特岗计划”缓解了过去由于财政、编制、师资培养等社会和教育的变革导致的西部地区部分偏远农村学校师资在结构、质量、数量以及招聘机制等方面的问题,弥补了农村教师招聘上的不足。“特岗计划”为西部农村贫困地区补充了大量高学历的年轻教师,改善了农村教师队伍的学科、年龄结构,特岗教师的到来增添了农村学校的活力,提升了农村学校的办学品位,促进了城乡教育均衡发展。然而,调查也表明,农村特岗教师在生存状况方面呈现出“生活条件艰苦,环境适应困难;待遇未达预期,人际有待改善;男女特岗教师比例失衡;工作压力较大,业余生活枯燥”等特点。

(二) 对策建议

1. 发挥政策支持生态效应,让农村特岗教师“愿意留”

本研究表明,社会地位关乎农村特岗教师队伍的稳定和可持续发展。保障农村特岗教师的社会地位需要进一步充分发挥政策效益和创新效应。为此建议:

一是适时制定《特岗教师管理办法》。考虑到当前乃至相当长一段时间我国农村义务教育阶段学校尤其是偏远学校对高质量师资的需求依然很大,“特岗计划”政策不但不能终止,反而要扩大其受惠范围。国家要认真总结各地“特岗计划”实施的经验和教训,改进并调整原有政策中的一些不适应当前情况的原则与方法,在此基础上,制定具有国家意义的《特岗教师管理办法》,从国家层面规范特岗教师的职责与义务、管理与考核、待遇及政策保障、奖励与处分等,进一步全面保障农村特岗教师的地位和待遇,增强农村特岗教师岗位的吸引力,提高农村特岗教师队伍的稳定性。

二是强化省级统筹。中央财政对贫困地区农村义务教育师资队伍建设的支持,并不影响地方教育行政对教师补充与管理工作的权利与责任,要进一步强化省级统筹协调力度,省级政府在每个周期(比如:规定三年为一个周期)结束后要认真核查全省贫困地区农村义务教育教师队伍的总量与缺口,核定县级财政力量暂时不足以承担教师队伍补充费用的贫困地区及其特岗教师需求量,督促县级教育部门强化事业单位编制观念及责任,从农村教育的客观现实出发,按需配置,切实改进农村教师数量不足、学科结构失衡、年龄结构失衡的严重问题。

三是推行 2—5 年弹性服务期制度。根据美国行为科学家弗雷德里克・赫茨伯格(Fredrick Herzberg)的双因素激励理论,所有特岗教师都必须服务满 3 年才能转为正式教师,这是维持性因素,不利于激发农村特岗教师的工作热情。可推行 2—5 年弹性服务期制度,即:对综合考核结果为优秀且愿意留任的农村特岗教师,可提前 1 年转为正式教师;对考核结果为合格且愿意留任的农村特岗教师,实行严格的 3 年服务期制度;对考核结果为不合格的,要延长其服务期。这种弹性服务期制度,有利于激发农村特岗教师的积极性、主动性和创造性,形成农村特岗教师之间的竞争局面。

2. 发挥福利待遇激励作用,让留下的农村特岗教师“得实惠”

本调查显示,工资福利待遇的高低在一定程度上既是农村特岗教师社会地位高低的体现,也是影响农村特岗教师岗位吸引力的重要因素,要充分发挥福利待遇激励作用。

一是全程保障工资水平。当前,农村特岗教师的保障机制不够充分,在财政困难的县(市)存在除中央和省级政府支付外无力支付的问题,也存在服务期满后地方财政无法保障工资的问题。对此,国家要全程保障特岗教师工资待遇,不仅要建立综合反映地区社会经济发展水平、地理位置、物价水平以及消费水平等实际情况的特岗教师工资制度,对财力有困难的地区要加强省级统筹,给予支持和补助,缩小不同地区特岗教师之间待遇差距;还要延长对特岗教师工资的转移支付年限,建立特岗教师工资保障机制,或设立特岗教师专项资金,保障其在 3 年聘用期结束后仍然能够享受到国家特岗教师工资政策。

二是全面提高薪酬待遇。农村特岗教师基本上在条件比较艰苦的地区工作,为保证“下得去”,需要全面提高其薪酬待遇。国家应加大对偏远地区和少数民族地区的农村学校的投入,改善特岗教师的生活、工作条件,切实做到:按时、足额发放特岗教师工资,确保其工资水平不低于相同工作年限的正式教师的工资水平;在财政预算中落实特岗教师津补贴，保证特岗教师与正式教师同工同酬；在医疗保险、养老保险、住房公积金等社会保障措施方面，对特岗教师和当地公务员一视同仁；设立特岗教师奖励专项基金，通过政府拨款、社会资助等多种途径筹集资金，直接用于农村、边远贫困地区的特岗教师补助，或定期表彰和奖励乐于为农村地区服务的优秀特岗教师，让农村特岗教师得到真正的实惠。

三是实行特殊津贴。对在不同自然条件、不同工作环境、不同艰苦程度下工作的农村特岗教师，实行不同的薪酬待遇，从待遇角度确保"留得住"。要建立农村特岗教师特殊津贴制度，按照各地不同的经济发展水平划分等级，经济越落后、条件越艰苦的地区教师特殊津贴越高，其额度不应是点缀性、象征性的，而应具有较大力度，要使农村贫困地区特岗教师的工资待遇水平等于甚至高于城市教师工资待遇的平均水平。农村特岗教师特殊津贴制度可先在国家级贫困县试点施行。

此外，为吸引优秀人才到农村任教，还可实施"农村新教师国家奖学金计划"和"农村中小学教师安居工程"等，并对自愿调任农村地区任教的教师优先晋级加薪，以资鼓励。

3. 建立职业教育引导机制，让农村特岗教师"能适应"

调查显示，农村特岗教师区域流动性较大，大多数农村特岗教师在 3 年服务期满后，要么到条件更好的学校或城市学校去工作，要么为了离开农村选择转行。这不仅是教育资源的浪费，而且对我国农村教育而言也是一个严峻的挑战。解决这个问题，并不能单纯依赖增加教师收入。有研究表明，在职业稳定性上，在收入一定或变化不是很大的情况下，心理感受、精神追求等因素比收入的影响程度更为明显与积极。对此建议：

一是筑牢社会支持系统。大量研究表明，在压力情境下，那些受到来自伴侣、朋友或家庭成员较大支持的人，比受到较少支持的人身心更为健康。农村特岗教师对社会支持的需要较其他的群体有着自己的特殊性，他们需要社会各方面的关心帮助，特别是在他们有心理问题与心理障碍时，有效的社会支持就显得特别重要了。对特岗教师的社会支持的表现是多方面的，既有与特岗教师工作、生活息息相关的物质支持，又有与地位、荣誉相关的精神支持。这就要求全社会、社区、教育行政部门以及学校领导真正关心和了解特岗教师的实际问题，对特岗教师的各种问题及时有效地加以解决。同时，特岗教师也要认识到社会支持系统的积极作用，充分利用可能的各种支持，促进身心健康，为教育事业作出贡献。

二是探索“家乡教师”项目。国家可探索实施“家乡教师”培养专项计划，建立选择农村学生作为将来农村教师的后备人选招生制度，招生时充分考虑男女生的比例。这是因为：农村学生更了解农村和农村教育的需要，因而可以在很大程度上确保将来“下得去”和“留得住”，更能适应农村生活；可以解决性别比例失衡的问题。同时，在大学的课程与实践环节中，加强农村文化、责任感等内容的教育，并提供充分的机会让学生去感受不同的农村学校，让他们对农村、农村教育、农村教育的需求等有更加深刻与多元的感受与理解，培养他们的责任感。

三是建立荣誉制度。“尊重需求”和“自我实现需求”是马斯洛需求层次理论的重要内容。农村特岗教师需要得到“尊重”和“自我实现”。要结合农村教育发展实际，充分考虑农村特岗教师职业特点，制定科学、合理、可行的农村特岗教师职称评定运行机制，让农村特岗教师在职称评定方面也能享受和正式教师一样的待遇；要建立“农村特岗教师荣誉制度”，对服务期届满且考核结果为合格以上等级的农村特岗教师，可颁发“农村特岗教师荣誉证书”，并通过隆重的表彰仪式，营造全社会尊重农村特岗教师的浓厚氛围，让农村特岗教师感受到全社会的尊重。

第二节 西部农村特岗教师工作状况调查

一、结果与分析

（一）教非所学普遍，教学任务偏重

特岗教师所考非所教、所教非所学的比例均超过三成。有数据显示，在特岗教师中，师范类毕业生占八成左右，还有约二成的非师范类毕业生，说明特岗教师所考非所学、所考非所教、所教非所学现象比较突出。这既与农村缺乏合格师资的困境有关，也与一些特岗教师职位缺少合适的报考对象有关。与此同时，一些地方反映初中地理、化学、生物教师招聘困难。

以实地调研的阆中市某乡镇初中为例，该校共有特岗教师 15 名，这些特岗教师毕业于不同学校，包括四川省内高校和省外高校，所学专业跨度也很大，除了汉语言文学、英语、体育教育、数学、化学等专业外，还有法学、农学、动物医学、美术设计、制药工程、电子信息工程等专业。

从图 4.11 中可以看出，农村特岗教师在 2017 年秋季学期（以下使用本学期）任教“1 门”学科的占 22.3%，任教“2 门”学科的占 47.1%，任教“3 门”学科的占 15.9%，更有 14.7%的农村特岗教师任教“4 门及以上”学科。说明农村特岗教师教学任务偏重，这也从另一个侧面印证了“所教非所学普遍”。

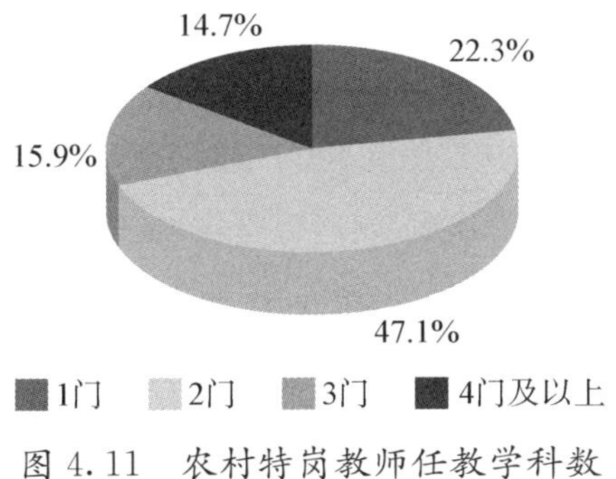

图 4.11　农村特岗教师任教学科数

从图 4.12 中可以看出，农村特岗教师本学期周课时量在“21 节以下”的占 82.3%，周课时量“不少于 21 节”的占 17.7%。进一步调查发现，还有极少数农村特岗教师的周课时量甚至达到了 30 节以上。这种过度使用特岗教师的现象既反映了农村合格师资的缺口程度，也在一定程度上影响了特岗教师的正常生活与自身学习，不利于“特岗计划”的稳步推进和持续获得效益。

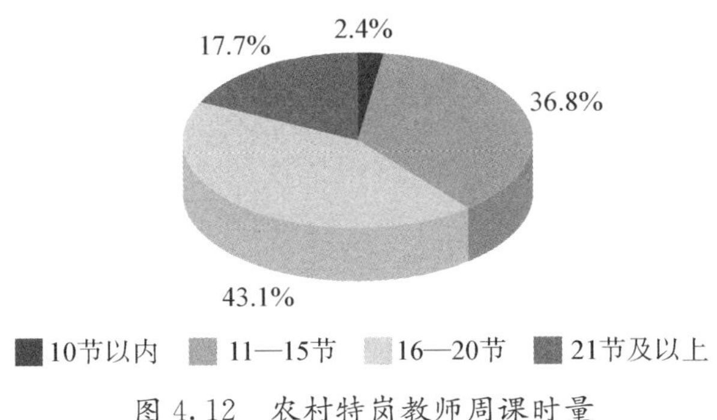

图 4.12　农村特岗教师周课时量

教学任务偏重还可以从农村特岗教师每天的工作时间和节假日加班的情况得到反映。每天的工作时间“小于等于 8 小时”的仅占 16.2%，为“9—11 小时”的占 56.6%，为“12—14 小时”的占 18.5%，更有 8.7%的超过“14 小时”；8.7%的农村特岗教师“经常加班”,“偶尔加班”的为 44.2%。访谈得知,由于农村学校师资紧缺,有能力、能够干事、愿意干事的教师,往往不仅局限于承担教学任务,还要承担一些非教学任务,诸如档案资料工作、党建工作、安全工作、学生营养餐工作等,更有各种迎接上级检查的资料的收集、整理等。

(二) 现实遭遇困境,技能面临挑战

特岗教师们怀揣着“回报国家和社会”的美好愿景支援农村教育事业,但残酷的现实让他们备感沮丧。访谈中,超过半数的特岗教师都流露出了“无奈”的表情,大家在工作中遇到的困难千差万别,如班级管理、学生学习成绩提高等,但更让他们无计可施的是众多留守儿童、单亲家庭学生、问题学生等的教育。

由表 4.2 可看出,农村特岗教师在教育教学实践中面临的挑战种类繁多:既有学生方面的挑战(50.1%的被调查者认为“学生基础差,学习兴趣低”),也有自身专业知识方面的挑战(44.5%的被调查者认为“专业知识不完善”);既有教育教学方法方面的挑战(41.9%的被调查者认为“缺乏对新的教育教学方法的了解和运用”),也有课堂调控方面的挑战(36.7%的被调查者认为“缺乏对课堂教育教学各环节的调控”);还有人际交往方面的挑战(30.9%的被调查者认为“缺乏与家长学生交流沟通的能力”)。

表 4.2 农村特岗教师教育教学实践中所面临的挑战(多项选择)

面临的挑战	频数	所占比例(%)
学生基础差,学习兴趣低	2057	50.1
专业知识不完善	1827	44.5
缺乏对新的教育教学方法的了解和运用	1720	41.9
缺乏对课堂教育教学各环节的调控	1507	36.7
缺乏与家长学生交流沟通的能力	1268	30.9
缺乏教育学、心理学背景知识对教育教学的支持	1104	26.9
缺乏教学科研意识和方法	907	22.1
教学管理与评价不合理	854	20.8
缺乏进修和提高的机会	809	19.7
缺乏对信息技术的了解和使用	361	8.8
教师之间缺少相互沟通和支持	345	8.4

（三）区域流动较大，工作瓶颈凸显

抽样调查表明，农村特岗教师的流动性比较大，主要表现为两个方面。一是特岗教师"去职率"偏高。如在四川省南充市 2009—2012 年 4 年招聘的特岗教师中，平均"去职率"达到了 21.8%；3 年特岗期满转为正式教师后累计的"去职率"也较高，在 2009—2011 年 3 年招聘的特岗教师中，累计的平均"去职率"达到了 28.8%。二是区域内流动大。访谈得知，由于农村特岗教师大多身处偏远、工作环境艰苦的农村，在 3 年服务期满后，不少农村特岗教师有向条件更好的学校或城市学校考调的意向。

> 四川省南充市仪陇县来仪小学负责人告诉课题组：该校 2009 年分来 17 名特岗教师，3 年期满后留下了 12 人，但是近几年这 12 人基本上都通过其他途径要么调到条件稍好的学校，要么考调到城市学校；该校每年都会有特岗教师来，每年又有服务期满的特岗教师调走，学校基本上成了培养青年教师的"摇篮"。

调查显示，很多农村特岗教师缺乏教育教学的实践性知识，由于"理想"与"现实"之间的落差，使他们对充满激情的工作产生了"迷茫"。究其原因，一是落后的地域环境与先进文化之间的冲突。可以说，绝大多数农村特岗教师都是到最偏远、最落后的地区，这些落后地区的民风、民俗等与先进文化有一定差距，而特岗教师多是从大城市到落后地区，这对他们的观念、行动都有不小的挑战。二是教育对象的复杂性。农村学校学生以留守儿童为主，绝大多数留守儿童与爷爷、奶奶生活，"溺爱"等隔代教育问题较为突出，绝大多数学生的生活习惯、学习习惯较差，学生心理问题较严重。三是农村学校教师文化滞后。城镇化背景下，农村不少优秀教师、骨干教师都流向了城市学校，特岗教师到校后不能找到结对帮扶的"师傅"，老教师的"传、帮、带"作用无法发挥。四是跨文化的障碍。由于近半数的农村特岗教师"非本县"，因而不少特岗教师有跨文化的障碍。特岗教师遭遇不同语言、风俗习惯等文化，适应农村社会生活有一定挑战，尤其是在一些少数民族地区，由于完全不懂当地少数民族的语言，因而在与家长沟通、家校合作方面困难重重。跨文化障碍表现在城乡之间、都市文化与乡村文化之间以及语言障碍和生活习惯等方面。五是应试教育根深蒂固与"维持式"的学校管理模式。

> "学校领导很看重学生考试成绩，不重视特岗教师的专业发展，也很少关

心特岗教师的生活与诉求，很多答复都难以令人满意。”一位姓曹的特岗教师说，“学校对特岗教师关心不够，要求多指导少。”

一位姓郑的特岗教师说：“学校领导普遍认为特岗教师不稳定，不愿意过多培训特岗教师，任由我们发展。”

二、对策与建议

本调查表明，农村特岗教师在走上岗位的那一刻，抱着对未来美好工作的憧憬，怀着强烈的社会责任感，但“骨感”的现实——繁重的教学任务，教育教学技能面临诸多挑战，工作遭遇太多困境，发展平台不如人意，导致部分农村特岗教师选择离开。“想教好书但未能教好，静心育人但不甘心”，这是目前农村特岗教师工作的现状，如何改变这种状况呢？我们提出如下建议：

（一）建立工作引导生态机制，为农村特岗教师“教得好”护好航

本研究表明，农村特岗教师需要更多精神上的获得。相比物质待遇，农村特岗教师渴望得到社会更多的理解和尊重。进一步说，就是让农村特岗教师在工作上有更多的成就感和职业的认同感，体验教育的幸福；在生活上有更多的愉悦感和获得感，感受人生的多彩。

1. 营造良好社会风气，增强职业认同感

由于政策的宣传不够、人们对“特岗计划”了解不多，社会对于特岗教师有误解和偏见。教育行政部门应加大对特岗教师政策的宣传，积极营造尊师重教的社会风气，提升特岗教师的社会地位，“让每个教师都有光荣感、幸福感、成就感、使命感”。各级各类人员应加深对特岗教师的理解，尊重他们的劳动。同时，要让每位特岗教师知晓国家“对任期满的特岗教师，只要愿意留任，便可以留任，保证有岗有编”的政策，使特岗教师无后顾之忧，对前途更加充满信心。学校要建立科学的用人机制，让特岗教师获得充分的心理平衡，同时倡导健康和谐的校园人际关系，在同事间大力提倡团结协作、融洽相处，使学校人际关系充满互敬互重、亲密无间的和谐气氛，使每位教师能心情舒畅地放手在学校里工作，把精力集中在教书育人、服务育人上。

2. 开展丰富的文娱活动，提升生活愉悦感

学校要加强校园文化建设，丰富特岗教师的业余生活，通过开展形式多样的文

娱活动，使特岗教师的才艺得以施展，丰富教师的业余文化生活；要通过多种途径，帮助特岗教师扩大交往范围，为他们创造择偶的机会和条件，解决他们的后顾之忧。

3. 建立生活“专属区”，增强工作幸福感

现在孤寂的“世外桃源”乡村生活与昔日繁华的都市生活形成了巨大的心理反差。同时，特岗教师的生活观念、生活方式有很大的不同。学校要建立特岗教师日常生活“专属区”，可建立特岗教师“生活小区”，解决特岗教师一日三餐的困难。

4. 建立工作立体机制，增强成长成就感

第一，学校要切实实行“以人为本”的管理思想，在日常的工作中充分地给予特岗教师支持、赏识、信任、精心的培养和引导，同时还要关注其个体差异，对于不同的个体采取不同的管理机制，减少特岗教师的心理压力。第二，农村学校地理位置偏僻，教学资源缺乏，教学技能和观念落后，相关培训的缺失，导致特岗教师的工作需要难以得到满足，长此以往将不利于他们的专业发展。为使“特岗计划”政策收到实效，要建立“指导-服务”机制，搭建立体的专业成长平台，促进特岗教师专业发展。第三，要建立发展性的特岗教师评价制度。发展性的特岗教师评价制度以促进特岗教师改革教学并为特岗教师后继发展给予指导和帮助为目的，强调对特岗教师的评价贯穿于其整个教学活动中，实行多元评定，要求把评价和特岗教师职业生涯设计结合起来。第四，在特岗教师管理和评价体系中，应该给特岗教师提供一个公平合理、公正对待、公开有序的竞争环境，积极地创造条件满足特岗教师的发展需求，提高其工作的积极性和教育教学的质量，进而促进他们心理的健康发展。

（二）建立专业培训生态机制，为农村特岗教师“教得好”铺好路

本研究表明，相对于正式教师，特岗教师群体具有服务周期短、流动性强的特点，而无论是地方教育行政部门还是基层学校都在潜意识中弱化了对特岗教师的培训。事实上，对于毫无教学经验的特岗教师而言，其在聘任期内正处于需要成长和帮助的阶段，需要教育行政部门和学校给予外部干预，为其提供更多的发展与成长机会，增强其专业成长的动力。

1. 制定培训规划，保障培训有章可循

国家教育行政部门应出台相应的政策与措施，加强对农村特岗教师培训的宏

观规划，并统筹管理和督导各地、各级教育行政部门的农村特岗教师培训工作；各省、市、县教育行政部门应根据国家农村特岗教师培训的整体规划和要求，制定本省、市、县农村特岗教师培训的具体计划和内容，并负责培训计划的落实与推进；省、市、县等各级教育行政部门应共同着力于构建促进农村特岗教师专业发展的支持系统，整合本地教研力量和教师培训机构，形成区域性的农村特岗教师学习与专业发展支持中心。

2. 实行差别化培训，增强培训的实效性

由于特岗教师学科专业背景复杂，所以对他们进行差别化培训显得尤为重要。岗前培训时间安排方面，师范类毕业生培训应该不少于 10 天，非师范类毕业生培训应该不少于 30 天；培训内容设计方面，要从特岗教师的实际出发，师范类毕业生培训应进一步强调规范，非师范类毕业生培训则应加强教育学、心理学等基础知识的学习和教师基本技能训练；培训方式方面，培训要讲实效，重操作，把专题讲座、课例分析和技能演练有机结合起来。

3. 注重实践性培训，提升培训的实战性

要增强特岗教师岗前培训的实践性，构建基于教学现场的特岗教师岗前培训课程，积极鼓励参训教师参与教学实践，注重岗前培训的针对性和实践性。要切合农村教育实际，丰富农村特岗教师岗前培训内容。农村特岗教师应了解熟悉目标学校的风俗人情、山川地貌、历史文化等地方性文化知识及当地的地方课程，掌握所教课程的课程标准、教材编排方式以及课程开发等方面的相关知识，并就农村学生心理和智力问题、留守儿童问题、少数民族学生心理特征及思维方式问题等进行专题讨论。同时，要发挥设岗学校的作用，整合当地学校有经验教师成立“特岗教师专业成长小组”，促进特岗教师快速健康成长；要鼓励名优教师或骨干教师开放课堂，支持特岗教师参与教学观察，逐步建立校内师徒制；要为特岗教师提供形式多样的培训方式，可以是与名优教师的合作备课，可以是“同课异构”“一课多上”的对比式教学，可以是创设“走出去”的外向性培训，可以是提升教学水平的提高式培训，也可以是展示教师个人风采的个性化培训，等等。

4. 强化校本性培训，落实培训的常态化

设岗学校要坚持“结合实际、因校制宜、突出特色”的原则，强化校本性培训，要积极探索“走出去”“请进来”及网络远程研修等培训方式，充分吸纳校外资源并加以研究利用。要采取专题讲座、观摩研讨、课题研究、导师指导、学术沙龙和“菜单”式选学等模式，开展形式多样、符合学校实际的培训活动。要鼓励特岗教师建立学科专业自主发展团队，积极倡导特岗教师自主发展、合作发展。要建立校本培训常态运行机制，推进特岗教师边学习，边实践，不断提升教育教学实践能力。

第三节　西部农村特岗教师专业发展状况调查

一、结果与分析

(一) 跟进培训弱化，专业成长缓慢

目前对于农村特岗教师的跟进培训力度较弱。调研显示，60%的农村特岗教师自入职以来最多接受过 1 次校级以上的培训，近 35%的特岗教师入职以来从未接受过校级以上的培训。由图 4.13 可知，农村特岗教师入职以来参加过国家级培训的占 19.5%、参加过省级培训的占 12.4%、参加过市级培训的占 23.6%、参加过县级培训的占 55.6%、参加过学校培训的占 48.2%，还有 8.3%的被调查者表示“未参加过任何培训”。在“我所在的地方教育主管部门重视特岗教师的专业发展”问题上，均得分为 3.09 分。这表明，地方教育主管部门对农村特岗教师专业发展重视程度不够，进一步调查表明，不少地方教育主管部门没有专门针对特岗教师制定培训规划。

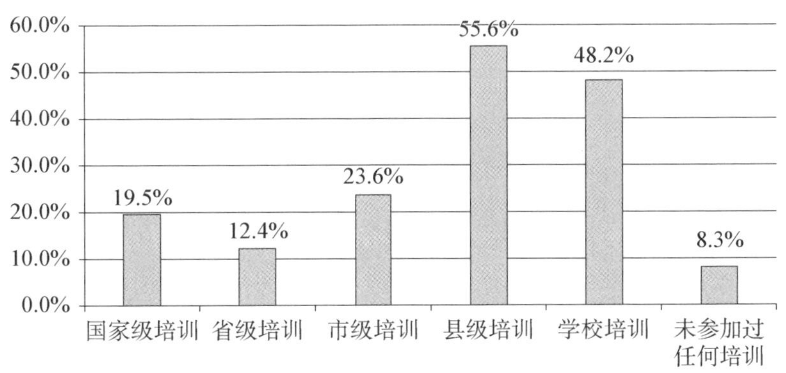

图 4.13　农村特岗教师参加各级培训的情况

在农村特岗教师培训存在的主要问题方面，如图 4.14 所示，认为“培训机会少”

的占62.3%，认为“培训与工作矛盾较大，走不开”的占43.9%，认为“培训地点远，交通不便”的占26.8%，认为“教师个人负担费用较高”的占22.4%，这再次说明农村特岗教师跟进培训较弱。实地观察农村特岗教师的课堂教学，发现问题主要表现在：对教材把握不准，理解不深，分析不透；教学中常常忽视学生认知规律和身心发展规律，违背教育教学规律的事时有发生；课堂组织教学、课堂预设与调控等教育艺术缺乏；对课堂教学中的“意外”缺乏教育机智。关于农村特岗教师最期望参加的培训，排在首位的是“教育教学技能培训”(52.5%)，排在第二位的是“专业培训”(47.2%)，排在第三位的是“教师职业素养提升”(43.7%)。

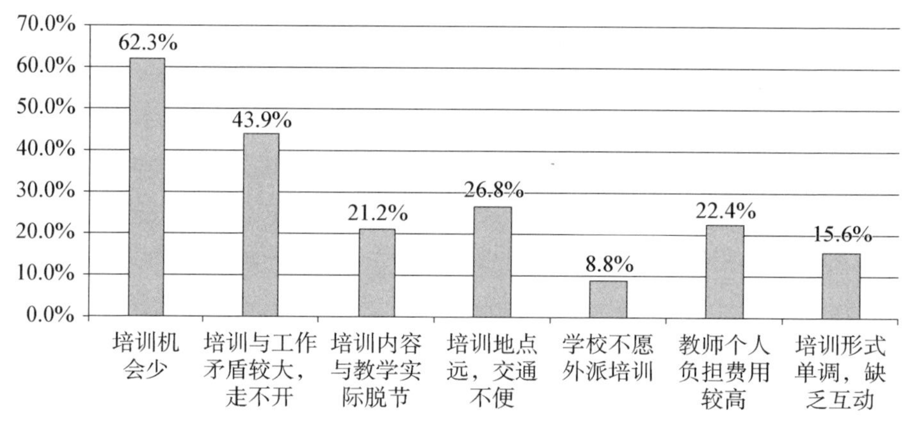

图4.14 农村特岗教师培训存在的主要问题

(二) 校本教研虚化，行动改进迷茫

由图4.15可知，“特岗计划”政策在农村学校落实的总平均分为3.37分，说明“特岗计划”政策在农村学校得到比较好地贯彻落实。在设计的3个量标中，“‘特岗计划’政策在我所在农村学校得到很好贯彻落实”的得分(3.67分)最高，而“我所在学校领导比较重视特岗教师的发展”的得分(3.16分)和“我所在学校通过多种途径为特岗教师发展搭建平台”的得分(3.28分)稍低，说明农村特岗教师对农村学校领导对其发展的重视程度和搭建平台颇有微词。进一步调查发现，农村特岗教师对农村学校在政策层面的落实比较认可，但在诸如教研活动开展、校本研修等方面的意见比较大。

关于农村特岗教师每学期参加校本教研的情况，如图4.16所示，“0次”的占

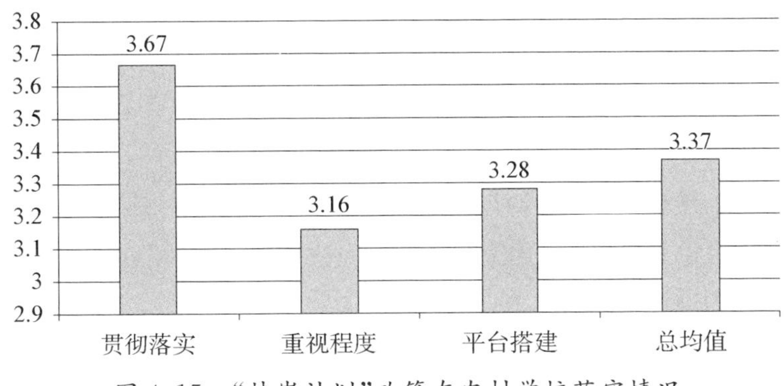

图 4.15 “特岗计划”政策在农村学校落实情况

6.8%,“1—2 次”的占 48.9%,“3—4 次”的占 21.2%,“5 次及以上”的占 23.1%,说明农村特岗教师参加校本教研的次数偏少,如果每学期按照 5 个月计算,就意味着超过七成的农村特岗教师没有达到每个月至少参加 1 次校本教研活动。

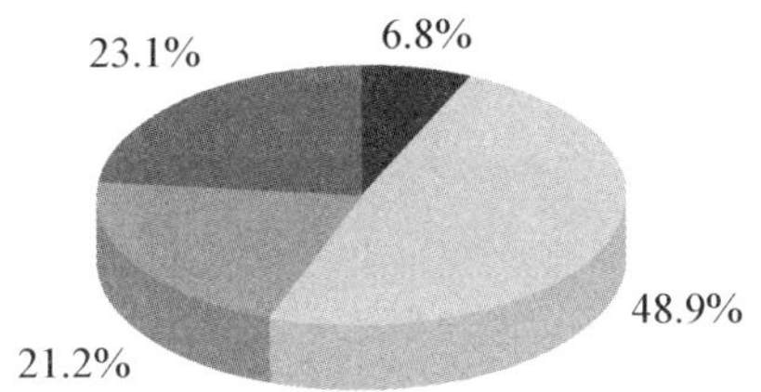

图 4.16 农村特岗教师每学期参加校本教研的情况

进一步调查发现,目前不少农村学校校本教研虚化,存在“三重三轻”现象。一是重活动轻过程。有些学校的校本教研是为了完成教研计划,教师从思想认识到活动参与都缺乏必要准备,活动大多是临时“拼凑”,即关注即时活动,为活动而活动,忽视教研的前期准备和后续改进。即使是有备而来,准备阶段也是“单兵”作战,从问题提出到方案制定都由个别教师包干,大部分教师很少参与其中。即使活动时场面热烈,各抒己见,但问题却一大堆,活动结束就结束,后续的教学实践改进没有了下文。二是重形式轻内容。有些学校很少组织教师开展丰富有效的教育教学研究活动,不注重解决教师教学中的实际问题,仅把校本教研作为学校上档次升位的“敲门砖”，醉心于场面游戏，形式上热热闹闹、轰轰烈烈，追赶“时髦”，而不在内容上思考活动的有效性。三是重宏大轻微观。有些学校开展校本教研强调追“大”求“尖”，尽是些热点、宏大问题，对那些与教师的教育教学活动息息相关的“小”而微观的内容则缺乏必要关注。太多学校的教研活动，一般是听课、评课，由于教研文化尚未形成，大家参加教研的积极性不高，评课时是“你好、我好、大家好”，参加教研后收获不大。正因为这样，不少农村特岗教师坦言，工作中遇到疑难问题时，解决起来很迷茫。

一位农村特岗教师说：“刚开始教书的时候，我每节课像大学教授一样给学生讲解，由于小学知识内容简单，不到两个月我就把一学期的内容全教完了，学校期中检测，我傻眼了：全班平均分 28 分……这中间没有谁过问，更没有参加什么学校教研活动，因为学校本身从未开展过教研活动。”

一位农村特岗教师讲述了自己的经历：“刚到学校，领导就安排我当班主任，分了全校最‘难管’的班级给我，吸烟、赌博、上网、谈恋爱的学生成堆。我也采取了一些措施，但这些“调皮家伙”就是不买账，我拿他们没有办法，只有辞去班主任职务。”

仪陇县的一位农村特岗教师说：“有学生入学不久，就借口学不会而逃学，父母打骂于事无补，即便送来，不过几天又逃离。……一些孩子用稚嫩的笔迹写道：‘我的成绩一般般，我只要维持好就行了，这样的成绩到初三能毕业就成，我又不打算读高中，等毕业了，我就去打工……’面对这些困惑，我真的无可奈何……”

(三) 保障政策不足，职业期待更高

关于报考条件，17.1％的农村特岗教师认为报考条件“限制太多”，72.8％的认为“比较合适”，还有 10.1％的认为“限制太少”。关于招考过程，18.3％的农村特岗教师认为招考过程“公平”，73.3％的认为“比较公平”，而 8.4％的认为“不公平”。

关于特岗教师招考过程中最需要改进的方面，如图 4.17 所示，排在首位的是“相关政策宣传及解读”(36.4％)，排在第二位的是“考试内容”(32.1％)，排在第三位的是“时间安排”(26.3％)，排在第四位的是“报考条件”(24.2％)。

在问及“特岗计划”3 年服务期时，61.9％的农村特岗教师认为“太长”，34.8％

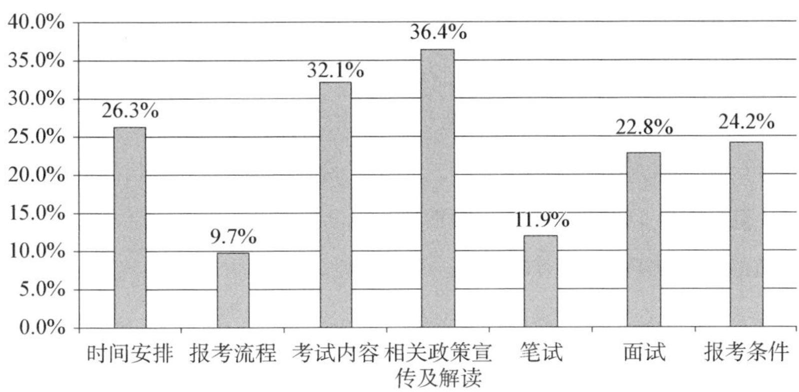

图 4.17　农村特岗教师招考过程中，需要改进的方面(多选题)

的认为“基本合适”，只有 3.3%的认为“太短”，这说明认为 3 年服务期太长的意见偏多。一般情况下，对一个基层教师来说，任职前 5 年是工作经验积累与逐步成熟期。因此，特岗教师 3 年服务期间的历练、经验积累对其一生的专业发展至关重要。在调研访谈中，一些教育行政部门的领导、校长反映，特岗教师正在成长中，还需要进一步历练。不少农村特岗教师反映，上岗后系统、持续的实践培训相对缺乏，这对他们的专业成长不利。

调查显示，农村特岗教师对职业的更高期待主要表现在三个方面。一是受到尊重和认可。农村特岗教师期待学校领导、公职教师、学生以及学生家长和社会各界尊重他们，并认可他们对社会尤其是农村教育所作出的贡献。二是专业技能进一步发展。农村特岗教师期待各界关注他们的生存和发展，并为其专业发展搭建更多的平台。三是提高社会地位。

特岗教师温老师说：“我同学(公招教师)到叙永县后已经买上房子了，他有公积金，可以贷款，现在我什么也没有。比如我现在得了病，有编制的可以报，我们只能自己掏钱。说实在地，我很想享受和他同等的待遇。”

二、影响农村特岗教师专业发展的因素分析

(一) 专业情意坚定农村特岗教师的专业发展方向

农村特岗教师专业发展方向在何方？服务期满后，是否继续从事教育行业？这些问题将决定农村特岗教师的未来发展。如图 4.18 所示，在“农村特岗教师专业

发展方向的影响因素”中，得分最高的是专业情意(4.24 分)，其次是教师地位(3.52 分)，排在最后两位的分别为专业知识(2.15 分)、专业能力(2.41 分)。由此说明，专业情意、专业能力、专业知识、教师地位、政策导向、工作环境对农村特岗教师专业发展方向有一定的作用，但在这些因素中，专业情意可以坚定农村特岗教师的专业发展方向。其实，专业情意是教师对教育事业的情感、态度与价值观的融合，是教师职业道德的集中体现，也是教师专业持续发展的根本动力。

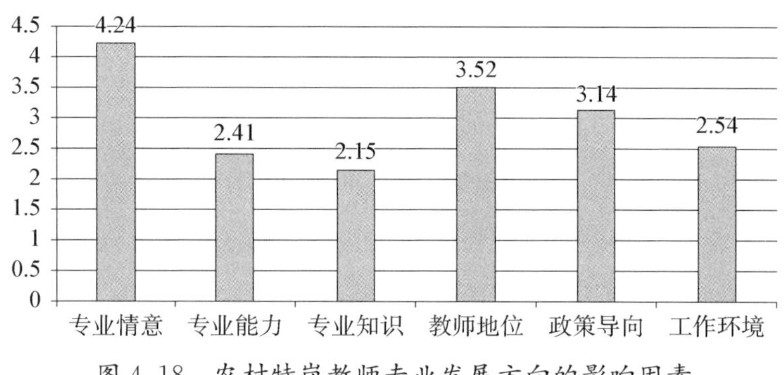

图 4.18　农村特岗教师专业发展方向的影响因素

(二) 需要层次决定农村特岗教师的专业发展境界

农村特岗教师专业发展的思想觉悟和精神修养如何？这将决定农村特岗教师专业发展的境界。如图 4.19 所示，在“农村特岗教师专业发展境界的影响因素”中，得分最高的是需要层次(4.11 分)，其次是文化素养(3.43 分)，而反思能力(2.98 分)、身份认同感(3.16 分)排在最后两位。由此说明，文化素养、教学水平、反思能

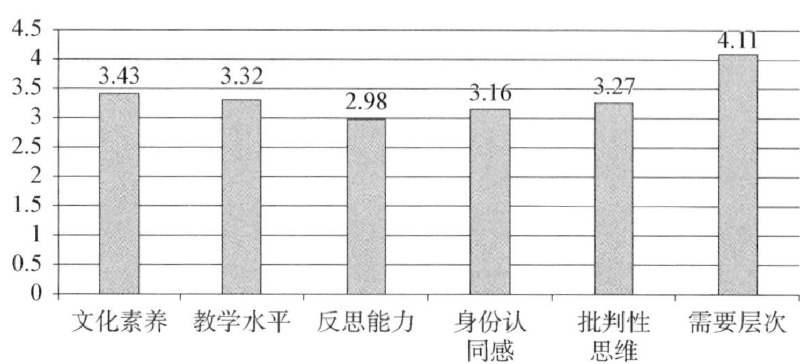

图 4.19　农村特岗教师专业发展境界的影响因素

力、身份认同感、批判性思维、需要层次对农村特岗教师专业发展境界均有一定的影响，但在这些因素中，需要层次决定了农村特岗教师的专业发展境界。事实上，随着教育改革不断深化和教师专业化进程的日益推进，教师的需求已成为影响教师专业发展的现实因素。根据美国心理学家马斯洛的需求层次理论，人的基本需求分为生理需求、安全需求、社交需求、尊重需求、自我实现需求5个层次。对农村特岗教师而言，自我实现需求是其专业发展的最高境界。

(三) 专业培训决定农村特岗教师的专业发展视野

农村特岗教师具有怎样的教学观、学生观、教育观、教材观？这是农村特岗教师专业发展视野的体现。如图4.20所示，在“农村特岗教师专业发展视野的影响因素”中，得分最高的是专业培训(4.34分)，其次是职前培养(3.86分)，而评价体系(2.67分)、管理制度(2.82分)排在最后两位。由此说明，职前培养、专业培训、评价体系、管理制度、交际范围、环境氛围均影响农村特岗教师专业发展视野，但在这些因素中，专业培训决定了农村特岗教师的专业发展视野。农村特岗教师要能“教得好”，学校必须加大培训力度，让他们积淀更多的实践经验。

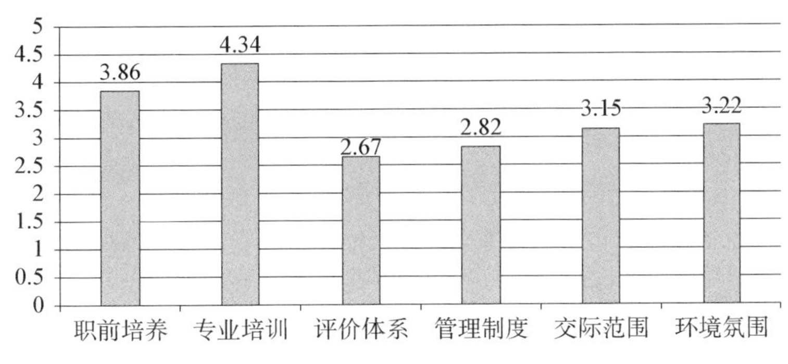

图4.20　农村特岗教师专业发展视野的影响因素

(四) 评价制度框定农村特岗教师的专业发展路径

农村特岗教师专业发展需要哪些平台？这些平台中，起决定性作用的是哪个？如图4.21所示，在“农村特岗教师专业发展路径的影响因素”中，得分最高的是评价制度(4.09分)，其次是校本研修(3.56分)，而文化建设(2.95分)排在最后。由此说明，校长管理、评价制度、专业自觉、校本研修、校外学习、文化建设均影响农村特岗教师专业发展的路径，而评价制度则框定了他们的专业发展路径。毋庸置疑，教育评价决定着教育发展的方向，教师评价决定着育人的目标，教师评价工作的重要性因现代教育的发展而明显突出。

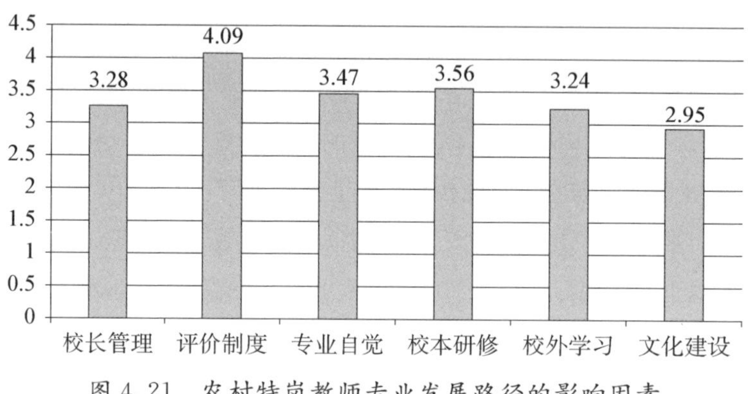

图 4.21　农村特岗教师专业发展路径的影响因素

三、对策与建议

本调查表明，农村特岗教师专业发展现状不容乐观，这既与职前培养有关，也与农村特岗教师岗前培训有关，更与农村特岗教师的跟进培训有关。如何让农村特岗教师“教得好”和“长得高”？我们提出如下建议。

（一）职前培养助力事业定向，让特岗教师“有方向”

在这里，事业定向是指特岗教师对待教育教学工作的态度。实践证明，教师的事业定向与学业培养有很大的关系，师范院校应该加强对未来教师的培养。为此，提出以下四项建议。

一是重视教育发展研究，提高培养的科学性。农村特岗教师作为一个特殊的教师群体有其自身独特的发展规律，探索更好的特岗教师师范教育模式，对于提高整个特岗教师队伍质量有重要意义。师范院校可以充分发挥理论研究的优势，组织专门力量对农村特岗教师群体进行研究，进一步完善特岗教师培养目标，调整培养方式，优化培养途径，进一步提高培养的科学性。

二是探索“家乡教师”项目，增强培养的针对性。师范院校在招生时，可以建立选择农村学生作为将来农村教师后备人选的招生制度，因为农村学生更了解农村和农村教育的需要；同时，在大学的课程与实践环节中，可加强农村文化、责任感等内容的教育，并提供充分的机会让学生去感受不同的农村学校，让他们对农村、农村教育、农村教育的需求等有更加深刻与多元的感受与理解，培养他们的责任感。

三是设置实践活动课程，凸显培养的师范性。师范性是师范教育的根本属性，而师范性的重要特点是实践性，因此，师范院校无论是课程设置还是教育实习都要提高实践的意识。如课程设置上应突破“老三门”（教育学、心理学及教学法），提高师范生运用教育心理知识解决实际问题的能力；还可实行顶岗实习，改革教育实习制度。同时，在教师资格认证中应进一步把好关，改变目前教师资格认证中的“部分认证工作流于形式”“认证评价标准片面化”“认证等级单一化”等问题，加强教师资格认证工作的专业化程度，加大教育实践环节的认证力度，提高教师的实际工作能力。

四是开展协同定向培养，彰显培养的目的性。由于农村教育的复杂性和艰巨性，某种单一的教师培养模式无法满足农村学校的需求，开展多层次、多种模式的协同定向培养，可扩大未来教师的社会供给量，以满足农村教育的需求。目前，乡村学校越来越小，学生越来越少，小规模学校和微型班级不断涌现，全科教师需求量增大，因此，可进一步扩大针对农村小学的全科教师培养，全面落实“免费就读、创新培养、定向就业”政策，重在引导师范学生去边远学校任教；进一步扩大“免费师范生”的培养规模，探索建立高校与地方政府、中小学“三位一体”的协同培养新机制，并建立专项补贴措施，鼓励免费师范毕业生到农村和边远地区工作。同时，调查也显示，目前农村学校对音乐、体育、美术等紧缺学科教师的需求量还比较大，有关部门应该在充分调研的基础上，摸清每门学科教师的需求量，有计划、有步骤地进一步加大紧缺学科教师的培养，扩大社会供给量。此外，掌握藏文、彝文等少数民族语言的教师也是民族地区农村学校所迫切需要的，师范院校可适量地开展“双语”或少数民族语言教师培养。

（二）校本研修积淀实践经验，让特岗教师“教得好”

研究表明，教师专业成长具有规律性，教师经验积淀也有规律性。为此，设岗学校要根据特岗教师专业成长的规律，因校制宜、因人施策地实施校本研修，助推特岗教师“教得好”。

一是引导制定发展规划，激活教师心灵需求。特岗教师学习活动的动力来自发展目标，即制定个人发展规划，开展自我设计活动，以规划引导发展。制定好个人发展规划后，特岗教师可以根据自己的追求，设计自我发展的方向，追求自我价值的实现。学校对特岗教师的自我发展规划、自身目标定位要充分尊重，鼓励特岗教师大胆规划，追求个性，帮助特岗教师通过不断学习探索来拓展自己的专业内涵，在提高特岗教师专业水平的同时，学校还要不断提炼具有鲜明价值取向的工作目标，充实特岗教师专业发展的内涵，通过暗示、认同、反思等，激活特岗教师的心灵需求。此外，要引导特岗教师自觉地在日常专业生活中学习，强化其自我学习能力。比如，在学习目的上，要求特岗教师注重结合实际问题，掌握科学解决问题的途径和方法；在学习内容上，要求他们注重与自身工作需要有密切联系的内容，注重所学习知识的互相联系与实际运用；在学习方式上，要求他们根据学习内容灵活处理，并根据不同目标采用不同教学方式，寻求不同的学习策略。

二是搭建实训研修平台，内化专业素质品质。要让特岗教师在专业上持续发展，就需要搭建有利于特岗教师专业发展的各种平台，包括学习平台、交流平台和实践平台等。这里的学习平台包括学校和个人两个层面的学习平台。设岗学校要聘请专家到校作报告，开展业务指导的专业引领、指点迷津的集体学习、汲取精华的自研自修和取"真经"的外出学习等。特岗教师要养成自觉学习的习惯，边学习、边实践、边总结、边反思，不断修正自己的教学行为，依靠个人的动力、兴趣、计划进行"自习""自省""自悟"。此外，特岗教师还要逐步形成对自己的教育实践和周围发生的教育现象的反思能力，善于从中敏锐地发现问题；对发现的教育问题进行多方面分析剖析；运用多方面的经验和知识，综合地、创造性地形成解决新问题的方案；在着手试行问题解决方案的过程中不断地反思、修正、完善。当然，设岗学校还要为特岗教师搭建交流平台，既可以有同一教研组内的学术交流，也可以有就一个或几个专题组织的课改沙龙，还可以有网络互动研讨，等等。设岗学校要为特岗教师提供形式多样的实践平台，诸如校本教研共同体、每学期开展的校内教师技能大赛；开展多层次、多角度的听评课，每次听完课后，开展评课活动，让特岗教师说出自己的观点，提出改进意见，让他们在听评课的交流与研究活动中对不同学科、不同特点的课有所了解；要开展案例研究，指导特岗教师学习怎样做案例研究，如抓住日常的教育教学的典型事例进行记录、整理等。

三是探索校本特色培训，助推教师彰显个性。设岗学校要坚持"结合实际、因校制宜、突出特色”的原则，探索校本特色培训，整合学校有经验的教师成立“特岗教师专业成长小组”，促进特岗教师快速健康成长；鼓励名优教师或骨干教师开放课堂，支持特岗教师参与教学观察，逐步建立校内师徒制；为特岗教师提供形式多样的培训方式，如与名优教师的合作备课，“同课异构”“一课多上”的对比式教学，创设“走出去”的外向性培训，提升教学水平的提高式培训，展示教师个人风采的个性化培训，等等；探索“走出去”“请进来”及网络远程研修等培训方式，充分吸纳校外资源并加以利用；采取专题讲座、观摩研讨、课题研究、导师指导、学术沙龙和“菜单”式选学等模式，开展形式多样、符合学校实际的培训活动；鼓励特岗教师建立学科专业自主发展团队，积极倡导特岗教师自主发展、合作发展。

（三）专业培训引领专业发展，让特岗教师“长得高”

研究表明，相对于正式教师，特岗教师群体具有服务周期短、流动性强的特点。虽然“特岗计划”在开始实施时就关注培训上岗、专业支持等环节设计，但实际上从招聘工作结束到新学期到校工作，给予特岗教师岗前培训的时间并不充分，尤其是对一些非师范专业或所教非所学课程的大学毕业生，其专业能力以及对上岗地区文化适应上的准备都有待加强。调查也显示，设岗学校对特岗教师的在岗培训也不到位。事实上，对于毫无教学经验的特岗教师而言，他们在聘任期内正处于需要成长和帮助的阶段，需要教育行政部门给予外部干预，为其提供更多的发展与成长机会。

一是开展培训需求调研，科学制定培训规划。各培训机构根据本区域内特岗教师的特点，可采用实地问卷、访谈、座谈会、网络调研等方式，对本地特岗教师的实用需求进行充分调研，再结合上级对特岗教师培训的要求，科学地制定出针对不同类别、不同学科、不同阶段的特岗教师的培训规划。培训规划既要有总体培训目标，也要有阶段性培训目标；既要有整体培训课程设置，也要有每次分学科的培训课程设置；既要有每次培训方式的设计，也要有每次培训结果的考核评价。

二是重视师德修养培训，提升专业思想境界。由于特岗教师服务周期短，从业方向未完全确定，从业思想处于观望期，对教育事业的理解、认同度还不够清晰，可变性比较大，因此，这个阶段对特岗教师的师德修养培训尤为重要。学校要重视对特岗教师“热爱教育事业，献身教育事业”的培训，使其进一步领会“教师是太阳底下最崇高的职业”的意蕴，坚定他们从事教育行业的事业心和责任感；重视对特岗教师“热爱学生，尊重学生”的培训，让他们知道“善于倾听学生的意见，发扬教育民主”的重要性，增强他们“能做一名优秀教师”的自信心；重视对特岗教师“为人师表”的培训，让他们明白“为什么”，知道“如何做”，时时处处以身作则，懂得“身教重于言教”的道理，提升他们做一名人民教师的自觉性。

三是采用教学现场培训，优化学科教学知识。调研表明，特岗教师的“学科教学知识”先天性不足。研究表明，基于教学现场有利于教师获取学科教学知识。因此，对特岗教师的培训构建要基于教学现场的培训课程体系，积极鼓励参训特岗教师参与教学实践。培训内容要有乡土特色，不仅有所任教学科的课程标准、教材编排方式以及课程开发等方面的相关知识，还要有风俗人情、山川地貌、历史文化等地方性文化知识及当地的地方课程，更要有农村学生心理、智力，尤其是留守儿童和少数民族学生心理特征及思维方式等方面的内容。培训时间也要有保证，一般说来，岗前培训时间专业对口的师范类毕业生培训不少于 80 学时，非师范类毕业生和所教非所学的毕业生培训不少于 240 学时；上岗后的跟进培训每年不少于 72 学时[①]。培训重点也应有差别，从特岗教师的实际出发，师范类毕业生培训应进一步强调规范，非师范类毕业生培训则应加强教育学、心理学等基础知识的学习和教师基本技能训练。培训方式也要多样，要分学科、分层次、分阶段培训，讲实效，重操作，把专题讲座、课例分析和技能演练有机结合起来。

---

① 依据教育部《中小学教师资格定期注册暂行办法》之规定：五年内完成不少于 360 个培训学时。

第五章

西部农村特岗教师发展深度关注

“特岗计划”政策的实施已取得了显著的成效，但并不意味着该政策已经臻于完善，更不意味着教师配置的均衡化和相关的教师工资待遇问题的真正解决与落实，正在实施的“特岗计划”实际上也具有极强的过渡特征。西部地区对农村特岗教师的承载量，农村特岗教师离职的规模与原因，以及“特岗计划”政策还存在哪些问题，等等，这些都是我们关注的。

第一节　西部农村特岗教师发展趋势分析

依据我国大陆区域经济三大类型的划分，我国西部地区涉及渝、川、贵、滇、藏、陕、甘、宁、青、新、桂、蒙 12 个省、市、自治区，土地面积为 678.2 万平方公里，占全国总面积的 70.6%。西部地区幅员辽阔，地势较高，地形复杂，高原、盆地、沙漠、草原相间，大部分地区高寒、缺水，不利于农作物生长。因开发历史较晚，经济发展和技术管理水平与东、中部差距较大，但国土面积大，矿产资源丰富，具有很大的开发潜力。

一、农村义务教育阶段学校数量将会进一步减少

城镇化进程中，由于人口向城镇迁移，农村人口不断减少。特别是在学校布局调整上，由于在一定程度上存在推进农村学校超前向城镇集中的倾向和地方政策，

农村义务教育阶段学校存在减少的趋向,农村学校生存难、发展难、巩固难的局面将会加剧。据统计,2000 年全国有农村义务教育阶段学校 48.22 万所,到 2010 年减少至 23.96 万所,10 年减少了 24.26 万所,平均每年减少 2.426 万所。虽然《国家中长期教育改革和发展规划纲要(2010—2020 年)》把均衡发展作为义务教育发展的战略性任务,从 2011 年起全国农村义务教育阶段学校减少数量有所放缓,但到了 2016 年,全国农村义务教育阶段学校只剩 12.26 万所,6 年间也减少了 11.7 万所,平均每年也减少了 1.95 万所。以四川省为例,四川省在 2000 年时农村小学有 15 548 所,到 2014 年减少到 4 054 所,农村初中由 2000 年的 2 239 所减少到 2014 年的 1 741 所。国家实行"全面二孩"政策后,人口有小幅度的增长,学龄儿童也将有所增加,但是,基于人们对优质教育资源的追求,可以预见的是农村学校人数增加较为有限。

二、农村义务教育阶段学校小规模化、小班化趋势将会进一步强化

城镇化进程的不断加快将加大城镇中农村人口的密度,而边远农村地区的人口密度则会逐步降低。人口向城镇的迁移,使城镇小学呈现规模化、标准化发展趋势,而边远农村义务教育阶段学校将会呈现小规模化、小班化、复式班化发展态势。统计表明,2010—2016 年,西部(除西藏)义务教育阶段农村在校生占在校生总数的比例逐年下降,6 年间农村小学在校生占比由 2010 年的 53.82%减少到 2016 年的 29.17%,减少了 24.65 个百分点;农村初中在校生占比由 2010 年的 33.82%减少到 2016 年的 15.41%,减少了 18.41 个百分点。2010 年,西部农村初中校均规模为 622 人,农村小学校均规模为 254 人;到了 2016 年,农村初中校均规模为 412 人,农村小学校均规模为 272 人。以四川省南充市 2011—2015 年农村义务教育阶段为例:2011 年,南充市农村小学有 5 019 个班,在校生为 186 788 人,班均人数超过 37 人;到了 2015 年,南充市农村小学有 3 110 个班,在校生为 83 458 人,班均人数不足 27 人,4 年间班均人数减少 10 人。2011 年,南充市农村初中有 1 719 个班,在校生为 82 090 人,班均人数近 48 人;到了 2015 年,南充市农村初中有 1 005 个班,在校生为 33 862 人,班均人数不足 34 人,4 年间班均人数减少了 14 人。这说明农村学校小班化已成定局。

三、农村教师“两难”(派进难、留住难)问题将会进一步突出

城乡教师的工作条件、生活条件、专业发展条件的差距会越来越大。边远山区的许多教师,尤其是骨干教师,纷纷想要改行,或调离到城镇发达地区任教。外面的教师不愿意来,里面的教师留不住,这就造成山区教师不仅数量不足,而且整体素质无法提高。特别是随着农村小规模学校增多,村级教学点越来越多,一个教学点一两个教师,教师工作量越来越大,负担会进一步加重;微型班级(班级人数低于20人)出现,教师教学没有了以前的氛围,教学的成就感降低,“士气”减退,新情况对教师形成新的挑战。

由于上述原因,农村学校教育将会出现的新形势、新特点,使农村教师,特别是边远农村学校和教学点教师,派不进、留不住的问题将会变得越加突出。21世纪初以来农村学校大幅度撤并、教学点消失的重要原因之一就是教师调派难、留住难。我国农村普及九年义务教育,在很大程度上依靠了两种乡村力量:一靠农民集资,二靠乡土化的民办教师。20世纪80—90年代之所以能够保留大量农村教学点,是因为有大量的当地民办教师在支撑着乡村教育。在2000年之前,民办教师通过多种渠道全部转为公办教师。由于民办教师的年龄都较大,随着民转公教师相继退休,新的公办教师派不进去、留不住的问题日渐突出。

四、西部农村义务教育阶段学校对特岗教师的承载量约为120万人,预计2030年左右退出

为了便于说明,我们以四川省农村义务教育阶段学校对特岗教师的承载量来估计西部农村义务教育阶段学校对特岗教师的承载量。

(一)四川省农村义务教育阶段师生数量逐年递减

由表5.1可见,从2008年到2014年,四川省农村义务教育阶段学校数、在校生数和专任教师数均大幅度减少。其中,学校减少了7 292所(2008年为13 087所,2014年为5 795所);在校生减少了2 268 858人(2008年为4 451 365人,2014年为2 182 507人);专任教师减少了72 501人(2008年为218 978人,2014年为146 477人);生师比由2008年的20.3∶1下降至2014年的14.9∶1。

表 5.1　四川省 2008—2014 年农村义务教育阶段师生变动情况

年份	学校数(所)	在校生数(人)	专任教师数(人)	生师比
2008 年	13 087	4 451 365	218 978	20.3∶1
2009 年	12 173	4 102 599	211 351	19.4∶1
2010 年	9 033	3 817 190	208 918	18.3∶1
2011 年	7 899	3 139 952	180 779	17.4∶1
2012 年	7 480	2 837 877	174 487	16.3∶1
2013 年	6 684	2 418 609	159 119	15.2∶1
2014 年	5 795	2 182 507	146 477	14.9∶1

(二) 四川省农村义务教育阶段教师的年龄结构

由表 5.2 可见,从 2008 年到 2014 年,四川省农村教师中,青年教师(35 岁及以下)减少了 37 764 人(其中,25 岁及以下的教师减少了 6 765 人,26—30 岁的教师减少了 16 994 人,31—35 岁的教师减少了 14 005 人),占 2 008 年到 2014 年教师减少总数 72 501 人的 52.1%;35 岁及以下教师的比例下降了 2.8 个百分点(2008 年为 46.5%,2014 年为 43.7%)。中年教师(36—50 岁)减少了 16 906 人(其中,36—40 岁的教师减少了 4 655 人,41—45 岁的教师减少了 11 005 人,46—50 岁的教师减少了 1 246 人)。51 岁及以上的教师减少了 17 831 人(其中,51—55 岁的教师减少了 17 547 人,56—60 岁的教师减少了 288 人,61 岁及以上的教师增加了 4 人)。56 岁及以上教师的比例有所增加,从 2008 年的 7.0%,上升到 2014 年的 10.3%。

表 5.2　四川省 2008—2014 年农村中小学教师的年龄结构

		2008 年	2009 年	2010 年	2011 年	2012 年	2013 年	2014 年
教师数(人)	25 岁及以下	22 254	20 899	21 203	18 450	17 709	16 036	15 489
	26—30 岁	40 881	38 716	37 472	32 379	30 936	25 695	23 887
	31—35 岁	38 591	37 253	36 010	29 642	28 098	26 673	24 586
	36—40 岁	27 550	28 022	29 441	26 087	26 109	24 763	22 895
	41—45 岁	26 759	25 211	24 659	20 605	20 173	17 489	15 754
	46—50 岁	17 594	18 103	20 249	19 920	20 863	18 784	16 348
	51—55 岁	29 925	28 012	24 322	18 302	14 963	13 978	12 378

续　表

		2008 年	2009 年	2010 年	2011 年	2012 年	2013 年	2014 年
教师数（人）	56—60 岁	15411	15127	15549	15373	15627	15678	15123
	61 岁及以上	13	8	13	21	9	23	17
百分比（%）	35 岁及以下	46.5	45.8	45.3	44.5	44.0	43.0	43.7
	56 岁及以上	7.0	7.2	7.4	8.5	9.0	9.9	10.3

（三）四川省农村特岗教师需求量约为 10 万人，预计 2030 年左右退出

1. 四川省农村义务教育阶段学生预测

在校生人数的预测课题组采用了国际通用的队列构成法（cohort component method，缩写为 CCM）。具体法则是：先确定预测期内各教育阶段年龄队列人口变动的影响因素（出生、死亡、迁移），以此预测未来各教育阶段适龄人口，再预测各教育阶段入学率，在此基础上预测各教育阶段的在校生人数。

（1）农村小学在校生

根据四川省 2012—2014 年教育事业发展统计分析，2012 年、2013 年、2014 年四川省小学适龄儿童入学率分别为 99.5%、99.4%、99.2%，这说明四川省小学入学率呈下降趋势。根据下式推算农村小学在校生人数：

$$E_{pn}=\left(\sum_{i=6}^{12}P_i+P_{12}\right)\cdot\lambda_n\cdot(1-\kappa_n)$$

其中：E_{pn} 表示第 n 年农村小学在校生人数；$\sum_{i=6}^{12}P_i$ 表示第 n 年 6—12 岁人口数之和；P_{12} 表示第 n 年 12 岁人口数；λ_n 表示第 n 年小学适龄人口入学率；κ_n 表示第 n 年城镇化率。

（2）农村初中在校生

根据四川省 2012—2014 年教育事业发展统计分析，2012 年、2013 年、2014 年四川省初中适龄儿童入学率分别为 98.9%、99.1%、99.1%，这说明四川省基本全面普及了初中阶段教育。根据下式估算未来初中在校生人数：

$$E_{jn}=\left(\sum_{i=13}^{15}P_i+P_{12}\right)\cdot\tau_n\cdot(1-\kappa_n)$$

其中：E_{jn} 表示第 n 年农村初中在校生人数；τ_n 表示第 n 年初中适龄人口入学率。

必须说明的是：《2016 年四川省国民经济和社会发展统计公报》显示，2016 年四川省城镇化率为 49.21%，比 2015 年年末提高 1.52 个百分点；根据四川省政府印发的《关于深入推进新型城镇化建设的实施意见》，到 2020 年四川省城镇化率将达 54%左右，据此，我们按四川省城镇化率每年递增 1.2 个百分点估算。同时，由于国家实施“全面二孩”政策，到 2020 年农村学生有小幅度的增加，到 2025 年趋于平稳。

预测结果如表 5.3 所示：

表 5.3　2015—2024 年四川省农村义务教育在校生数量预测结果(单位：万人)

	2015 年	2016 年	2017 年	2018 年	2019 年	2020 年	2021 年	2022 年	2023 年	2024 年
小学	174.37	171.23	168.15	165.12	162.15	161.23	162.37	162.55	163.79	162.07
初中	47.40	46.83	46.27	45.71	45.16	45.62	46.08	46.56	47.03	46.52
合计	221.77	218.06	214.42	210.83	207.31	206.85	208.45	209.11	210.82	208.59

2. 四川省农村义务教育对教师的需求量预测

(1) 供给量的计算方法

假定学校不再增加教师，2015 年教师供给量＝2014 年教师总量－2015 年自然减员教师数。依此类推，根据预测的学生数，通过生师比来预测未来需要的教师数，并用当年的需求量减去第二年的教师自然减员数，即为第二年教师供给量。

(2) 农村义务教育对教师需求数量的测算方法

根据本研究预测的学生数，通过生师比来预测未来教师需求量。计算时，生师比按照 2014 年 11 月中央编办、教育部、财政部《关于统一城乡中小学教职工编制标准的通知》中规定的标准代入，即初中教职工与学生比为 1∶13.5、小学为 1∶19。

(3) 教职工年度自然减员预测

预测依据：根据男教师 60 岁、女教师 55 岁的退休年龄，每年农村教师因退休减员的比例约为 2.5%；因城市学校考调、借调、转行等减员的比例约为 4.8%。由此，推算每年四川省农村义务教育教师自然减员占比约为 7.3%。

2015—2024 年四川省农村义务教育专任教师供给与需求预测结果如表 5.4 所

示。由表5.4可见，在2015—2024年期间，四川省每年农村义务教育专任教师缺口在8 000人左右，每年需要增加8 000多人。

表5.4　2015—2024年四川省农村义务教育专任教师供给与需求预测结果（按生师比测算，单位：人）

	2015年	2016年	2017年	2018年	2019年	2020年	2021年	2022年	2023年	2024年
供给	117 713	117 621	115 699	113 811	111 948	110 122	109 989	110 861	111 279	112 206
需求预测	126 884	124 810	122 774	120 764	118 794	118 651	119 591	120 042	121 042	119 759
余缺	−9 171	−7 189	−7 075	−6 953	−6 846	−8 529	−9 602	−9 181	−9 763	−7 553

（4）农村义务教育对特岗教师需求数量预测

“特岗计划”的实施范围为集中连片特殊困难地区、藏区，国家扶贫开发工作重点县，省级扶贫开发工作重点县，“两基”攻坚县，纳入国家西部开发计划的部分中部省份的少数民族自治州以及西部地区一些有特殊困难的边境县、少数民族自治县和少小民族县。在四川省182个县市区中属于上述范围的有119个县市区，占比为65.4%。从课题组考察和实际推算情况来看，经济条件较好的农村地区义务教育教师不仅不会有缺口，而且还有富余。所以，农村义务教育教师的补充主要集中在这119个县市区的偏远学校。考虑到不少地方实行“特岗教师招聘＋公招教师”双轨制，公招教师加上“免费师范生”与“小学全科师范生”，这部分基本能抵消考上而未到以及考调等因素导致的农村义务教育教师流失的数量。结合上述测算，我们估计四川省农村义务教育对特岗教师的需求总量为10万人左右。按照每年招聘的数量在3 500人左右，在不考虑其他可变因素的前提下，从2006年起算，可以招聘到2035年左右，但考虑到城镇化进程的加快，到2030年左右四川省农村特岗教师就会结束其历史使命。同时，在学科结构上，传统学科如语文、数学、物理、化学等对特岗教师的需求量会逐渐减少，并将会提前结束对特岗教师的需求；而外语、音乐、体育、美术、综合实践和思想品德等学科对特岗教师的需求量较大，并将是最后一批需要特岗教师的学科。

（四）西部农村义务教育阶段学校对特岗教师的承载量约为120万人，西部农村特岗教师预计2030年左右退出

目前西部地区每年招聘特岗教师的数量在40 000人左右，其中四川省每年招聘特岗教师的数量在3 500人左右，占比为8.75%，我们预测西部（除西藏）农村学

校对特岗教师的需求总量为120万人左右。按照每年招聘的数量在40000人左右，在不考虑其他可变因素的前提下，从2006年起算，可以招聘到2036年左右，但考虑到城镇化进程的加快，到2030年左右，西部农村特岗教师就会结束其历史使命。

第二节 农村特岗教师离职原因分析

农村特岗教师离职现象不容忽视。离职规模有多大？原因何在？有哪些影响因素呢？我们深入四川省南充市进行调查。南充市是一个地级市，位于四川盆地东北部，地形以丘陵为主，属于经济欠发达地区，该市从2009年开始在其3个"两基"攻坚县中实施"特岗计划"。

一、调查概述

（一）调查工具

本研究采用自制的"西部农村特岗教师离职原因及影响因素调查问卷"进行实证研究。问卷内容包括入职动因、离职缘由、影响因素3个部分。其中，影响因素包括政策导向、人际关系、自我评价、职业认同、工作环境、地位与待遇等维度，共22道题，每道题采用利克特5点计分法计分。经检验，该调查量表的Cronbach's Alpha值为0.953，信度为0.928，这说明问卷具有很好的信度和效度。同时，我们查阅了南充市2009—2015年教育年鉴，了解南充市离职特岗教师的现状。

（二）调查对象

本研究采取随机抽样的方法，利用跟踪离职特岗教师档案的方式，通过社会联系的渠道，深入到四川省南充市的乡镇、县市级机关、学校、企事业单位等，辅以电话、网络等方式进行随机问卷调查或访谈。

（三）调查过程

本研究共发放问卷136份，回收有效问卷132份，有效率为97.1%；走访、座谈、电话或网络访谈离职特岗教师共计22人次，内容包括特岗教师工作带来的收获与困扰、对国家实施"特岗计划"的态度、对特岗教师生活的评价等。调查对象的基本情况如表5.5所示。

表 5.5　调查对象基本情况统计表

项目	组别	频率(人)	百分比(%)
性别	男	48	36.4
	女	84	63.6
专业	师范专业	111	84.1
	非师范专业	21	15.9
年龄	20—24 岁	21	15.9
	25—29 岁	105	79.5
	30 岁及以上	6	4.6
入职年份	2009 年	39	29.6
	2010 年	30	22.7
	2011 年	12	9.1
	2012 年	21	15.9
	2013 年	12	9.1
	2014 年	18	13.6
曾任教学校	农村小学	33	25.0
	农村初中	24	18.2
	农村九年一贯制学校	72	54.5
	农村高中	3	2.3
供职时长	考上，未供职	6	4.5
	1 年内	24	18.2
	1—2 年	33	25.0
	3 年期满	69	52.3
特岗教师前的身份	应届毕业生	105	79.5
	往届毕业生	27	20.5

二、调查结果分析

(一) 现状：近三成特岗教师离职

由表 5.6 可知，2015 年统计时，南充市 2009—2012 年 4 年招聘的特岗教师的平均离职率达到了 21.8%(2013 年、2014 年招聘的特岗教师 3 年期未满，未统计)。

其中，2009 年、2010 年、2011 年、2012 年每年招聘的特岗教师的离职率分别为 21.1%、25.2%、22.1%和 17.3%。特岗 3 年期满转为正式教师后累计的离职率也较高，由表 5.7 可知，2009—2011 年 3 年招聘的特岗教师的累计平均离职率达到 28.8%（2012 年招聘的特岗教师 3 年期刚满，未统计）。其中，2009 年、2010 年、2011 年每年招聘的特岗教师的累计离职率分别为 26.5%、34.3%和 25.3%。

表 5.6　四川省南充市 2009—2012 年特岗教师招聘数量与 3 年期满后离职数量统计表

（统计时间：2015 年）

年度	招聘数量（人）	3 年期满后离职数量（人）	离职率（%）
2009 年	1 308	276	21.1
2010 年	1 020	257	25.2
2011 年	720	159	22.1
2012 年	585	101	17.3
合计	3 633	793	21.8

表 5.7　四川省南充市 2009—2011 年特岗教师现有数量统计表（截至 2015 年 7 月底）

年度	招聘数量（人）	现有数量（人）	累计离职数量（人）	累计离职率（%）
2009 年	1 308	961	347	26.5
2010 年	1 020	670	350	34.3
2011 年	720	538	182	25.3
合计	3 048	2 169	879	28.8

在特岗教师岗位供职时间长短方面，从被调查的 132 人来看，“考上，未供职”的占离职总数的 4.5%，供职“1 年内”离职的占离职总数的 18.2%，供职“1—2 年内”离职的占离职总数的 25.0%，供职“3 年期满”离职的最多，占到离职总数的 52.3%。访谈得知：由于特岗教师 3 年服务期满后就有了编制，考调到条件更好的学校就有了可能，这也是 3 年期满离职人数偏多的原因。进一步调查离职特岗教师的去向，由表 5.8 可知：“公职教师”最多，达到调查总人数的 63.6%；“公务员”次之，占到调查总人数的 25.0%；“在读研究生”“国有企业职员”“个体经营户”等所占比例均在 5%以内，“待业人员”所占比例不到 3%。这说明，近九成的离职特岗教师

以条件更好的“公职教师”或“公务员”作为再次择业的目标，同时，超过97%的特岗教师“先找到新的、更好的工作岗位”再离职。

表5.8　离职特岗教师去向抽样统计表

现在工作岗位	数量(人)	百分比(%)
公务员	33	25.0
公职教师	84	63.6
在读研究生	3	2.3
国有企业职员	3	2.3
个体经营户	6	4.5
待业人员	3	2.3
合计	132	100

(二)入职动因:“形势所迫”是选择特岗教师的首因

在“当年您选择做特岗教师的原因”这一调查项目上，罗列的13种原因可归结为“形势所迫”“自我发展”“价值主导”“环境影响”4个方面。由表5.9可知，体现“形势所迫”的2个选项“大学毕业就业难”“先工作看看，再寻找其他机会，找到更好的工作再离开”高居所有原因的第1和第2位，比例分别为79.5%和59.1%，这说明“形势所迫”是被调查者选择成为特岗教师的首因。体现“自我发展”的4个选项“锻炼自己”“获得教师编制的机会”“为了以后考公务员、考研究生获得加分”“方便继续攻读教育硕士”依次位列第3、第4、第11、第13，从4个选项的选择比例来看，有近一半的离职特岗教师把特岗经历作为“锻炼自己”的机会，也有近四成的被调查者把特岗教师作为“获得教师编制的机会”，而选择“为了以后考公务员、考研究生获得加分”“方便继续攻读教育硕士”的很少，这说明他们依靠特岗向更高层次发展自己的愿望不高。体现“价值主导”的4个选项“特岗教师工作稳定、福利有保障，且有寒暑假，有吸引力”“喜欢教师职业”“支援农村教育”“人际关系相对简单，社会地位也较高”，其选择比例均在20%以内，这说明很少的离职特岗教师把教育作为一种事业，对教育的地位认同度较低。体现“环境影响”的3个选项“可以离家近点”“同学朋友也考取了特岗教师”“家里人的要求”中，29.5%的被调查者选择“可以离家近一点”，其余两项的选择比例均低于15%，这说明环境对离职特岗教师当年选择做特岗教师影响有限。

表 5.9 当年选择做特岗教师的主要原因排位统计表

原因排位	原　因	人数(人)	百分比(%)
1	大学毕业就业难	105	79.5
2	先工作看看,再寻找其他机会,找到更好的工作再离开	78	59.1
3	锻炼自己	60	45.5
4	获得教师编制的机会	48	36.4
5	可以离家近点	39	29.5
6	特岗教师工作稳定、福利有保障,且有寒暑假,有吸引力	26	19.7
7	喜欢教师职业	24	18.2
8	支援农村教育	21	15.9
9	同学朋友也考取了特岗教师	18	13.6
10	人际关系相对简单,社会地位也较高	15	11.4
11	为了以后考公务员、考研究生获得加分	12	9.1
12	家里人的要求	9	6.8
13	方便继续攻读教育硕士	6	4.5

(三)离职缘由:“条件艰苦”是特岗教师离职的主因

在“您离职特岗教师的主要原因”方面,罗列的 10 种原因可归结为“工作条件”“家庭因素”“福利待遇”“发展需要”4 个方面。由表 5.10 可知,体现“工作条件”的 3 个选项“交通不便,太过偏远”“工作的环境太差”“对这里的生活难以适应”依次位列第 1、第 2、第 9,特别是“交通不便,太过偏远”,其选择比例为 56.8%,选择“工作的环境太差”的比例为 40.9%,这说明“条件艰苦”是离职特岗的主因。体现“家庭因素”的选项“婚恋问题”位列第 3,其选择比例达到 36.4%,这说明“家庭问题”是特岗教师决定是否离职的一个重要原因。体现“福利待遇”的选项“工资太低,待遇太差”位列第 5,其选择比例达到 29.5%,这说明福利待遇对特岗教师离职的作用也不可小觑。体现“发展需要”的 5 个选项“工作成就感低,上升空间小”“考公职教师”“与自己的理想不符合”“考公务员”“借调”中,超过三成的被调查者选择“工作成就感低,上升空间小”,这说明不少离职的特岗教师非常愿意在现有水平上发展自我,同时选择去工作环境或条件更好的地方。超过93%的被调查者对当年离职特岗教师岗位的决定表示“不后悔”。

表5.10　特岗教师离职的主要原因排位统计表

原因排位	原　　因	人数(人)	百分比(%)
1	交通不便,太过偏远	75	56.8
2	工作的环境太差	54	40.9
3	婚恋问题	48	36.4
4	工作成就感低,上升空间小	42	31.8
5	工资太低,待遇太差	39	29.5
6	考公职教师	36	27.3
7	与自己的理想不符合	30	22.7
8	考公务员	27	20.5
9	对这里的生活难以适应	12	9.1
10	借调	9	6.8

(四)影响因素:“价值取向”是离职特岗的内因

在特岗教师离职的影响因素方面,由图5.1可知,在罗列的6项因素中,得分由低到高(得分越高,影响越小,反之亦然)依次为:地位与待遇(2.78分)、职业认同(2.95分)、工作环境(3.05分)、政策导向(3.75分)、自我评价(3.86分)、人际关系(3.9分)。这说明在特岗教师离职的影响因素中,影响最大的是“地位与待遇”,其次是“职业认同”。“地位与待遇”影响价值取向,“职业认同”决定价值取向。离职特岗教师若内心“不愿”或至少没有长期为贫困地区农村教育服务的意愿,再加上“恶劣工作环境”的催化,会进一步加速其离职的决心。从这个角度来说,“价值取向”是离职特岗的内因,而政策导向、自我评价、人际关系等对特岗教师离职的影响不大。

1. 认同政策导向作用,对专业发展不受重视有微词

由图5.2可知,被调查者“政策导向”因素的均得分为3.75分,这说明离职特岗教师比较认同国家和地方对特岗教师的政策。在这一维度上设计的4个量标中,“国家实施‘特岗计划’政策有助于促进农村教育发展”得分最高(4.32分),其次是

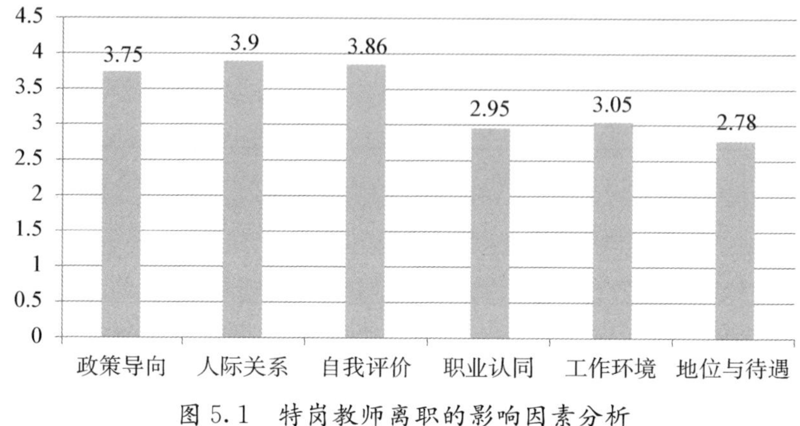

图 5.1　特岗教师离职的影响因素分析

"'特岗计划'政策在农村学校得到很好地贯彻落实"(3.73 分),再次是"地方政府有关于'特岗计划'政策的配套落实政策"(3.64 分),而"地方教育主管部门重视特岗教师的专业发展"得分最低(3.32 分),这说明离职特岗教师对专业发展支撑力量有微词。

不少受访者坦言道:

农村教育特别是落后地区的教育需要国家大力扶持,国家实施"特岗计划"利国利民,功在当代,利在千秋,地方政府贯彻落实到位,促进了当地教育发展。

但也有受访者反映:

地方教育主管部门对特岗教师专业发展重视不够,存在"特岗工作 2 年,从未参加县级及以上培训,就连岗前培训也没有参加过"的现象。

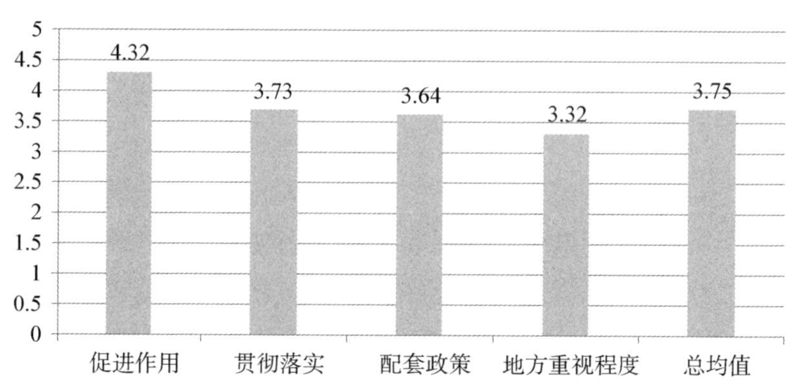

图 5.2　政策导向维度各量标对比

2. 极力建立和谐人际关系，但未能全部融入学校

由图 5.3 可知，被调查者“人际关系”因素的均得分为 3.9 分，这说明离职特岗教师在建立和谐人际关系方面非常用心。在这一维度上设计的 3 个量标中，“我与同事和睦相处，关系比较好”得分最高(4.41 分)，其次是“特岗教师群体与公职教师群体关系融洽”(4.14 分)，而“与领导的关系”得分最低(3.16 分)。

访谈中，一位女性离职特岗教师谈了自己的感受：

> 曾经工作的学校，公职教师与特岗教师基本上各占一半，公职教师中年轻、优秀的基本上都考走了，剩下的一般都在 45 岁以上，而特岗教师都是 20 多岁，年龄上两个群体有“代沟”，有“隔阂”也是很自然的；并且学校基本上不开展联谊或其他交流活动，两个群体之间相互交流的机会很少。

一位现在在税务机关工作的离职特岗教师说：

> 学校领导很看重学生的考试成绩，不重视特岗教师的专业发展，也很少关心特岗教师的生活与诉求，很多答复都难以令人满意。

一位现在待业的女性离职特岗教师说：

> 我与校长发生了一点小摩擦，校长很“任性”，就把我惩罚性地调到村小，我一气之下离职了……

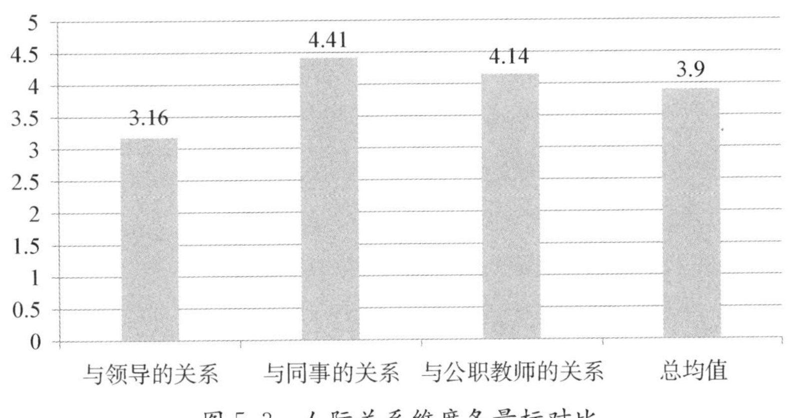

图 5.3 人际关系维度各量标对比

由图 5.4 可知，被调查者“自我评价”因素的均得分为 3.86 分，这说明离职特岗教师对“自我”很认可，对曾经的特岗工作经历比较满意。在这一维度上设计的 4 个量标中，“特岗教师经历丰富了我的人生阅历”得分最高(4.18 分)，其次是“我比较

受学生的欢迎”(4.14分)，再次是“学生家长比较认可我的工作”(3.98分)，“我比较喜欢农村的工作与生活环境”得分(3.14分)最低。

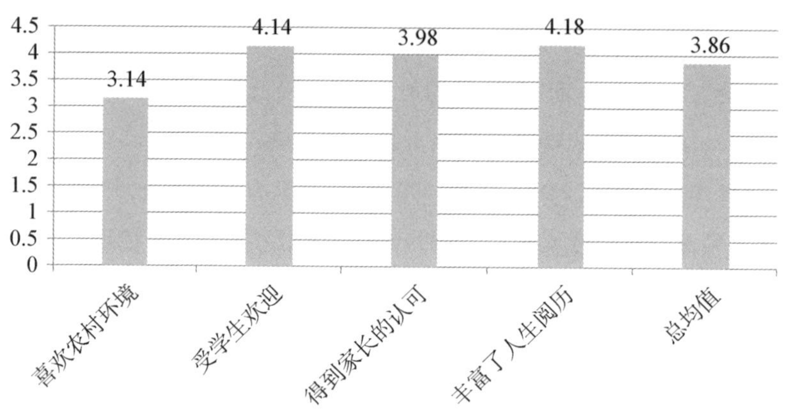

图5.4　自我评价维度各量标对比

3. 对偏远农村教育发展前景“信心不足”

由图5.5可知，被调查者“职业认同”因素的均得分为2.95分，这说明离职特岗教师对偏远农村教育发展前景“信心不足”。在这一维度上设计的4个量标中，“我对农村学校发展持比较乐观的态度”(2.88分)、“我对农村孩子有机会受到良好教育持比较乐观的态度”(2.93分)、“我对农村教育发展前景比较有信心”(2.96分)3

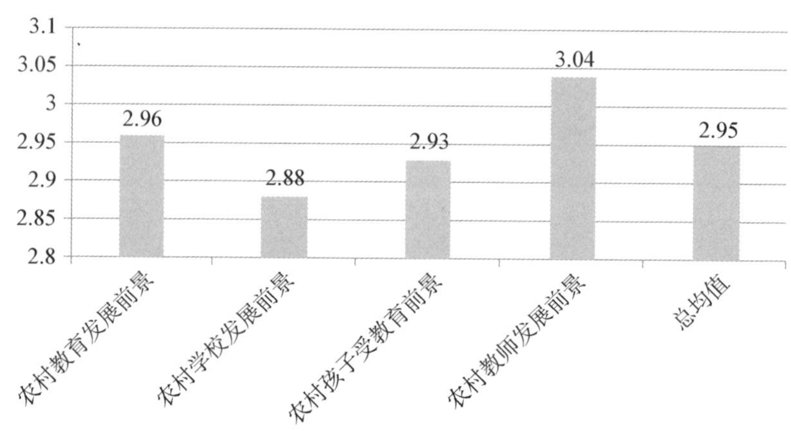

图5.5　职业认同维度各量标对比

个量标均未及格,只有"我对农村教师发展持乐观态度"(3.04 分)1 个量标及格。进一步调查发现:超过八成离职特岗教师认为,虽然国家对于农村特别是贫困地区农村教育有很多的扶持政策,但这些政策能够真正变为现实很难。这说明离职特岗教师对偏远农村教育及教师的发展持有比较"悲观"的态度。

这一结论还可从被调查者对"工作环境"满意度不高(3.05 分)上得到印证。工作环境维度各量标对比如图 5.6 所示。

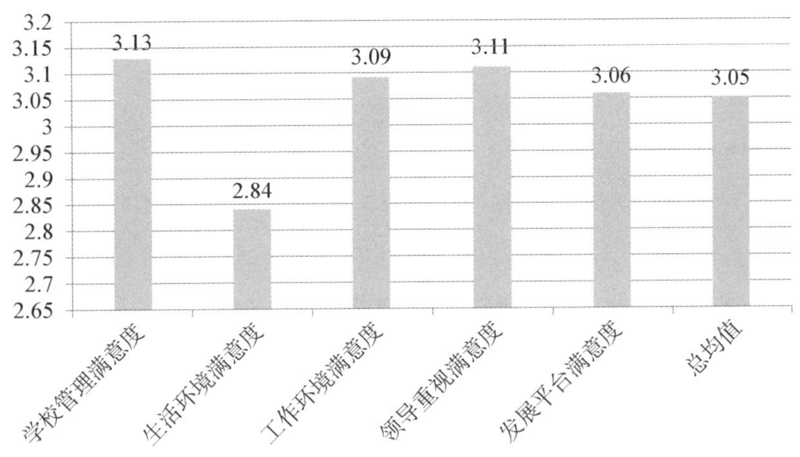

图 5.6 工作环境维度各量标对比

"生活环境满意度"量标的得分为 2.84 分。对于生活环境,一位姓廖的离职特岗教师说:

> 我曾经任教的学校离县城 100 多公里,去一趟县城坐大巴车需要 4 个多小时,到了这个学校后给人感觉就与世隔绝了,很多时候一学期才能到县城去一次;对于平时的生活,由于学校没有伙食团,特岗教师又以单身为主,只能三四个特岗教师"合伙煮",学校离乡镇较远,需要过河,买菜一次就管一周,很多时候到周末时菜都腐烂了,特别是热天没有冰箱更是"烦心"。

"工作环境满意度"量标的得分为 3.09 分。对于工作环境,一位姓张的离职特岗教师说:

> 我曾工作的学校办公条件较差,我到校时大部分办公桌已被原来的教师占据了,特岗教师大部分工作要在家中进行,如备课、批改作业、自修等;教师

住房大多数是过去的小青瓦老房子改造、加固的，多数住房阴暗、潮湿，家居环境很差；加上学校文化生活贫乏，信息闭塞，我们特岗教师都习惯了在城市读大学时丰富多彩的文化氛围，到农村任教后，文化娱乐少，上网不方便，所以感到业余生活枯燥、乏味。

被调查者对学校管理(3.13分)、学校通过多种途径为特岗教师发展搭建平台(3.06分)比较满意，认为学校领导比较重视特岗教师的发展(3.11分)。

一位姓汪的离职特岗教师说：

学校管理落后，都是"重复昨天的故事"，维持多创新少；给人的感觉是把人招起来后没有人管。

一位姓杜的离职特岗教师说：

在学校领导心中，特岗教师迟早要走，培养好了反而是别人的人了，所以不怎么管特岗教师的发展，每次外出培训、学习派的都是公职教师，很少有特岗教师；学校的教研活动一般是听课、评课，由于教研文化未形成，大家参加教研的积极性不高，评课时是"你好、我好、大家好"，参加教研后收获不大。

4. 认为特岗教师地位低，福利待遇未能达到预期

由图5.7可知，被调查者"地位与待遇"因素的均得分为2.78分，这说明离职特岗教师认为特岗教师地位低，福利待遇未能达到预期。其中，"对地位持肯定意见"的得分为2.86分。

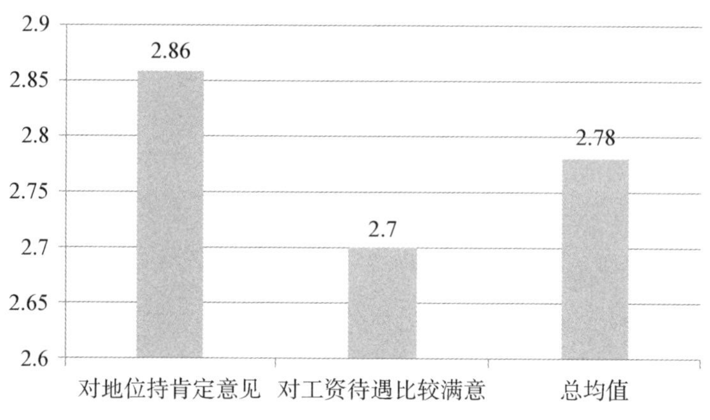

图5.7　地位与待遇维度各量标对比

“国家为何一定要给我们扣上‘特岗’的帽子呀？特岗教师与正式教师的区别在何处？”一位姓王的特岗教师很无奈地说，“以前不明白，到学校后才知道：学校里也是有等级的，特岗教师相当于临时工，活干不完，福利待遇却是最低的。”

进一步的调查发现：离职特岗教师对“特岗计划”政策知晓度不高，对政策的了解大多通过新闻媒体，学校很少宣传，所以，大家担心新闻媒体上说的“特岗计划”政策到时变成一纸空文。另外，有超过九成的离职特岗教师曾经担忧个人的婚恋问题，担心一旦在农村学校“安家”，就意味着扎根农村。

“对工资待遇比较满意”的得分为 2.7 分，这说明离职特岗教师对工资待遇不满意。进一步调查得知：南充市经济发展落后，地方财政收入较低，特岗教师工资只能按国家规定的标准发放，高出标准的部分很难得到落实；特岗教师只能靠微薄的收入维持最基本的生活，教师同工不同酬、同校不同酬的现象颇为明显。同时，特岗教师的贫困地区补助津贴很难体现出来，收入除了基本工资之外，其他福利待遇几乎没有。

三、结论与建议

（一）结论

特岗教师中有近三成离职，离职后近九成考调到条件更好的学校当公职教师或政府机关当公务员，以改变工作环境为主要目的；无论是最初选择做特岗教师还是后来离职，原因都很复杂，“形势所迫”是选择做特岗教师的首要因素，“条件艰苦”是离职的主要原因，认为特岗教师地位低、福利待遇未能达到预期、对偏远农村教育发展前景缺乏“信心”是离职的重要影响因素。

（二）建议

1. 加强价值引导，让入职特岗教师“稳得住”

择业价值观是价值观在择业问题上的综合反映，是对择业目的、择业理想、择业动机、择业标准、择业意义的比较稳定的根本看法和态度。本调查表明，择业价值观是影响特岗教师离职的最重要的因素。因此，要加强价值引导，让更多的优秀高校毕业学生“愿意来”和已入职的特岗教师“稳得住”。对吸纳特岗教师的中小学而言，一是要加强对入职特岗教师的思想教育。一些特岗教师从繁华的都市来到较为偏远的农村，怀着失落和难以割舍的城市情结，对乡村生活存着一种天然的排斥感，更向往城市辉煌的灯火、喧嚣的购物区以及迅捷的交通和通信。而且，残酷的现实与美好理想之间的巨大差距，常常让其表现出对“特岗”的失望。因此，学校需要加强对特岗教师的思想教育，鼓励他们以自己的文化学识融入农村社区，激励他们自觉为农村服务的意识。二是要开展“情系乡村”的责任意识教育。要通过一系列特岗教师喜闻乐见的教育实践活动，把学校的发展内化为特岗教师认同的理想，把对教育的热情内化为对农家子弟的爱，把扎根农村教育事业内化为特岗教师的自觉行为。三是要开展“塑师表、铸师魂”的师德教育活动。比如，学习著名教育家陶行知、晏阳初扎根乡村教育的先进事迹，宣讲身边扎根乡村教育的老教师先进典型、近几年涌现的先进特岗教师典型，激发入职特岗教师献身偏远农村教育的热情。

2. 完善政策保障，让入职特岗教师“下得去”

既要让优秀高校毕业生“愿意来”，还要让入职特岗教师“下得去”，政策是关键。本调查也表明，超过56%的离职特岗教师建议“完善特岗教师的相应制度”。为此，一是要进一步完善招聘政策。要规范招聘程序，择优录取，吸引有志于从教、乐于从教、适合从教的优秀人才充实到农村教师队伍。在强调招考分数的同时，更应从应聘者的性格、意志、潜力等方面考查其入职的匹配度，以提高特岗教师的在岗保留率。二是要建立约束政策。虽然特岗教师入职前与相关部门签订了合同或协议，但它们在实践中对特岗教师的约束效果却不太好。为提高特岗教师的保留率，降低随意离职率，建议建立特岗教师诚信档案，对服务期未满离职的，在本属于特岗服务的期间内不得参加国家“公招”考试。三是进一步完善激励政策。除了现在中央和地方制定的一系列激励和优惠政策（如“特岗计划”与“硕师计划”相结合；聘任期满的特岗教师在今后城市、县镇学校补充教师时，在同等条件下优先获得聘用；报考公务员或硕士研究生享受加分政策；特岗教师录用后就是正式教师；等等），还可考虑：根据农村学校艰苦程度的不同，给予特岗教师不同的工资标准和额外津贴；对愿意扎根农村的特岗教师，在评选先进和职称评聘时优先考虑；对在农村学校工作满一定年限（如20年）的特岗教师，可授予“最美农村特岗教师”荣誉称号，并给予一定的特殊津贴。

3. 改善福利待遇,让入职特岗教师"留得住"

既要让特岗教师"下得去",又要让其"留得住",一定的福利待遇是保障。在本调查中,超过八成的离职特岗教师呼吁提高现有特岗教师的福利待遇。因此,一是在劳动量相当的前提下,相关部门应努力提高特岗教师地方性津补贴及社会保障待遇,使其所得的薪酬与当地教师持平,进而激发特岗教师的工作热情。二是要着力解决生活问题。政府要加大配套硬件设施建设的资金投入,为特岗教师提供周转房等基本生活保障。学校要尽可能地建立教师伙食团,为特岗教师解决三餐问题。同时,要把校园局域网、图书室、文体活动器材与场所等基础设施设备的建设真正落实到位,为特岗教师创造必要的工作和生活条件。三是要重视特岗教师培训。学校要把对特岗教师的培训作为一种福利来抓,通过请进来、走出去的方法,引导特岗教师学习名师的先进经验;通过抓特岗教师的学历补偿教育、培训教育,不断提高其业务能力;充分发挥骨干教师的作用,对特岗教师实行传、帮、带,加快特岗教师的专业成长。

4. 优化工作环境,让入职特岗教师"有安全"

艰苦的工作环境、不和谐的工作氛围对特岗教师离职起着"推波助澜"的作用。近九成接受调查的离职特岗教师希望"政府或学校改善工作环境",增强特岗教师工作的安全感。为此,一是要加强特岗教师政策的宣传,营造尊师重教的社会风气。由于政策的宣传不够、人们对"特岗计划"了解不多,社会对于特岗教师有误解和偏见。教育行政部门应加大对特岗教师政策的宣传,积极营造尊师重教的社会风气,提升特岗教师的社会地位,"让每个教师都有光荣感、幸福感、成就感、使命感"。各级各类人员应加深对特岗教师的理解,尊重他们的劳动。同时,要让每位特岗教师知晓国家"对任期满的特岗教师,只要愿意留任,便可以留任,保证有岗有编"的政策,使特岗教师无后顾之忧,对前途更加充满信心。二是要营造和谐的工作环境。学校要建立科学的用人机制,让特岗教师获得充分的心理平衡,同时倡导健康和谐的校园人际关系,在同事间大力提倡团结协作、融洽相处,使学校人际关系充满互敬互重、亲密无间的和谐气氛,使每位教师能心情舒畅地放手在学校里工作,把精力集中在教书育人、服务育人上。三是要加强校园文化建设,丰富特岗教师的业余生活。学校要开展形式多样的文娱活动,使特岗教师的才艺得以施展,丰富教师的业余文化生活;要通过多种途径,帮助特岗教师扩大交往范围,为他们创造择偶的机会和条件，解决他们的后顾之忧。

第三节 “特岗计划”政策存在问题分析

“特岗计划”政策执行 10 多年来，取得的成效有目共睹，但在具体实施过程中，各地也存在各式各样的问题。

一、贵州：特岗教师保障不到位

“特岗计划”大大加强了农村师资力量，大幅度优化了教师队伍结构，给农村义务教育学校注入了新的活力，缓解了高校毕业生的就业压力。但研究表明，“特岗计划”在贵州的实施存在“特岗教师住房保障力度不够，专业发展缺乏系统设计”等问题。

（一）教有所居的保障不到位

国家“特岗计划”在 2006 年就明确规定：“各受援县（市）和学校，要为特设岗位教师提供相应的周转住房和必要的生活条件。”安居才能乐业，教有所居是引进和稳定特岗教师的一个重要保障。然而，保证特岗教师教有所居一直是实施“特岗计划”的棘手问题。

调查发现，44%的受访校长认为特岗教师最需要解决的是住宿问题，22%的受访特岗教师只能自费租房，11%的受访特岗教师获得学校给予的少量租房补助，56%的受访特岗教师则可以住进学校多人间。“有的学校把废弃教室隔成小间；有的学校将办公室、图书室等地方‘一室二用’，白天卷铺盖办公，晚上整铺盖睡觉。”

2012 年，贵州省在全国率先将住房困难的乡镇教师纳入公共租赁住房保障范围。预计全省在“十二五”期间建设 1 万套农村教师周转房和 6.2 万套乡镇教师公租房。2013 年，全省已开工建设 20 608 套乡镇教师公租房，其中竣工 5 668 套。按照目前的教师公租房计划数，也不可能完全满足特岗教师的住房需要。

（二）专业发展的设计不系统

纵观“特岗计划”在贵州的实施历程，2006 年确立了岗前培训，2010 年特岗教师可以申请参加“硕师计划”，2011 年要求加强在职培训，至此，特岗教师培训与进修的路线图基本绘制完成。但是，这对特岗教师专业发展而言只是起步。

一是岗前培训的有效性不高。第一，培训时间短暂，最长的也仅有 2 天。第二，培训内容常常是“宏大叙事”，如新教育理念、教育管理、校园文化建设等，难接地气，难以为特岗教师如何在农村教书育人提供建设性建议。第三，参加 1 000 人的超大班额培训，要让特岗教师学有所获，需要创新培训方式。

二是在职研修的去专业化。2010 年，“特岗计划”明确提出要加强特岗教师在职培训。问题意识到了，要求也明确了，可是如何加强特岗教师的在职培训呢？听评课是当前贵州中小学校本研修的主要形式，也是特岗教师和其他教师互相学习的平台，但长期以来听评课被当作考核教师工作的一个指标，导致出现专业活动不专业的现象。

（三）政策目标的选择未优化

“特岗计划”的目标包括 3 个：一是促进高校毕业生就业；二是提升农村学校师资力量；三是促进教育公平和城乡教育资源均衡配置。其中，“促进教育公平和城乡教育资源均衡配置”是根本目的，师资配置是义务教育均衡发展的关键。在“特岗计划”实施的过程中，当政策的不同目标产生矛盾时，目标选择容易产生本末倒置、目标错位的问题。

“特岗计划”招聘考试不设底线就是一种目标错位。某市 2013 年特岗教师招聘方案没有设置及格的最低控制线，只规定进入面试（或体检）的比例，结果有 4 个区县的 5 个岗位的录取成绩低于 60 分。

将提高高校毕业生就业率凌驾于均衡发展义务教育之上也是倒本为末。由于教育部在分配特岗教师指标时要参照上一年的“特岗计划”落实情况，为了争取更多指标就出现了务必完成特岗计划数的心态，而这种心态导致了根本目标的迷失。

教师编制核定一刀切的做法也偏离了教育均衡发展的轨道。2012 年贵州省出台了新的中小学教职工编制标准，县镇与农村一个标准，即小学生师比为 22∶1，初中生师比为 19∶1。贵州中小学教职工编制标准统一规格，弹性有度，是不错的制度设计。但是，农村中小学教师的教学任务繁重，又要兼顾营养餐计划和寄宿制工程，导致他们压力大，感到力不从心。所以，农村学校的教师编制需要形成动态核编、适当放宽的管理机制。

（四）评价与考核制度不完善

关于对“特岗计划”政策执行的评价，在“教师〔2009〕1 号”文件中，“特岗计划”的实施情况被列为教育督导的内容，2011 年教育部开通了特岗计划信息管理与服务系统，动态管理迈上新台阶。但调查研究发现“特岗计划”执行的县际差异仍然存在，所以督导力度有待加强。

关于特岗教师的工作评价，政策规定“特岗教师的管理和考核由县级教育行政部门负责，每年考核一次，并将考核情况以书面形式上报省教育厅”。这一规定忽视了学校在教师管理中的主体地位，实际上，特岗教师的考核主要是由学校实施。访谈结果表明，考核的过程与结果都没有达到学校和特岗教师的愿望，不同利益相关者各执一词。因此，在实施“特岗计划”的过程中，需要设计出促进特岗教师专业发展、促使农村学生学业成绩提高等多方共赢的评价制度。

(五) 特殊教育学校和幼儿园被忽视

贵州现有特殊教育学校 56 所，在校学生 1.37 万人。特殊教育学校是义务教育学校的重要组成部分。但是特殊教育学校却被“特岗计划”遗忘在边缘地带，某些县为特殊教育学校招聘特岗教师也是“打擦边球”，在县级“特岗计划”中“暗中解决”，但存在专业不对口等问题。而幼儿教育师资在“特岗计划”中没有布局。

二、新疆昌吉州东三县：特岗教师队伍建设滞后

(一) 特岗教师招聘过程中入口关不严

1. 对应聘者的农村从教素质考查不够全面

毕业生的入职动机不一样。有的是对教育事业的热爱，一腔热血把自己的青春挥洒在农村教育事业上，他们支持奉献农村教育；有的认为特岗教师工资比较稳定，3 年以后考核通过了可以获得编制，这就是报考特岗教师的一大重要原因。一部分特岗教师应聘到岗后看到偏远地区的条件不如自己想的好，没办法待下去，就中途辞职离岗。但也不乏有些特岗教师只是把“特岗”当作一个平台、一个跳板，根本无心待在农村。那些心里总是想回城或准备其他考试的特岗教师也没有心思去做好自己特岗教师名义的这份工作。调查发现，东三县的特岗教师队伍不稳定，他们中的大部分在乡村定不下心，心思不在农村，留在农村的意向很薄弱。所以，在特岗教师招聘时，应聘者的农村从教素质考查与应聘者教学能力和学历背景考查同样重要。

2. 招聘对象比例不协调造成特岗教师队伍质量不高

通过调查研究发现，新疆对于特岗教师招聘对象限制在专科学历以上，并且相

关政策更倾向于全日制普通本科毕业生，专科学历与本科学历的比重不协调，在专科师范生与本科非师范生中更倾向于招收后者。在具体教学能力上，专科师范生接受了3年的专业学习，在专业技能和知识方面比本科非师范生强，3年的师范类专业学习对其从事教育行业更有帮助。招聘对象比例的不协调一方面造成了特岗教师教学科目与所学专业的不对口，另一方面造成了特岗教师队伍中有一些教学质量不合格者。

（二）特岗教师分配不科学

1. 特岗教师所学、所教不匹配

调查发现，东三县教师所学和所教不匹配的现象非常明显。东三县地处偏远农村，交通不便，环境相对其他学校是恶劣的，教师资源很匮乏，1名教师经常要带3门课程，1个星期要上20节课以上。当地教师教学科目一直不是很稳定，对于特岗教师，一般学校缺什么科目的教师就直接让特岗教师来任教，不考虑特岗教师所学专业，不进行适当调整，只是一味地满足课程的需要。特岗教师对有些课程不擅长，比如对于音乐的教学，有些特岗教师自己从来没有接触过，连五线谱都不认识，教起来很困难，教学质量得不到保证，学生们也很有意见。还有让专门从事一门学科教学的特岗教师去承担其他学科的教学，给特岗教师造成了困扰。

2. 特岗教师岗位分配过程不透明

农村中更需要特岗教师的学校是乡镇以下的设岗学校，这类学校师资紧缺，需要优秀的师资队伍。招聘高质量的师资队伍才有可能在相对短的时间内提升农村学校的教学质量，才更有可能实现城乡教育的均衡发展。在分配特岗教师到这些师资紧缺的学校时，有些特岗教师通过“走关系”留在县城学校，这种不公平的现象是公开的秘密。访谈时有的特岗教师反映，在他们入职分配的时候，有些并未被分到乡村学校，而是被分到城里的学校了，被分配到偏远学校的特岗教师中，有的会先延期入职，在这期间通过找关系调到心仪的学校。接受访谈的教师谈到这里，说自己没有关系，才会被分到离家远、条件差的农村学校。国家有相关文件明确说明特岗教师分配制度，但被一些人通过不正当手段钻了空子，导致有些教师岗位被空了下来，不仅影响了当地学校的教学，加重了其他教师的负担，在精神上也是对其他特岗教师的伤害，严重影响特岗教师的积极性，这种不公平现象必须引起有关部门重视。

(三) 特岗教师培训机会少，影响专业成长

1. 岗前培训内容单一，后续培训乏力

培训强调的是需要什么学什么，缺少什么补什么。培训应主要围绕特岗教师的相关理论素养、实际操作、专业知识、班级管理能力进行。在新疆，安排师范类和非师范类毕业生一起培训是司空见惯的现象，这样就导致培训效果很不明显。受过4年师范专业熏陶的毕业生和非师范类毕业生所要进行培训的内容相差很大，不区分培训使得双方都感觉到培训对他们并没有什么实质的帮助。新入职的特岗教师在培训前一腔热血想通过培训补充自己的不足，同其他有经验的特岗教师交流学习他们遇到的困难，但最终发现实际情况并不是这样。

农村教师资源短缺，一个教师要承担几个教师的工作，一天的基本工作已经超负荷。在新疆，特岗教师还兼着维稳工作，需要轮流值班完成学校的安全管理工作，所以很难再有精力去参加定期培训，而且他们也缺乏自主学习的意识。特岗教师的岗前培训比较薄弱，因为缺乏相关的检查监督机制，许多学校只是走形式，培训时间和质量都不能保证。特岗教师的培训应该按照理论联系实际的方法，然而大部分学校采取的培训是老一辈的教师带年轻的教师，这中间就会出现很多问题：老教师一般思维比较陈旧无法紧跟时代潮流，刚毕业的年轻人充满活力，有自己的想法带着自己独特鲜明的个性，这必然在教学方法上就会产生矛盾。非师范类毕业生内心对于培训的渴望是强烈的，他们希望弥补一些自身专业上的不足。

2. 职业生涯规划不明晰，影响特岗教师专业成长

明晰自己的职业生涯规划，是指基于对自身的客观认识，在自身价值观的引导下，在考虑自身情况的前提下，充分考虑社会对各行各业的需求，设计出符合自身情况的规划，把自身价值最大化，并获取最大程度的事业成功。特岗教师自身的职业生涯规划很重要，清晰的职业生涯规划有助于他们在现阶段的工作中找到自己的方向，使工作更有动力，这既有利于自身的发展也有助于推动计划的实施。特岗教师流失率高的原因也在于特岗教师本身的职业生涯规划受到经济、社会原因的影响，加上离家太远，导致服务期满后选择离开。

(四) 特岗教师工资待遇得不到保障

1. 工资及补贴发放不及时

每年9月到12月特岗教师的工资存在不按时发放的情况，因为新进来的特岗

教师的工资是中央财政拨款，要经历一个层层申报和审批的过程，一层层的申报和审批需要时间。这段时间的等待是焦急的，本可以地方教育局先行垫付，但是当地教育局也拿不出额外的钱进行垫付，这就使得只能让特岗教师等待。调查发现，木垒哈萨克自治县特岗教师工资一直以来一个季度发一次，因为工资发放不及时，出现过部分特岗教师不满意而找校长反映的情况。绩效工资也不能按时足额发放，学校每月扣除特岗教师绩效工资，按年终考核成绩来发放。工资本来就很少，还不能按时发放，已经对特岗教师的生活带来影响，有些特岗教师的生活得不到保障。工资不及时发放给特岗教师的生活带来了一定的压力，有些特岗教师觉得自己已经有工资了再向家人借钱很尴尬，只能问身边同事或朋友借钱。工资及补贴的不及时发放，必然影响教师工作的积极主动性。学生和教师是息息相关的，教师工作的怠慢必将影响教学。

2. 特岗教师有关待遇落实不到位，满意度低

根据中央和新疆维吾尔自治区有关特岗教师薪酬规定，新入职的特岗教师去定岗学校从事教学工作 3 年，这 3 年的工资由中央财政来发放。现代社会对工资待遇高低的看待仍然是与一个职业受尊重程度的高低息息相关的，特岗教师工资低，而且有拖欠工资的情况发生。当然，也有一部分年轻人只是把特岗教师岗位当作一个跳板，相较于直接找工作这是一个好的机会。尤其是对男性特岗教师来说，低工资带来了低尊严感和低成就感。外地来的男性特岗教师，“种地的妞都不愿嫁他”，这句话戏谑性地表达了一来他待不了几年的时间，二来他收入低。农村教师已经不仅仅是在做教师的工作，白天要上课，下课要做饭，晚上还要看孩子，身体超负荷地工作，已经伤痕累累。

（五）管理不规范，特岗教师队伍不稳定

1. 学校对特岗教师的重视程度不够，缺乏有效的激励措施

对特岗教师进行访谈时发现，在评职称方面，学校会照顾本校的在编教师，因为特岗教师服务期满后离职概率更大。特岗教师都是刚参加工作充满活力的年轻人，工作激情高，期待自己得到学校的赏识和认可，获得物质和精神上的奖励有助于他们提高工作的积极性，同事之间可以形成一种无形的竞争。学校领导对特岗教师不重视，评职称的机会优先考虑在编教师。特岗教师和在编教师在学校教学工作的评定上标准一样，但是在职称评聘、评优评先中却被差别对待。

2. 管理不完善,特岗教师中途离岗现象严重

随着社会经济的不断发展,现代人急功近利的心态显现——沉不住心无法脚踏实地工作。部分特岗教师心态浮躁,这种心态直接影响他们的工作表现,他们在政治上缺乏激情,在经济上急于求成,把特岗教师职位当作自己平台期的过渡,甚至会摒弃初心改行,选择辞职回家准备公务员报考或应聘高薪工作。调查得知,东三县近 3 年有 12 名特岗教师中途离开岗位。对学校来说,特岗教师也是学校花费时间、精力培养的,他们的中途离开必然是学校的一大损失。从学生的学习方面来说,农村教育水平本身就低,学生适应能力较弱,教师的中途离去必然会影响他们的学习情况;从学生的精神方面来说,教师不仅是他们学习上的指路人还是他们生活上的爸爸妈妈,教师的中途离去,必然在情感上对他们造成一定的伤害。

三、新疆南疆三地州①:特岗教师心理压力过大

南疆三地州部分农村特岗教师因心理压力较大,产生了一些躯体化症状,如情绪低落、焦虑烦躁、抑郁偏执、担心、精神不振等。这些不良症状不仅影响到特岗教师本人的身心健康,也给教育教学工作带来一定的负面影响。造成南疆三地州农村特岗教师心理问题的原因主要表现为以下几个方面:

(一) 工作负荷过重

农村特岗教师工作负荷过重,工作内容繁杂,工作时间长。他们担心学生考试排名太差、问题学生难教、教学质量难以提高,担心所教学生的考试成绩不理想、所教班级学生的升学率不高、工作得不到重视、学校形式主义的活动或检查太多、学校或教育行政部门的各种要求太多、学校用学生的考试成绩衡量特岗教师的工作水平、学校根据学生的考试成绩评定特岗教师的职称。学生的思想和行为不易被特岗教师控制,这种矛盾也易对特岗教师形成压力威胁。家长的不支持,学生的不良行为、厌学情绪、较差学业成绩、对特岗教师的不良态度,学生不遵纪、不完成作业、缺乏理想和学习目标,等等(这是 2007—2013 年的情况),这一切都是特岗教师每天必须面对,并加以解决的问题。面对并解决这一切问题的过程常常使南疆三地州农村特岗教师产生心理压力。

① 南疆三地州包括和田地区、喀什地区、克孜勒苏柯尔克孜自治州。

据调查，南疆三地州农村特岗教师人均日劳动时间为10小时以上，比其他岗位的一般职工日平均劳动时间高出2小时，还不包括备课、批改作业、查阅资料、晚上学校大门口值班、参加会议、课外辅导、培训学习、家庭访问等所需时间，而且双休日和寒暑假的休息也常常没有保证。在调查"工作量大使您感到心理压力大"这个问题时，感到"在正常范围内"的是99人，占30.9%；感到"比较大，但可承受"的是63人，占19.7%；感到"很大，很难承受"的是158人，占49.4%。如此长期的超负荷运转，容易使特岗教师疲惫不堪，身心疾病增加，心理负担沉重，也给教育教学工作带来一定的负面影响。

（二）社会期望过高

南疆三地州农村特岗教师不仅收入低，而且还要面对与学生家长的关系难处理、自身家庭不支持的困难。特岗教师的社会地位普遍不高，他们的付出和成绩得不到社会的认同，他们成功了是理所当然的，失败了则归咎于他们的不努力和无能。在人们眼里，特岗教师被模式化了，不可逾越规划，他们必须以严肃认真、一丝不苟、刻苦耐劳、兢兢业业、诚实俭朴等形象展示于人，时刻检点自己。这种角色期望使特岗教师心理长期受到压抑，精神经常处于紧张状态，处事拘谨，甚至强制自己控制正常的需要和行为。家长的不理解和不配合以及过高的期望使特岗教师产生了压力。虽然一部分特岗教师能够迎难而上，化压力为动力，但是也有一些特岗教师会感到压力过大，产生失落感，不能够适应新的要求而觉得有些力不从心，无奈、内疚等情绪就产生了。因此，这看似简单又合理的要求实际上会给特岗教师带来巨大的心理压力。

（三）心理压力过大

目前，社会的快速发展和时代的变迁，使南疆三地州农村特岗教师面临着许多严峻的挑战，给他们造成了较大的心理压力。过大和过重的心理压力不仅不利于农村特岗教师教书育人活动的进行，而且严重地影响了农村特岗教师自身的身心健康。社会赋予教师的责任过多对农村特岗教师素质提出了越来越高的要求，给特岗教师带来了很大的工作压力和心理压力。面对全新的理念和实践，南疆三地州农村特岗教师普遍感到困惑茫然，感到不适应。为了避免被淘汰出局，大家需要不断学习，自我"充电""加压"，而特岗教师承担着为国家培养下一代的历史重任，这种对社会所承担的责任和职业本身的要求，又促使特岗教师必须承受着比普通的社会成员更大的心理压力。

农村特岗教师的心理压力很大程度上还与学校的管理有关。首先，一所学校的管理是否能够给特岗教师提供一个教育教学的良好氛围和环境，也会直接影响到特岗教师的心理承受能力。目前许多农村中小学没有自己的管理思想，做形式的事情太多，无端地增加了特岗教师许多压力。其次，在学校管理上，许多农村中小学校长在管理过程中缺乏以人为本的思想，对特岗教师信任不够，一味实行所谓“铁的纪律”“钢化管理”，不断对特岗教师增加新的要求，使得特岗教师疲惫不堪，心理负担沉重。

（四）人际交往狭窄

在南疆三地州农村，特岗教师虽然是学历较高、队伍最大的年轻群体，但工资和待遇比城里的同行还是要差。同时，受所处环境恶劣的影响，南疆三地州许多农村特岗教师的生活空间较小，交际范围相对狭窄，与外界沟通、交流的机会不多。特别是在偏远乡镇山区的很多特岗教师，除了身边的同事，接触最多的就是学生，没有充裕的时间进行社交活动，加之农村特岗教师生活环境单群，导致思想意识与社会脱离，因而社交技能与社交活动的需要不相适应，社交的成功率较低，从而使他们不愿过多地与人交往，心理上自我封闭。另外，由于农村特岗教师的工作繁杂而细碎，需要认真细致，长期如此，易形成过度计较的性格特点。

（五）思想太过僵化

据调查，南疆三地州农村特岗教师从整体上看思想状况是健康的。他们中的绝大多数人能以乐观积极的态度面对现实和困难，他们热爱教师职业，教书育人、为人师表。但由于上述种种客观原因，也使一些农村特岗教师对教师职业有不同的态度。参与调查的 320 位特岗教师中，表示喜欢教师职业的有 130 人（占 40.6%），认为无所谓的是 115 人（占 36.0%），表示不喜欢的有 75 人（占 23.4%）。绝大部分被调查者觉得在农村当教师太没意思。调查显示，30%以上的农村特岗教师积极想办法往城镇学校调，10%的特岗教师表示想调到其他单位，50%以上的特岗教师表示如果有调到城镇学校的机会，会选择离开农村学校。农村特岗教师这些不稳定的思想因素，势必影响到对学生的培养和农村教育发展的后劲。

四、宁夏西吉县：特岗教师的社会关注度低

（一）特岗教师待遇低，有些地方甚至不能兑现工资

特岗教师的工资普遍低于同龄的在编教师，更低于当地公务员的工资收入。各级政府应该采取有效的措施，确保特岗教师工资能够按时发放。正是由于政策承诺与实际兑现存在落差，致使特岗教师的工资低于国家标准，甚至有的地方政府还拖欠特岗教师的工资，严重挫伤了特岗教师工作的积极性。

（二）缺乏奖励机制

我们应该积极鼓励和号召当代大学生支援和献身西部农村教育事业，但我们不能让他们“裸教”，更不能让他们活得没有尊严。在贫困农村整体环境没有得到彻底改善的情况下，让特岗教师适应这种双重贫困，并在忍受前途不确定性中安心从教，这不仅仅是简单的道德伦理话题，更多的是制度与政策的机制问题。

（三）社会关注度低，职业认同感差

受工资待遇低、心理落差较大、精神生活贫瘠和发展环境不佳等多方面因素的影响，特岗教师产生了职业倦怠现象。所谓特岗教师的职业倦怠，是指特岗教师对所从事的教育工作缺乏热情，却又不得不为之，他们时而感到厌烦，时而感到身心疲惫，导致自身潜能难以充分发挥，工作能力和工作绩效明显下降。调查表明，部分特岗教师选择这份职业，并不是出于对这份职业的热爱，而是为了缓解就业压力，或是减轻家庭的经济压力。也有毕业生把特岗教师岗位当成一种暂时的就业跳板，随时寻找着更好的职业机会。这种“骑驴找马”的心态必定导致他们不能安心做好教育工作，久而久之，便会产生倦怠心理，从而影响了教学的质量。

第六章

西部农村特岗教师的多元印记

二十出头的年纪，青春、靓丽、朝气蓬勃，在告别青涩的校园生活和五彩斑斓的城市生活后，选择扎根乡村教育，用他们的心血、真诚、汗水……影响并改变着农村孩子的命运，继承和发展着乡村教育的文脉。他们用青春年华、热血奉献，赢得了学生，赢得了家长，也赢得了那片土地。作为特岗教师，他们与学生共同成长，在这一段生命历程中，天天有故事，时时有故事，处处有故事。只要关注，只要倾听，就能体会出发生在特岗教师身边的这些故事中所蕴涵的真谛。

第一节　学生眼中的特岗教师

任何一位老师都是不同颜色的焰火，展现着光彩夺目的绚烂。但我认为在满天焰火中，最美丽、最耀眼的一定是性情淳朴的农村特岗老师！因为他们架起了山村的脊梁，托起了蓬勃的朝阳，他们的存在让我们清冷的小山村熠熠生辉。

学生与特岗教师天天生活在一起，他们眼中的特岗教师是怎样的呢？学生用他们自己的语言刻画了一个个鲜活的特岗教师形象。

幽默的“冯总”——

他是一位阅历不深教学经验却丰富的数学老师，“雷人”的发型下有一双敏锐的眼睛，虽不大，但仿佛能洞穿一切事物。他经常身穿西装，脚踏皮鞋，上课时左手拿着杯子，右手拿着课本徐徐而来。下课又扬长而去，格外潇洒。他个子不高，长得又十分滑稽，上课犹如“打仗”蹦蹦跳跳的，十句有八句在开玩笑，同学们在笑声中学习，源于喜欢，故都亲切地称他为“冯总”。

耐心的杨老师——

自己生性胆小，上课不敢发言。杨老师注意到了我，经常用那会说话的眼睛暗示我、提醒我、鼓励我。有一次还把我叫到了办公室，与我谈心、交流、打气。她说：“机会掌握在自己手中，勇敢些，讲错了也是一种收获呀！”……我在心里暗下决心：一定用一个全新的我去回报杨老师。

温馨的许老师——

课堂上生怕老师叫到我的名字，可老天就爱捉弄人，恰巧叫到我，我的心怦怦直跳，生怕回答错误，闹出笑话。可是“军令如山”，我不得不慢吞吞地站起来，吞吞吐吐地回答问题，声音比蚊子还小，只有我自己听得见。但老师并没有批评我，温柔地对我说：“回答得很正确，如果声音再大一点就更好了。”老师的话像暖流一般，流遍了全身……许老师就是这么一个和蔼可亲、善解人意的老师。

风趣的史老师——

有一次，我卷子上忘了写名字，于是我叫朋友帮我写。发卷子时，史老师盯着一张卷子思索了许久后，说道：“怎么还有这种名字。”然后报上了我的名字。我当时一下子就懵了，我的名字奇怪吗？拿下卷子一看，妈呀，糗大了——朋友把我的名字写成“献雨新”（鲜雨欣）。我低头转向老师：“老师，这名字写错了。”谁知，史老师却笑着说：“不，这名字挺有个性的，这种创新精神不错呀。”听到这话，我的脸刷地一下红了，那之后，我无论多忙，总是整整齐齐地将名字写在作业本或卷子上才交上去。

“糊涂”的魏老师——

……他托着下腮想了想，说了一句：“我也不会，你们其他同学有会写的吗？”这时，有一位同学大声笑道：“哈哈，老师你也不会写呀？”老师和蔼地说：“对呀？你会吗？”然后魏老师请他上黑板写出来。于是那位同学兴高采烈地上前拿了粉笔，在黑板上写了出来，结果他把那个“挖”字下面多加了一撇。魏老师给了他鼓励，并问大家：“他写对了吗？”全班同学都大声回答是对的，而我却发现是错的，于是大声说“错的”。魏老师就让我上前去写，我小跑着，兴奋着，认真地在黑板上写出了“挖”字后，我左瞧瞧右看看，认真端详了两秒钟，然后再回到座位。同学们对于谁对谁错,各有回答,争辩不下,魏老师大手一挥:“查字典!”当同学们验证了我写的是对的时,我在掌声中乐开了花。后来我才明白,魏老师并不是不会写,而是装糊涂,目的就是要让我们学会自己动手寻找答案。

“讨厌”的“郑老头”——

“郑老头”是我们给他取的绰号。一次在课堂上我由于感冒吐了,“郑老头”看见了就让两个同学铲了一些土把吐的污物处理掉。然后叫上两个同学一起把我送到医院,并帮我垫付了医药费。回家的第二天我就接到了他询问我病情的电话,我心里那个暖呀。病好后,一到学校我就拿着母亲给的钱往他办公室跑,还没等我开口,“郑老头”便问我的身体如何。我开心地说好很多了,并把皱巴巴的钱递给他。可是没想到他居然压根不收,说:“这是我帮你的,我知道你的家庭经济比较困难。”说完以后,“郑老头”就大步离开了。当时我很想说一句话来感谢“郑老头”,可是喉头哽咽,说不出口,任由泪水流……

“大度”的胡老师——

她,有一对弯弯的眉毛,眉毛下面镶嵌着一双会说话的眼睛,小巧的鼻子下面是一张出口成章的嘴巴。记得有一次临近期中考试,胡老师的嗓子嘶哑了,几乎发不出声音,可是她却一天都没有休息,仍然坚持为我们上好每一节课。但是,那次考试我们还是让她失望了……卷子发下来了,有很多同学都没有考好。出乎意料的是她没有发火,而是轻声地说:“没关系,继续努力,下次不要让我失望哦!”说完还继续为我们加油打气呢!

严肃而幽默的阿色老师——

因为他讲话很幽默,思维也比较活跃,所以我们都比较喜欢他的课。有一次写字课上,终于写到最后一个字了,阿色老师慢悠悠地说:“就剩一个‘龟’了,龟孙子的‘龟’了。”我们都哈哈大笑起来,阿色老师又正儿八经地说:“龟孙子在现在是骂人的话,大家可不能乱说哦!”那滑稽的表情和动作,现在想想都能让人捧腹大笑。

关心体贴的张老师——

她在学习上严格要求我们,在生活上关心我们。我们班有19名同学,为了使同学们全身心地投入到学习中,她利用休息时间走访了每个家庭,对每个孩子的家庭状况都了如指掌,以便及时给予我们关爱。张老师还会“察言观色”呢!每当有同学病了，不用同学说，她总是主动问同学怎么了，用药了吗。如果病情严重的，她还会亲自带同学就医，使同学的病得以及时治疗。一次我在玩耍时，不慎将手划破了，老师知道了，便急忙带我去医院处理。血止住了，看着贴上的创可贴，当时我心里暖暖的，特别幸福，为有这样一位要求严格、关心体贴我们的老师而自豪。

给我力量的王老师——

从前的我可谓是“胆小如鼠”，没有遇见王老师时，我想都不敢想我会代表班级参加演讲比赛，到现在成为学生会主席、校会主持人等，是王老师的笑容给了我无穷的力量：在我第一次演讲时老师那充满鼓励和信任的笑容让我将所有的紧张不安抛之脑后，顺利地完成并且突破了自我；在我因考试发挥失常情绪极其不稳定时，老师的一个笑容让我有了“从哪里跌倒就从哪里爬起来”的决心；在我获得荣誉时老师那为我喝彩的笑容，让我懂得了“先苦后甜，再接再厉”的真理。

感性的何老师——

那天，我们班在运动会上失利，天上飘着零星小雨，将原本彩色的世界冲刷成了黑白，想抬头让阳光温暖下我的内心，却发现心中的太阳早已不见。第一次见她流眼泪，便是那天。看到班上同学因为在运动会上失利而痛哭流涕时，她便抱着我们一起哭了。那个怀抱，像充电似的给了我们力量，给了我们温暖。纵使前面的路布满了荆棘，我们再也不曾害怕。

像蜜蜂的张老师——

“不论平地与山尖，无限风光尽被占。采得百花成蜜后，为谁辛苦为谁甜?”这就是我眼中的张老师，像一只辛勤的蜜蜂一样，无论刮风下雨，无论酷暑严寒，他都会站在三尺讲台上，亘古不变地向学生传播着人类知识的精华，为学生鼓劲儿，为学生喝彩。

多才多艺的青老师——

他不像是老师，有时是演员，或者来段脱口秀，有时客串一下歌手。刚上课时，他抛出了一个问题。结果，万籁俱静，大家都保持沉默，没有人能接下这一颗分量十足的“球”。我不禁偷乐：“哼，看你怎么办!”他略显尴尬，眼珠骨碌一转，紧皱的眉头瞬间舒展，挥手便是一句悠扬的唱腔：“我的心在等待，永远在等待……”全班顿时哄堂大笑，刚才的紧张气氛不复存在。在这热烈的氛围中，大家开始踊跃回答，不再怯场。

辛劳的苟老师——

苟老师的笑声是明朗的，步伐是轻捷的，课堂是妙趣横生的。记得有一次当我半夜起身上厕所的时候，蒙眬的眼睛竟然发现了一束光。全校一片寂静，包括操场也是一片漆黑，只有一处闪烁着微弱的光芒。我揉了揉蒙眬的睡眼，用手指数了数办公室的位置，那是苟老师的办公室啊！我内心已是不平静了。因为苟老师的身影在窗户上显得那样孤单又那样高大。出于习惯，看了手表，已是子时。

三朵特岗“姐妹花”——

“体育花”王老师，她身形挺拔，笑声爽朗，温柔又严厉，专教1—9年级体育。“数学花”罗老师，她是短小精悍的代表，别看她小小身躯，在课堂上的爆发力可是令人震慑。“语文花”邓老师，她的普通话超棒，声音犹如百灵鸟般优美动听，常常主持学校的各类大小活动。

视为一家人的赵老师——

天气转凉，许多同学的手上都长了冻疮，赵老师上课的时候，看到这些红红的手，紧皱着眉头：“这该如何是好?”几天后，赵老师给我们送来了冻疮膏。“难怪这几天晚上经常见老师在药店出没，原来是为了我们啊!”赵老师小心翼翼地给同学们上药，他轻轻地边揉边说着：“这几天要坚持擦药，少碰凉水，过几天就好了。”说完还露出了笑容。别的班的老师来了，故意说：“就这个差班，你值得吗?”赵老师只说了一句话：“我们是一家人!”听了这句话，我们心头一震，眼中都浸满了泪花……从那以后，我们班的数学成绩突飞猛进。

办法多多的程老师——

程老师总是能带我们做各种各样的游戏比赛。如夺红旗、背课文男女生比、做作业个人与个人比、值日组与组比……每一场比赛都让我们惊心动魄。每一次获胜都可以得到一面小红旗，为此，我们必须努力。小红旗象征着我们学习和劳动的汗水与收获。到期末，谁收获得多，谁将得到用卖废品的钱换来的奖品。这样一来，不仅唤起了我们对学习的热情，还锻炼我们合作、竞争的意识，更重要的是让我们的课堂更丰富，更有趣了。

能工巧匠的安老师——

为了我们能学得更好，安老师将练习册、卷子上重要的知识都剪裁下来，贴到一个笔记本上，以便翻阅。他让每一个人都这样做，这样既能收获知识，又能锻炼动手制作能力。安老师将他整理的笔记本给我们看了一下，大家都惊讶不已，因为几张小纸组合在一起，不仔细看，根本看不出断痕，真可谓“天衣无缝”。有些重要的知识，安老师还用红笔做了标记，笔记不全的，还用黑笔补全了。原本对此毫无兴趣的我们，立马动力十足地做了起来。

“真假”贾老师——

贾老师在自我介绍时，说自己姓“贾”，我们全班都笑了，说“贾”老师是个“假”老师。那时，贾老师也笑了，还忙说：“我不是‘假’老师，而是‘贾’老师。”然后在黑板上写了出来，我们这才明白过来。贾老师很敬业。她和所有老师一样，都希望我们有个好成绩。就算感冒了，嗓子哑了，仍然坚持戴着扩音器给我们讲课。我们班是个大班，批改作业是个难题，但贾老师从来没有少批改一本作业，特别是作文本，上面总是密密麻麻写满了评语。

亦师亦友的刘老师——

她一头乌黑的长发，白里泛红的脸蛋，水汪汪的大眼睛仿佛还能看透大家的心底，总是能猜到我们在想什么……课上，她微笑中透着严厉，让我们不敢懈怠；课下，她经常和我们一起做游戏，踢毽子、跳绳、打羽毛球，和我们一起组织元旦晚会，带着我们排练表演节目，办黑板报、手抄报，布置班级、寝室……

“幽默哈哈”的杨老师——

下课时，杨老师就变成了“幽默哈哈”，和同学们有说有笑。有一次我们班的笑话大王小陆与杨老师对讲笑话，看谁讲得最好笑。结果果然不出我所料，笑话大王小陆输给了我们的“幽默哈哈”。在杨老师讲的过程中，全班同学都笑翻了，就连班上最不喜欢笑的小李也笑翻了，他可是被称为“无笑之人”的呦！杨老师的笑话就好像能让我们笑的一味药，不管是谁，我想听了他的笑话，一定会笑的，不管是谁伤心了，难过了，“笑药”一来，就一定赶走烦恼了，因为杨老师本身就是一本《幽默哈哈》。

全心全意的周老师——

周老师任教两个班的数学，办公桌上每天堆满了试卷、作业本、练习册，还有小题单，可是周老师总能每天改完，并及时发给我们。我们都看在眼里，知道她为我们付出了许多。她还有一个九岁多的妹妹要照顾，但是为了我们这些学生，她放弃了与家人相处的最美好的时刻，将亲情暂时放在一旁，为了教育事业全心投入！学校许多教师调到外校或进城，而我们的周老师也有这样的机会，但是她放弃了。她不愿意离开这里，她曾在班委会会议上对我们说："我喜欢你们，我就在这里陪你们！"

舍己利人的庄老师——

夏季炎热的晚上，蚊子嗡嗡地躁动着，一起对我们发动进攻，扰得大家心神不宁。这时，他点燃蚊香，却把它放到教室中间，让我们"享受"。我们得到了清静，讲台上的庄老师却不时"啪"的一掌，拍下一个又一个殷红的血点……"不好好读书，还想一辈子待在山沟里吗？"尽管他经常这样"恐吓"我们，可他自己却从不嫌弃这里，陪伴着我们一路成长。

不辞辛劳的鲜老师——

当我们在休息的时候，她却在准备着下节课要讲的内容；当我们遇到不懂的问题时，即使她再忙，也会先给我们讲解，直到我们听懂了为止；当我们晚上睡觉时，她的办公室里，还亮着灯，她在那里认真地批改作业，直到深夜……渐渐地，由于日夜操劳，她的声音沙哑了，可还在坚持为我们讲课，声音尽量提到最高。

童话般的美术课堂——

在她的课上，我们仿佛进入了童话世界——湛蓝的天空，奇形怪状的建筑，飞翔的天鹅，水底的游鱼……李老师带着我们画遍了山水，带着我们在未来的世界里畅想，思绪从笔尖流动到纸上，变成图画映在墙上，变成笑容挂在我们的脸庞。

生动有趣的生物课堂——

起初我认为生物是一门毫无乐趣的学科，可李老师的课堂既生动又有趣。我们就像小孩经不住蛋糕的诱惑一样，忍不住去探究去学习。在课堂上，她的语言清晰，妙趣横生，声音响亮，和谐悦耳。每一个知识点都要给我们讲透，让我们细细咀嚼，明白其中的道理。有时我运用从生物课上学到的知识解读生活中的现象，对我很有启发。

"邻家哥哥"的智慧课堂——

一件蓝色衬衫，加上一副黑框眼镜，"好一个文质彬彬的书生啊"，这是我对他的第一印象。第一堂课，我是既紧张又期待，随着他的脚步声一步一步踩在我激动又紧张的心上，最终迎来了这个似邻家大哥哥般的数学老师。也许是年龄相差不大，我们很快地打成一片。他的数学课不是学生呆板、严肃、脑昏眼花的课堂，而是一种欢悦却又充满着智慧的课堂。

第二节 社会人士眼中的特岗教师

正值朝气蓬勃的青春岁月，他们选择了以大山作为青春的底色，用爱心和真诚点燃着乡村教育的希望，扎根在农村，谱写着青春的乐章。他们用激情和梦想诠释着青春的含义——甘于平凡，甘于清苦，甘于奉献。

一、学校领导眼中的特岗教师

挑起农村教育的大梁——

有这样一群平凡的乡村教师，他们潜心在那三尺讲台，展示着自己的才华，引领全校，辐射全乡，打造乡村教育的光环；有这样一群学生们心中的良师益友，他们和蔼的态度、亲切的话语、精湛的指导，构建出课堂的和谐，令学生敬佩、感动并受益；有这样一群普通的热血青年，他们深爱自己的事业胜过一切，默默无闻地倾情于宝台这片热土，让最美丽的青春年华在基础教育的最前线熊熊燃烧。他们就是宝台的特岗教师团队，他们来自祖国的五湖四海，毕业于不同的大专院校，经双向选择自愿到这里工作，被分配到宝台中心校，挑起一方教育的大梁。

一切为了留守学生——

“我爸妈要回来了！要回来了！今天下午到家！三年啦，终于回来了，他们走的时候我还在读小学……”看着面前兴奋的面孔，听着激动的言语，罗珊老师在班上进行了更为详细的摸底，她要弄清楚每个学生的住址、家里有几个人、离学校有多远、怎样到校、路上有没有河塘堰、父母的去向、家庭收入、家庭和睦状况……为每一位留守学生建立了个人档案。她利用班会、晚自习经常开展“一起过生日”“我的精彩故事会”“自己的事情自己做”“爸爸妈妈回家啦”“我给爸爸妈妈打电话”等各种各样的主题活动，来增强留守学生的自主学习、自主管理、自主生活、自我保护的能力，增强他们与亲人们的联系，增进他们之间的感情。

守望农村教育——

琼，来自富庶的成都市双流区，英语教育硕士毕业，她的父母养了她一个孩子，家境殷实，有一栋占地近千平方米的两层楼房。房前有一条500米的街，商铺林立，车水马龙，热闹非凡；房后有果园，树木繁茂，一片青翠，望去使人神清气爽，陶醉其间。她来我们学校时，有的老师不理解，认为太不值得了，就劝她不如回家摆个地摊，做个小买卖，或者干脆当个地地道道的农民，听着这些她只是淡淡地笑笑。一年过去了，她与学生情同姐妹（弟）；两年过去了，不少家长问起她；三年过去了，家长以孩子在她任教英语的班读书感到高兴。她不断探索新的教学方法，开拓英语教学新思路，使英语课堂精彩纷呈。2015 年，同为研究生学历的同事走进了她的生命，现在他们已有可爱的孩子了，她已深深扎根于她热爱的这片土地。

敢想敢为——

刘老师一直想给学校设计一个像模像样的大课间操，这需要学校大多数班级的配合以及大量的人力物力。然而，校长考虑到学校马上面临升学考试，犹豫不决。刘老师决定从个别班级入手，用新的做法，用实际的效果，逐步争取校长支持。接下来的一个月，刘老师组建运动队、教武术、编排集体舞……此时，学校的老师们也发现，新的校园活动让整个学校一改往日的沉闷单调，变得活泼欢快起来。三个月后，刘老师终于赢得了校长的信任，并负责起整个学校的大课间活动。

吃苦耐劳——

面对五年级语文教学和班主任工作，还有全校的美术教学工作，贾老师有过短暂的彷徨与迷茫，但她以初生牛犊不怕虎的勇气接受了如此繁重的教学任务。一周二十几节课对于一个纯粹的新手，确实是一个挑战，为此她付出了百分之二百的努力。为了上好每一节课，各种教学参考书、网上的优课视频、有多年教学经验的老教师就常常成了她的“教学顾问”。虽然每天都在忙碌中度过，但她却有着“新老师”的激情——“痛并快乐着”。不管学生基础如何薄弱，学习习惯如何不好，她从不放弃，总是尽心尽力，全力以赴，在学业上利用课余时间为学生补课，在思想上不厌其烦地引导学生教育学生，不让一个学生落下。她不光把教学搞得有声有色，在课外活动上也极大丰富了农村孩子的精神生活。在课下她俨然成了一个大孩子，经常和孩子们一起做游戏，打羽毛球、乒乓球，和同事一起组织元旦晚会、儿童节联欢会，带着孩子们排演节目、练写毛笔字、做手工，提升了整个学校的活力，给孩子们枯燥的校园生活带来了一些乐趣。

耐心十足——

班上有个男孩子的父母在外打工，年岁已高的爷爷奶奶在家照管他，与其说是照管，不如说是管够孩子的饱暖罢了。既是独生子女又是留守儿童，由于疏于管教，他跟其他小朋友相处不来，常常因为一些小事，不管三七二十一就自己跑掉了，让上课的老师非常担心他的安全。黎老师常常满校园找他，教学楼、厕所、操场甚至功能教室的角落等等，每一处细细找来，后来黎老师都找出了经验，都会先去可能性最大的地方找。每次把他找回来时，他坚决不回教室，这时，黎老师就会坐在那儿跟他慢慢谈心、讲道理，往往要花掉半个小时甚至一个小时，除了很有耐心地去开导他外，还对他特别地宽容。时间一天天过去，黎老师几乎每天都要放下手中的工作给他开导，给他讲道理，帮助他处理同学关系。后来他终于发生了细微的变化，这些都源于黎老师耐心的劝导、细心的处理，更有一份理解他人的心。黎老师不仅对学生耐心有加，在工作上也是兢兢业业，一丝不苟。不论是酷热的夏天，还是严寒的冬天，每天起得最早的是他，最后一个熄灯的也是他。

善于反思——

第一次测试的成绩给了她当头一棒。看着成绩册上那些鲜红的数字，肖老师的心都快碎了。为什么呢，平时的课她都认真撰写教案，每节课也尽全力上出最好的效果，可是学生考出的成绩却这么糟糕。她仔细地翻阅每一张试卷，并在本子上记录下哪些学生做错了哪些题。然后尝试着从学生的角度去思考这些题目，努力找出他们出错的原因，再根据分析设计讲评教案。与此同时，还对自己的教学方法进行了细致而深刻的反思和总结。她说，她当时的问题在于只重视上课效果，忽略了课后的巩固和练习，讲必须要和练相结合，只有在练习中运用所学知识才能加深理解和记忆。

二、同事眼中的特岗教师

好学、渴望成长——

到学校的第一学期，姚老师便接了七年级班主任和七年级数学、九年级化学的教学工作。这对于一个刚参加工作的新老师而言，其压力不言而喻。从那以后，其他老师的课堂上、刚建成的阅览室里、老教师的寝室里、教师办公室里……她学习的身影无处不在。她说："我没有经验，但我可以学习。"每天晚上，或教室里，或寝室里，总能听到她与学生讨论的声音。在一次获奖大会上，她这样说道："我想最快地成为一名合格的人民教师，对于我们刚参加工作的新老师而言，最欠缺的莫过于宝贵的教学经验，经验速成最好的方法就是向优秀的老教师请教，然后自己再用心、负责任地去实践……"她是这样做的，所以这样说的。没有豪言壮语，没有慷慨陈词，平时的点点滴滴汇成的一段发言却赢得了台下经久不息的掌声。

活泼、热情、大方——

薛，2012年考入我校，美术教育专业。她为人热情大方，工作积极主动，与学校每个老师都相处得很好，被大家推选为校工会主席。她每学期都会组织两到三次退休老师联谊会，积极主动地关心他们的生活，让他们感受到学校的温暖。同时，每月组织一次工会活动，通过全体老师的积极参与，更多地了解老师们在工作上和生活中的需求，把这些需求收集并反馈给学校。

认真执着——

鑫老师对教学工作从不怠慢，认真学习，勤于钻研，注重在实践中积极探索新的教学方式，潜心研究英语课堂教学，深刻领会新课改的理念；注重激发和培养学生学习英语的兴趣，自制教具，自编儿歌等，使学生在轻松、愉快的氛围中学习和运用语言，树立学习英语的自信心；注重形成性评价在英语教学中的运用，并能够及时总结经验，提高自己的教育教学水平。功夫不负有心人，鑫老师所带的七年级和六年级英语学科均取得全区第一名的好成绩。

无微不至的"妈妈"——

班上有位A同学，他成绩很好。有一次语文老师布置以"我的母亲"为题写一篇作文，A同学突然大哭起来，大家都觉得莫名其妙，语文老师也被震住了。李老师了解情况后将A同学叫到身边，手温柔地拍了拍他的小脑袋，开始了闲聊。当聊到妈妈的时候，小男孩的眼里噙满泪水。他说在自己两岁时妈妈就离家出走了，心里想妈妈。李老师语重心长地说："孩子，这是他们大人的选择。即使妈妈不在身边，她也是爱你的。可能由于各种原因妈妈暂时不能见到你，但是对你的爱是不变的。而且妈妈不在身边，你还有爷爷、奶奶和爸爸。他们也是爱你的，老师也是爱你的。如果生活中有什么困难和疑惑，老师都可以帮助你。以后就把我当你的妈妈吧。"听罢，小男孩泣不成声。从此以后，小男孩在学习上更勤奋，更努力，因为他觉得自己不能辜负那么多人的支持和爱。

能工善教家长——

曹老师班上有个男生叫王×，性格内向，从来不敢大声说话，但在大家眼中，他是一个幸运儿，因为他是班上唯一的非留守儿童。可他也很烦恼。有一次，王×的妈妈到校给他交校服款时见到他在玩，开口就叫他滚回教室，全然不管老师在场。还有一次收作业时，曹老师发现王×的语文书和书写本都有被撕和烧焦了的痕迹，而且王×的脸上还有被打的痕迹。于是她询问王×怎么回事，可是王×就是死活不说。后来下课了，她把王×叫到办公室再一次询问，还说打电话给他家长。此时，王×才道出实情。原来周末在家写作业时，妈妈看到他把汉字的笔顺写错，于是伸手拿过他的语文书和书写本就撕，继而又是烧，又是殴打，最后还罚跪。王×还说妈妈不让他告诉别人。得知事情的真相，她震惊了。这种行为明显地触犯了法律，曹老师意识到这件事情必须解决。随后了解到，王×的妈妈是外地人，属于80后，而他爸爸比他妈妈大十多岁，所以全家人都顺着她，但是她性子急，没有耐心，容易动手，对孩子的管教极其严格，动不动就是暴力。所以孩子很惧怕妈妈，甚至不敢正眼看她。了解到这些后，曹老师去王×家家访。在交流中，王×的妈妈告诉曹老师，她知道自己的行为是错的，打了孩子后，她也很心疼，但每次都忍不住……曹老师说："我相信你是疼孩子的，但你的方法不对，更不能家暴……"在随后的几个月，她多次到王×家，和王×的妈妈说应该怎样对待孩子的错误，也建议她上网查阅资料。后来，王×和她的妈妈经常手拉手回家……

"一部停不下来的机器"——

侯老师怀着对教育事业的无限忠诚和一腔热血，一直坚守在教育工作的第一线，清贫与奉献是她的本色，责任与使命是她的原则。在生活上，她默默无闻地奉献着，她像对待自己的孩子一样鼓励、鞭策和帮助着学生；在工作上，她又孜孜不倦地追求着……"一部停不下来的机器"，是侯老师的真实写照。她每天在校工作时间长达12个小时。常年超负荷工作使她本就瘦弱的身板儿更加弱不禁风，多次胆囊炎发作，晚上病痛而彻夜难眠，但她以顽强的毅力坦然面对病痛折磨，在病情稍有缓和的情况下，仍然带病坚持工作。

"不抛弃、不放弃"——

2012年，在父母的软磨硬泡下，郑兴琼老师参加了家乡成都双流县的教师招考，且顺利通过。郑兴琼老师回到了学校准备收拾衣物离开。她忽然看到孩子们从窗外投来的渴望的眼神，纠结和震撼中，她发现了这个世界上最让她舍不得、离不开的东西。面临人生中这个重要抉择，郑兴琼老师找到了德高望重的马洪德校长。马校长语重心长的话语让郑兴琼老师刻骨铭心："孩子，你很优秀，在哪里都可以实现自己的教育梦想，只是我们山区的孩子更需要你！”两年了，这里的一切都成了郑兴琼老师生命的一部分，马校长的一席倾心畅谈，使她更舍不得离开这片教育的热土。经过一番激烈的思想斗争，郑兴琼老师最终还是选择了“不抛弃、不放弃”，并决心通过自己的努力改变学校英语教育的面貌，实现自己教书育人的梦想。学校领导的真诚、同事的关怀、学生的期待让郑兴琼老师勇敢而快乐地留下了。

三、家长眼中的特岗教师

认真负责——

听女儿描述，薛海燕老师每次改作业，只要发现了问题，就会把学生叫过去，当面指导和讲解，或是在作业旁边的空白处批注一下，告诉学生做题时该注意什么、哪些知识点容易漏掉或疏忽、哪些知识点掌握得不牢靠或不透彻、哪些知识点还不能善于运用和转换，马虎、粗心大意的地方她也会一一纠正过来，并提醒下次不要再犯。对于一些重要的或是课外的新的知识点，她都会一一补充，并叫学生们在相应的地方做好笔记和知识梳理。她还根据每个学生的学习情况，给每个学生定了一个考试目标分，让每个学生明确自己的学习目标，从而增加学习的动力，慢慢地接近目标分，直至突破。薛老师不仅对学生的学习认真负责，严谨治学，还特别关心学生的生活。她认识的一位朋友想要资助一些勤奋好学但家境不太好的孩子，于是她就大力推荐我女儿，从而减轻了我们家的负担，这也是对我女儿学习的一种肯定和鼓励支持。在此，我由衷地感谢老师和资助人的帮助。

追梦人——

娇燕老师美丽动人，温婉如玉，宛如六月一股清凉。源于她是妹妹的班主任，在接下来的沟通中我们渐渐地熟悉了。因为我们同龄，所以很投缘。每到周末我来接妹妹时总要和她聊一会儿，于是我们渐渐地成了无话不谈的姐妹。曾私底下问过她，当时你妈妈同意你去农村做特岗教师吗？你是怎么说服他们的？你又是如何鼓起勇气做下这个决定的呢？她说走之前她和父母聊了很久，父母担心她在外吃不好穿不暖，不放心，她跟父母再三保证后，父母终究还是答应了。至于这个决定，她说在她的心里已经很久了，那里需要她，她想用自己的力量给那里的人们带去一些温暖。她看到我一脸的茫然，丢给我一个精美的日记本，说：“我们是好姐妹，这里有我的心路历程，也有你想要的答案，你带回去慢慢地看吧！”从日记中，我知道了这个普通人的故事，没有绚丽的画面，没有华丽的辞藻，有的只是一份平实的触动心的大爱。这就是我的朋友，在我的故乡挥洒青春的朋友。这就是我的同龄人，在偏远的山乡默默奉献、践行铮铮诺言，实现自己梦想的同龄人。

既教书又育人——

女儿从小由我母亲管着。由于常年不相见，女儿与我甚是生疏，对我恭敬得不像父女，似上下属关系。我为此苦恼过，努力过，但都没有好转。可是，前段时间女儿时常给我发短信问我一些问题，最近女儿竟每天给我打电话说心里话，这让我很是吃惊。在交流中探寻到原因：“班上来了一位新数学老师——玉屏老师，温柔，上课幽默生动而又不失严肃，最关键的是老师经常鼓励大家多问并且主动为同学讲解。在这种鼓励下有个别同学去试了试，发现讲解过程很轻松，同时又能弄清楚解题的思路，是一件两全其美的事。于是我鼓足勇气将自己以前所有不清楚、不明白的问题都问了个遍。渐渐地大家都很信服老师，喜欢找老师问问题，有时候能直接向老师说明疑惑的地方，让老师为我们拨开云雾，我们就会豁然开朗，好比‘山重水复疑无路，柳暗花明又一村’。”在这种其乐融融的学习环境中女儿也变得开朗起来，同时学习成绩也有所提高。女儿说：“我非常感谢老师对我的帮助，不仅仅是学习还有生活。有一次下雨，我穿得很少，下课时老师问我有没有带衣服，得知我没有多余的衣服，便立马让我打电话给奶奶，让奶奶送一些厚衣服，同时也询问其他同学有没有需要打电话的。”那一刻，女儿感到无比温暖，她说：“在学校除了几个要好的朋友，没人对我那么好过。”听到女儿说这番话，我心里更感动，也为女儿能遇到这样的好老师感到高兴。

严格要求学生——

孩子一直抵触学习，我说过，骂过，也打过，可什么用也没有，反而让他更叛逆了，慢慢地，我的心就淡了，他就那样了，已经无药可救了。在我快彻底放弃的时候，没想到他自己又开始学了，虽然成绩没见什么太大起色，但起码作业不要我再三督促了。虽然正确率不高，至少他做了。我心里有些安慰，却也纳闷：难道太阳从西边出来了？他懂事了？知道学了？谁知我和他一聊，只见他两眼一闭，咬牙切齿道：“那是被逼的！”他向我抱怨老师的严厉，说是“前无古人，后无来者”。她对听课、作业和就寝等都有诸多要求，而学生必须严格遵守，否则后果不堪设想。听着孩子的抱怨，我反而很高兴："哼，终于有人能管住你了！"过了一段时间，反而又听不到他的抱怨了，只是学习更努力了，成绩也有了提升。我问了他原因，他笑着告诉我："其实冯老师挺好的，对我们很好。"

注重习惯培养——

我的孩子今年刚上初一，他在生活和学习上有不少的毛病，比如说：懒惰、不爱学习、自控能力差、纪律差等。这些都让我们很头疼，我们跟他讲这些不良习惯应该改正，他总是充耳不闻。可是自从唐老师担任他们班的班主任后，他的不良习惯改掉了很多。唐老师很注重对孩子生活细节的培养，要求孩子们好的生活习惯从小事做起，从我做起。例如，要求孩子们每天起来叠被子，每天回家帮家长干家务，每天按时刷牙、按时睡觉，为父母打一盆洗脸水，为父母端来一杯热茶……这些，都为孩子带来了可喜的变化。以前我们费很多口舌孩子都不愿意去做的事，现在不需要我们安排，孩子会自觉完成。

治学严谨——

以前我的孩子计算能力很差，很简单的题目都会出错。她担任孩子们的数学老师以后，非常注重对学生的计算能力的培养。通过一段时间的计算能力专项训练，孩子们的数学计算能力大大提高了，计算题出错的次数显著下降了。同时，她还注重对学习差的同学的个别辅导，做到不优待优生，也不放弃差生。通过她的努力，班级学习气氛活跃了，学生的成绩有了显著提升。

让家长放心——

回想起三年前报名的那天，当我看到孩子的班主任是一位如同高中生一样年纪较小的老师，而且听说分班前十名有四个没有来，我和其他很多家长一样，把这个班定为了差班，找到学校领导要求换一个年纪较大点儿、有经验的老师，说实话对于我们家长来说都是望女成凤，望子成龙。但是当我看到李老师忙碌的身影，我不由得想年轻老师可能有年轻的好处，再说如果都换走了，李老师班上不就会少很多学生吗？怎么教呢？其他班又坐不下。后来我约着几个要好的家长，说服了那些准备给孩子转班的家长，孩子们留在了李老师班上就读。第一年我们都是抱着一颗怀疑的心看待李老师，但是当我们看到孩子们的学习习惯和态度逐渐转变的时候，我们彻底放心了。第一年期末考试后开家长会的时候，听到孩子骄傲地说他们班数学考了片区前三，我们当家长的心里乐开了花，庆幸当初选择了相信李老师。

有亲和力——

我的孩子，在进校的时候学习习惯一般，成绩更一般，在班上都排到了二十多名，属于勉强能够考上一般高中的那种学生。但是在欣蔓老师的带领下，这三年中她进步非常大，在放忙假、国庆这些长假的时候除了做家庭作业之外还帮我做一些家务活，如自己的衣服自己洗、帮我做好饭等，而且周末回家也不像以前一样总是看电视、打游戏，而是先主动地完成作业，偶尔看会儿电视。她的这些改变离不开欣蔓老师的教育和对她习惯的培养。最后她考上了重点中学，让我很意外。每次与她谈起学校里的事情，她总是说："我们欣蔓老师虽然很严格，但是她很幽默、很敬业、很有亲和力……"我想从孩子的举止中我感受到了她对欣蔓老师的喜欢和尊敬。

第三节　特岗教师本人的真情实感

冰心曾说："情在左，爱在右，走在生命的两旁，随时撒种，随时开花。"我们的特岗教师就是左手带情右手播爱，才让乡村的孩子们绽放笑脸，在自信中成长。

一、初来乍到：现实与梦想的差距

如梦初醒——

当我来到我日思夜想的学校时，眼前的情形却让我大吃一惊：梦里美丽的校园却是简单的校舍，梦里窗明几净的大教室却是狭小昏暗的老房子，梦里聪明礼貌的学生却是一群流着鼻涕甚至还尿裤子的孩子。每天下班，我在校园里走来走去，脑海里浮想联翩：低矮的院墙、生锈的栅栏，就这样将我摇曳生姿的青春围困？这难道就是我坚持选择的归宿吗？有段时间我有种想逃脱的感觉。可是想到孩子们渴望求知的眼神，我迟疑了，后来在校长和同事们的关照和鼓励下，我继续了我的特岗之路。

焦虑与恐惧——

我至今仍清楚地记得在县城教育局听到我被分到一个陌生的场镇时，我的眼泪喷涌而出，内心对这个陌生的地方充满了恐惧。报到那天，阳光照在脸上火辣辣地疼，坐着客车沿着一条泥巴路颠簸了近三个小时，终于到达了目的地。学校位于一条小河的旁边，这里不到五十米的街道，就是当地最繁华、最热闹的地方。一进校门，学校负责人就把我领到了我的寝室。寝室里面布满了蜘蛛网，三个字形容就是“脏、乱、差”，并且最恼火的是没有卫生间，上厕所的话要穿过操场和教学楼。我清楚地记得当天晚上我在被子里哭着睡着了，对自己的未来充满着不安与恐惧。第二天是报名的日子，我早早地起床来到教学楼，当我看到教室里摆放得整整齐齐的蓝色桌椅、整洁的讲台、干净的黑板时，我突然对即将登上讲台的日子有了憧憬。但是初为人师，在短暂的欣喜之后，焦虑与不安紧接着袭来。在这小小的三尺讲台上，我经历了人生的许多第一次。第一次面对孩子时，看到孩子们稚嫩的小脸，充满期待的眼神，自己竟然有点手足无措；第一次开家长会时，面对严肃的家长们，紧张地有些语无伦次；第一次上公开课时，担心到失眠以及上完后如释重负；第一次面对孩子们打架调皮和不完成作业时，自己的无奈与愤怒……虽然在一开始有太多的时候会彷徨、会自我怀疑，但在面对一个个质朴天真的孩子时，我就有了继续前行的力量。

迷茫中醒悟——

上班一个月，我的心思却没有完全放到工作上。国庆节假期里，和同学讨论到工作和考研时，她的想法和意见让我比刚开始更加矛盾了，但是一想到父母从我毕业时就一直担心我的就业问题，我又于心不忍。于是我暗暗下定决心：我不能再让家人为我着急，不能再让爸妈为我操心了。虽然我的梦想是通过考研留在大城市工作，但是现实就是现实，我必须得面对，加之当下处在严峻的就业环境中，既然很幸运地考上了特岗，就安心工作吧。日子是我想不到的艰辛，面对一群调皮的孩子，我曾后悔过自己的选择，曾想过放弃，无法驾驭那种对自己来说承载外的能力，所有的梦想在此刻只是一种无奈，我在煎熬中纠结，在痛苦中学会了成长。渐渐地我开始适应这种对我来说淡然的生活，适应那一方三尺讲台，适应那用粉笔书写梦想、用知识点燃希望的岁月。

阳光照耀潮湿的心——

现实跟我开了个一点都不幽默的玩笑，我尝到了前所未有的心理反差，我所想象的学校完全不是这个样子：正值新楼在建，学校俨然一个施工工地，机器沙石，哪有一点文化的气息？加上离家百里之外，更让我那心底一片潮湿。我突然有种想逃走的念头，可我没逃，这毕竟是我第一次成为老师，承载着我最初的梦啊！但我知道这个念头像个小魔鬼会随时跳出来，折磨我。刚到学校就接任八年级班主任，教八年级的数学和物理，我接的这个班是全校人数最多的班级，带着实习时的些许经验，我一路走一路默默探索。短暂而漫长的一个月过去了，我看到了学校把我从残酷拉回到美好。从与领导的谈心中，我看到了真诚；从与同事的相处中，我看到了友谊；从学生的求知中，我看到了渴望；从学校的发展中，我看到了未来。第一次参加学校的国庆联欢时，我彻底融入了那个欢乐的海洋。曾经那颗潮湿的心，也洒上了阳光，我知道属于我的那片阳光终究照进来了，因为打开窗，我看到了晴朗。

顽童让人心酸——

记得刚带一年级时，班上有个孩子来自单亲家庭，跟着奶奶生活。他上课从不听讲，总爱在课堂上捣乱。每次我走进教室，班里都是告状的声音，他又打人，又拿人东西，又撕人作业本……每天听着头都大了，我批评教育，苦心教导，总之这些在他身上毫无用处。那一年，他给我带来了许多麻烦。每次见到有家长来，我的心就"砰砰砰"，怕家长来"找茬"，都是因为他欺负别的小朋友。一次他在一个小个子的男生脸上抓了几道指痕，家长很不讲理地指责我是怎么管孩子的，孩子脸都花了我怎么不管，是怎么当老师的？说了很多不讲理的话。我又不能一天到晚跟着他们，孩子调皮是正常的事，四十个孩子我不能一天到晚观察他们的脸。我每天早出晚归，全身心都放在这些学生身上，看孩子晨读，督促孩子打扫卫生、上课，利用中午休息时间给孩子辅导。我委屈，心里酸酸的，眼泪稀里哗啦流成两条线。我问自己为啥？图啥？这就是我起初的梦想？我迷茫……

"无助"的校园生活——

当我踏进校园时，映入眼帘的几座破败的小瓦房，似摇摇欲坠，当然还是有两栋三四层的楼房，屹立于校园正中。几棵粗壮的梧桐树下满是枯枝败叶，花园里杂草丛生，这大概是一个暑假没人打扫的缘故吧！校园里空无一人，显得格外萧条，心中不免有些伤感。接待我们的张校长和程校长把我们安排在教师宿舍四楼，与其说是宿舍不如说是临时住所，房间里仅有一张床和一张桌子，房间还很紧缺，我和另一位女老师一起住一间，其余都得自己置办，没有水，只能到一楼提水，没有厕所，只能穿过操场上公厕。工作日还都习惯，可是一到周末，当地老师们都回家去了，学校食堂不做饭，我们要面对自己做饭、学校经常停水导致周末不能做饭也不能洗衣服、冬天没地方洗澡等问题，就剩下我们几个外地的特岗教师空守校园，那种无助，那种孤独，那种酸楚，顿时涌上心头。我多么想一走了之，我真的后悔了！当父母得知此事，大力反对："能找到这份工作是多么不易，是多少人羡慕不来的。别人能坚持下来，你为什么不能坚持呢？习惯就好了。"是啊，我真的要做一个不负责任的人吗？为何不把它当作一种磨炼呢？坚持坚持就挺过去了。

艰辛的生活环境——

眼前的一切与想象中的一切有很大的差距，心里不禁一阵寒颤，一股酸涩的感觉涌上心间。学校教师宿舍紧张，一个瓦房的老式四合院，我们四位新来老师住一间屋子，没有热水，只有两张木床和一些木质的旧桌子、凳子，让我想到了如周总理的办公室那般简朴，与之前的大学生活完全两样，最糟糕的是夏天洗澡也没有合适的地方。而且在乡村买东西也很不方便。不当场，吃个热饭都没有选择。那年，学校食堂还没有新建，依稀还记得那年的教师节，我们全校老师在操场上摆放几张四方木桌、几条木凳，炒几个家常小菜，坐在一起热闹了一下，就算欢迎新老师的到来，给老师们过节啦！

二、小牛试刀：实践与理想的奥秘

语无伦次——

按照学校的安排，我教七年级一个班的语文和两个年级的地理。刚上讲台，战战兢兢的，感到紧张，语无伦次。一节课的内容，15 分钟就讲完了，后面的 30 分钟不知该如何度过，学生感觉到了我的窘迫，让我手足无措。好不容易才熬到了下课，我第一时间写下了感受："什么时候才能退休啊？"为什么会那么紧张呢？因为我明白自己身上责任的重大，怕教不好他们，前辈们常说"有时候老师的一句话或是一个动作有可能会影响一个学生的一生"，我害怕自己的言行会有不当的地方，害怕某个知识点讲得不够准确，害怕自己的课堂学生们不感兴趣，害怕的太多了……以至于望着四十几个陌生的面孔，我差点儿忘了做自我介绍便径自翻开了课本，在全班同学诧异的表情下我好像突然意识到了什么，赶紧讲了一句并不怎么幽默的话活跃了一下气氛。那时候我才意识到自己准备得还是不够充分，虽然为了这一堂见面课我准备了整整一个下午加半个晚上。这一天接下来的课我便都让学生们上了自习，我想必须准备得非常充分才行，必须对学生负责。课后有热心帮助我的老师和领导，建议我多看课堂实录，多读经典教学设计。我花了一整天的空余时间看了余映潮、王君、肖培东等全国知名教师的课例与教学实录，认认真真地准备了一堂课，我真的从来没有想过语文课竟然可以这样从容而自由。

"阴霾"渐去"艳阳"来——

我总想让学生对我心悦诚服，总想着让学生把语文成绩提升到优秀水平，但这一切都止于"我想"，接踵而来的问题让我瞠目结舌：作业书写差到我必须要"考古"，满篇的错别字让我怀疑他们的年级，上课回答问题的水平犹如小学生。这几座大山狠狠地把我压在山底，这一切都让年轻气盛的我无法接受，于是师生之间的相处是不愉快的，毫无疑问，这样的老师让学生恐惧，处于胆怯的地步，何谈上课的踊跃发言？何谈轻松愉快的气氛呢？然而，此时的我丝毫没有意识到自己的错误，反而一直抱怨学生能力太差，什么都不懂，让学生和自己一直处于水深火热之中。本以为无计可施的我，有幸参加魏书生老师的座谈会，在那一堂课上，我豁然开朗，揭开了那一层让我"怨天尤人"的面纱，原来错误根源一直是我。在归途中，我深刻反省自己的错误，并思考了如何采取补救措施。回到校园，我马不停蹄地冲到教室，看着本来笑容满面的学生顿时凝结在脸上的笑容，我的心情也坠入深渊，当初的我是有多么不近人情呀？苦恼之时仍踏上讲台，露出了第一个抱歉的笑容，学生惊讶的表情，让我知道这一切还有挽救的机会。打破以往的僵局，我们平等的交流，让我有了意外的收获，看着纸条上不同的字体，却是同样的内容——"刘老师，我希望您能多笑笑"，我不禁悲从中来，不断地反省自己，为什么要让学生受到这样的心灵伤害。我一方面为自己感到羞愧，另一方面又为孩子们的大方感到欣慰，这就是我可爱的学生。从那以后，我遵守约定，这个教室迎来了"艳阳"，驱散了往日的"阴霾"。

"外行"也可以精彩——

我的天，我大学学的是音乐舞蹈专业，现在让我教语文学科，怎么办？什么都不懂，当时很茫然，在学校也一个人都不认识。最后只有上网查，只有加班加点学，补看有关小学语文教学的书，补如何当班主任，如何备课，如何上课，如何……终于功夫不负有心人，我在新教师达标课上得到了领导的认可。而往往这些努力只有在学生放了学，别人已经在休息的时候做，因为那时候没人吵你，可以安心工作到夜晚。有了这些努力，我才可以得到同事的赞扬、领导的赏识和学生的喜爱，更重要的是才能站稳这三尺讲台。

归顺的“小调皮”——

我也是农村的孩子，现在又回归农村，深知农村的孩子对外面广阔天地的向往与憧憬。我是他们的领路人，怎么做好这个领路人，我也感到困惑，我也茫然失措。尤其是第一次上课的情景令我刻骨铭心。我怀着忐忑不安的心情走进教室，学生们还在交头接耳，说说笑笑，随心所欲如同身在无人之境，我气愤于这群年少无知的孩子们，难道这就是“零零后”孩子的特点，连最起码的尊重都不懂吗？霎那间只觉得心跳加速，血脉偾张，肺都要气炸了，一种无名之火涌上心头，这是不知道多久之前的强烈感觉，被这群调皮学生激发出来了。我实在憋不住了，大吼一声，他们顷刻间安静了下来，都不约而同地看着我。我很随意地给他们唱了几句，他们好像被我的歌声震住了，我趁机对他们进行思想教育，教他们尊重和理解、同学之间的互相关爱、师生之间形成良师益友的关系，还讲了大学生活的丰富多彩。我侃侃而谈，他们听得津津有味。我觉得那个时候我可以自豪地说我是个老师啦，这节课也算是小有成效，我决定留下来当特岗教师，既来之，则安之。

失败的第一节课——

我打开数学书，天呀，“1、2、3、4、5”“1＋1＝2”“大于、小于和等于”，这么简单我该怎么教啊。我感觉半个小时我就可以把这本书给他们说完，要让我上一学期，怎么上？赶忙翻看教案，然后感觉自己像个傻子一样，跟着这群天真可爱的孩子，一起数1、2、3、4、5。他们声音好大，数完了又干什么？看图画。又带着他们一起看图画。丁零零下课铃响了，我赶忙冲出教室，不敢再看他们那天真的眼睛，里面装着满满的求知欲和崇拜感。我只想静静地坐着，不要让我上课。可是没有办法，学校的上课铃不合时宜地响起来了。我只好硬着头皮继续。第一节课，上得自己都不知所措，孩子眼里透露着茫然。前辈问我的感受，我只知道内心在颤抖，极度不安，怕耽误了我的小可爱成长。练习册一收起来，我就知道我的担心多么有必要。做得不如人意，他们不认识字，不知道写什么，听不懂我的话，改错也不知道怎么改，我感觉自己遭遇了人生的瓶颈。一个大学生来教一年级还教不来，想想都觉得尴尬。没办法，为了可爱的孩子们，抛开面子，向前辈请教：怎么上课，怎么教他们守规矩，怎么让他们思考……慢慢地，时间让他们成长，他们进步了，听得懂我的话，会认字，知道上课该怎么做，怎么写字，他们还会把好吃的分给我，会送很多自己做的小礼物给我，每天上课我都会收到许多的惊喜。每次听到他们叫"老师好"感觉好幸福，似乎得到了全世界。慢慢地，我很喜欢他们，喜欢跟他们玩，喜欢给他们上课，喜欢看到他们的成长，并且很荣幸能陪伴他们成长，同时也感受到了自己的成长和身上的责任。

困顿中实践——

九月一日正式参加农村教育工作，我被分配到了偏僻的农村中学。在工作的第一天，我看到小弟弟、小妹妹们活泼可爱、天真的笑脸，就想到了我的初中生活，老师每节课都拿着教鞭在我们的眼前挥动，感觉老师就是一个"神"，不听课就不能活似的。现在我也做老师了，我该按照什么方式上课？我想：老师是一个人，学生也是一个人，为什么学生必须在老师的压迫下去学习呢？学生为何不能自愿学习呢？在第一节课上，为了拉近与每一个学生的距离，我给学生讲了一些有关我自己的经历和我的教学方法等。可是我发现，在我的课堂上，越让学生说课堂越乱，有部分学生还敢和我顶撞，有一次气得我这个老师都哭了。那一刻，我悔呀，太后悔了，不该来农村，农村的孩子真的太难管理了！我不想做老师了，准备放弃特岗教师身份。我回到家给我的父母讲述我的苦处时，我爸妈说："做任何事情没有一帆风顺的，无论在哪儿工作都是这样。你好好反思下，出现这种现象的原因在哪儿呢？你和你的同事交流过你的心得吗？人生的路总会出现一些坎坷，我们慢慢来，方法总比困难多，相信自己，你能行！"从此以后我就不断地反思我的教学过程、学生管理方法；从反思中提升自我认识，吸取失败的教训；从同事那里借鉴先进的管理经验；不断学习管理知识等提高我的教学、管理水平。

三、人生彻悟：成长与向往的真谛

第一次公开课的启示——

大学毕业后，我在校外培训机构代过课，因此对讲台并不是很陌生，但是仍然很紧张，怕自己做不好。在学校领导和众多老师的帮助下，我渐渐地适应了新的教学环境。刚开始自以为凭着自己从前积累的经验应该能够胜任现在的工作，但是第一次讲公开课的时候就出现了许多的问题。这才发现有些知识点，有些教学技巧自己并没有把握好。幸运的是学校制定了对新教师的帮扶计划——让经验丰富的老教师和新教师结成"师徒"，实行一对一帮扶。当我遇到工作问题的时候，我的师父和学校里的其他老师非常尽心地帮助我解决问题，在选课、备课、上课等环节上给予指点。每次听完我的课，老师们都积极地给我评课，指出我的不足，让我在每次的讲课中都有所提高。我也非常积极地参与学校组织的听课评课活动，学习其他老师的长处，看他们在实际教学中如何上课、如何处理课堂中出现的问题、如何和学生交流，积累自己的教学经验。在一次次的讲课、评课、磨课的过程中，我也逐步成长起来。

简单背后的“复杂”——

记得刚踏上工作岗位时，学校为了让我们尽快地熟悉业务、完成角色转换，对我们青年教师进行了一系列的培训。初出茅庐的我觉得这种培训没什么意义，尤其是没有必要讲那些教育教学方面的理论，只要多提供几堂精彩的示范课，让我们模仿就可以了。因为初登讲台，不懂得什么教学方法，面对教材总是感到束手无策，不知道课堂上该讲什么、讲多少，所以特别希望老教师给一个明确的、具体的、能“立竿见影”的做法或模式让我们参照，甚至照搬，否则心里就没有底。这样做果然省劲，一切都不必费心，教材的处理、教学环节的设计、课后练习的安排等，一切都照老教师的去做，无从下手的困扰没有了，每天上完课回到办公室，感觉是那样的轻松，那时的我以为教学就这样简单、容易呢。可是，渐渐地我发现我的课堂缺乏活力、了无生趣，除了少数几个学生在比较认真地听讲之外，其他学生表现出很淡漠的样子。每当我提问的时候，下面几乎都是一片沉默。这样的教学效果当然不好，我十分沮丧却束手无策。再去听老教师的课，看到人家课堂上那热烈的气氛，活跃的场面，我感到不解：一样的知识，一样的讲解，为什么效果却差这么多？我曾经的一位导师对我说：“教师和教师不同，学生和学生也不一样，不同班级的学生，有不同的学习特点，再者，教学是一个互动的过程，需要教师根据具体情况加以变通和取舍。别人的教案和课例，只能作为一个参考，教学还是得有自己的东西啊。”一席话说得我茅塞顿开。

与“疯丫头”交流的顿悟——

班上有一个女孩叫小佳，成绩中等偏下，喜欢唱歌，是个典型的“疯丫头”，其他老师看见她都很头疼，我却不愿意放弃她。记得有一次上课，我一进教室就看见小佳趴在课桌上哭，我走过去俯下身问：“小佳，你怎么了，有人欺负你了？”她这才抬起头，用红红的眼睛看着我说：“老师，我没事，我可以上课。”看得我很心疼，可当着全班同学的面我却也不好再继续追问下去，只好开始上课。下课后我把小佳叫到我的寝室，我想找她谈谈心，帮她疏导一下。她来到我寝室后，我问她："小佳，你怎么了？""老师，我没事……老师，你是不是觉得我特别没用？"我一愣，看来这孩子自信心受挫了，我拉着她的手说："为什么这么说自己？"停顿了一下我又接着说："小佳，我觉得你为人热情大方，唱歌又好听，文章还写得特别好，怎么还能说自己没用呢？"她忍着泪水抬起头："老师，我真的有您说得这么好吗？我学习成绩一直都提不上去。"我这才发现，这个平常看起来大大咧咧的"疯丫头"，其实也只是一个敏感脆弱的孩子。我拍拍她的手说："小佳，永远不要低估自己的能力，如果你不努力，你永远不知道自己有多大的潜力。"这一刻我明白，我该传授给他们的不止是知识，还有做人的道理。

做个让孩子们信服的老师——

第二单元考试的前一天，我将电视里看到的益智问答游戏搬进了课堂。我将这一学期要考的知识点进行归纳，做了个总结。这节课，我充分地调动了孩子们学习的积极性，高潮一浪接着一浪，甚至，我都有些把控不住了。整堂课，收效很大，同时也让我很是感动和惊喜。看啊，曾经上课总是不专心、总爱做小动作的李丹、吴双、李洋……竟然争着抢着回答问题。小组里的第 3 号同学在黑板上"争分夺秒"书写第二单元生字时，台下同学热烈而激动的加油助威声充斥着我的鼓膜，我的眼里，这再不是那个自己只顾自己，犹如一盘散沙的班级了。游戏进入了"巧说句子"，需要糅合各式各样的句子。其中有一题，要求学生说一段话，要用上比喻、拟人修辞方法。苟磊说："春天到了，教室对面的桃花一簇紧接着一簇开放了，从树枝开到树梢。蝴蝶围绕着它们嬉戏玩耍，久久不愿离开，自由自在的小黄莺欢快地唱着歌儿。春天在哪里呀，春天在哪里？春天在那对面的桃林里……"全班响起雷鸣般的掌声。我也感到很是惊喜，苟磊将这一个月学到的课文糅合在句子里，更随性修改了《春天在哪里》这首歌，对于四年级的孩子来说，真是难得！这节课后，班上以前上课爱开小差的孩子不仅上课认真了，而且做作业也不再应付了事了。看着孩子们的进步，我打心眼里高兴。此后，我常常让他们自主学习、小组竞赛，屡试不爽。第三单元测评反馈成绩出来后，班里有十几个 65 分以上的（70 分满分），我买了一大罐糖果，让他们选择自己喜欢的口味拿，平均分上了 60 的小组，以及打败了对手的小组，也有不同的奖品。听到孩子们小声地议论"王老师是一个说到做到的老师”,我不由心里一惊,是啊,要让学生听自己的话,首先就要严格要求自己,说到做到,做个实诚的人,做个让孩子们信服的老师。

即兴“说句心里话”活动——

没想到第二天家长会时,几个突发情况让我陷入尴尬局面。首先就是按时参加的家长不到三分之二。后面我追问学生,得知:有些家长以家里干农活走不开为由,甚至还有家长说孩子成绩差不想来丢脸。本来我的第一反应是指责家长,但是看着孩子们满脸的无奈便觉得这个时候孩子更需要的是鼓励。于是微笑着让他们替代家长坐在座位上。接下来便开始和家长沟通会议的主题,大约十几分钟后,我感觉有些家长对我说的话无动于衷,甚至表现出不耐烦的神情,貌似想早点结束然后快点离开。我暗自琢磨不能让家长就这样回去,不然下次家长会参加的人就更少了,那么这次会议便毫无意义了。我又想起很多家长经常抱怨孩子大了不再像以前那么听话,开始叛逆了,许多学生也总是向我倾诉家长对自己的不理解,总是在自己耳边絮絮叨叨。我想这种现象主要是缺乏沟通造成的,那么现在不正好是一个相互沟通的好时机?于是加了一个说心里话的环节,马上让学生拿出纸笔写出最想对家长说的心里话,当然是匿名的,家长们此时也表现出了兴趣。由于时间关系,我从收集上来的纸条中选出了三张具有代表性的纸条让班上一个声音洪亮的学生大声读出来。第一张上写着:“爷爷,我希望您少打麻将,我有时候放学回家都没饭吃,况且自己煮饭会迟到的。”此时家长们都笑了,我看到在教室的一角一个老人不好意思地低下了头。第二张上写着:“亲爱的爸爸妈妈,我从小身体就不好,你们为我的病操碎了心,我只愿你们身体健康,我爱你们。”最后一张上写着:“妈妈,我以前是个任性的孩子经常要小孩子脾气,但是自从爸爸生病离开了我们,我再也不敢大声说话,我爱你和妹妹。”听完后所有家长都沉默了,坐在中间的一位中年妇女眼眶早已湿润,我的心顿时也被触动,此时面对大家的沉默我想大家都懂了些什么。最后,我作了些总结。会议结束后,家长们都带着孩子和我微笑着告别,并且表示以后一定按时参加家长会,此刻我也满意地笑了。

四、价值回望:收获与坚守的意蕴

一袋枯萎的折耳根——

下班回家后,我打开纸盒,里面有一袋折耳根但已经全部枯萎了,里面还有一封信,是小双的妈妈请人代写的,信里有这样一段话至今铭刻在我的心里:“梁老师,我以前只求孩子学好文化,并没奢求孩子回报什么。但从那次回来后,他却变了一个样,又是洗衣,又是做饭,还帮我们干活儿,晚上,他第一次给我们倒了一盆热腾腾的洗脚水。我高兴得哭了好几次。他能有这样的进步,真得谢谢您的教育!”那封信我读了一次又一次,每次都感动得热泪盈眶。后来我还了解到,小双来学校几天后才敢送来,所以,一袋新鲜的折耳根全枯萎了。可能你会认为这哪里是什么礼物?但我深深地知道,这不仅是礼物,而且是一颗纯洁无瑕的心呢!可能正因为这样,为了让这容易消失的特殊的礼物永远留存,我用手机把这一袋枯萎的折耳根拍了下来,永久珍藏在我的情感抽屉里。

畅谈我的梦想——

刚入校,我激动的心情像一匹脱缰的骏马,想着要驰骋万里。我被安排从事七年级的英语教学及三年级的班主任工作,这是两个差异比较大的学生群体。小学生的幼稚、天真可爱经常逗得我哭笑不得;初中生的机灵、调皮捣蛋也经常惹得我是嬉笑怒骂。渐渐地,我开始变得烦躁,不喜欢和孩子们打成一片,开始回味大学生活的丰富多彩,心中有了自己的新想法,有了动摇的念头。一次“畅谈我的梦想”班会主题活动让我彻底打消了这种念头。我先带领大家观看了一些关于名人介绍的小视频,然后让孩子们畅谈自己的梦想。孩子们顿时激情高涨,思考后争先恐后地举起了自己的小手,眼神里流露出了期盼的、急切的、想要分享的喜悦。几名学生纷纷分享了自己的理想,有的想当医生,有的想当飞行员,有的想当教师……,他们分别陈述了自己的理由。整个班会活动充满生机和活力,进入了白热化状态。就在这时,我顺着孩子们小手的缝隙觉察到了一位小女孩。小女孩举起了她的小手,她举得不高,但眼神里透露着希望,我立即把她叫了起来,把分享的机会给了她,让她分享,她的话让我至今铭记于心。她小心翼翼地站了起来,脸唰地一下红了,有些小害羞,我一边鼓励她,一边让其他同学给她加油。她颤巍巍地走上了讲台说:“我的梦想是有一个和睦完整的家庭,希望爸爸和妈妈能在一起,多照顾照顾爷爷奶奶的身体;还有一个梦想就是使我们村致富,希望我们村里的人们都能过上幸福的生活。”小女孩说完后,班上同学们的掌声隆隆响起,此时的我心中泛起了层层涟漪,小女孩的一席话触动了我的内心。这次班会活动结束后,我了解到小女孩是一个留守儿童,父母早已离异,现随爷爷奶奶一起生活,她的爷爷患有重病,她的学费主要靠她的父亲在外务工，挣点血汗钱。在这里和小女孩类似的还有很多很多，这里的孩子大多数都是留守儿童。我开始反思自己，并坚定了要坚守这方乡土的信心。

快乐是简单的——

留守孩子是农村学校最普遍的一个现象，我们学校全校200名学生，留守孩子已经达到80%。我任教的班级24名学生中就有20个留守孩子，他们中间有的超乎常人的懂事，有的内向得令人心疼，但更多的却是不上进、不爱完成家庭作业、上课不爱听讲的令人头疼的孩子。本该父母陪伴、引导的童年，却只能通过冰冷的手机来维持亲情的联系，一年中和父母呆在一起的短暂的时间成了他们最期待最珍贵但又最奢侈的梦想，有的孩子甚至已经忘记了几年不见一面的父母的样子。为了让这些孩子不会因为留守而失去平等的爱，我建立了我们班的第一个留守儿童之家，家长是我，成员是我所有的留守孩子。为了了解他们每一个人的性格和家庭，我为他们每个人建立了留守档案，哪个孩子的生日即将到来，哪个孩子的父母打电话的频率如何，哪个孩子有什么爱好特长，哪个孩子的监护人是谁，都被我摸查得一清二楚。生日到了，我会送上我制作的卡片，或者准备的笔筒、漫画书、书本，写上我的祝福和鼓励，或者集体开个生日会，来个意外的惊喜。为了让他们在委屈的时候、高兴的时候、想念父母的时候、郁闷的时候能够分享，我还设置了“知心姐姐信箱”，鼓励他们和我分享他们的心理。他们的私信，有的简短，有的长篇大论，有的幽默搞笑，有的反映了因为受到批评而失落。这些信件让我走进了他们的内心，缩短了我和他们的距离，也让我重新回到了自己的童年：会因为考试的失利而痛苦，会因为家长的不理解而失望，会因为同学无意的玩笑而生气，也会因为朋友的不理睬而敏感。感谢这些信件，是它们给我的教学生涯添上了色彩，也是它们教会了我，原来快乐就是如此简单。

大山的回馈——

我来自这片大山，是这片热土养育了我，我要为她做哪怕是一丁点事也好。我曾经也是众多留守学生中的一员，我知道作为留守学生心中的苦。现在我面对他们又体会到当年的感觉。初为人师的我没有别的优势与特长，有的只能是比别人多一份汗水、多一份勤劳、多一份努力，有的只能是比别人多一点用心、多一点细心、多一点关心，有的只能是比别人多一些思考、多一些改进。我希望自己实实在在地陪着孩子们，送他们走出大山，飞向更广阔的天空。更希望他们走出去后能回来，回到这片养育我们的热土，美化这片哺育我们的大山……

传情的“电话”——

作为班主任有很多工作在校内是完不成的，下班以后总是会接到许许多多家长打来的电话，有些电话甚至是在很晚的时候响起。我知道这不仅仅是一个电话，更是家长对孩子所倾注的关爱和对我的信任，所以我总是耐心地接听每位家长的电话，尽可能地让每位家长对学校的教育教学工作满意。家长把他们最最宝贝的孩子交给我们培养，这是对我们的极大信任。我又怎么能辜负他们，怎么能不投入全身心的爱给他们呢？最后，我借用一首小诗来表达我的心情：有一种态度叫享受，有一种感觉叫幸福；享受着教育幸福，就多了一双发现的眼睛；享受着教育幸福，就多了一份快乐的心情；享受着教育幸福，就多了一股创造的激情；享受着教育幸福，就多了一种生活的诗意。

U盘和笔记本的感动——

由于生病需要手术住进了医院，半个月只有家人，没有孩子们的琅琅读书声，没有他们顽皮的嬉戏打闹，只剩下伤口的疼痛和心里的失落以及对我们班四十五个孩子的牵挂。手术后第三天，杨校长和工会主席带着学校的慰问金和同事们的问候来到医院，走的时候留下一个U盘和一本笔记本。黑皮本子很大、很厚，翻开，看见了歪歪斜斜的字迹，“老师，你快点好起来！”“老师，早日康复！”“老师，我们想您了！”……一段一段地往下看，四十五个名字一个都不少，那一刻，我觉得我就是世界上最幸福的人！打开U盘，孩子们一张张稚气的脸上满是关切的神情，听着他们的问候和祝福的话语，听着孩子们为我唱的那首《每当我走过老师窗前》，眼泪止不住地流！半年后，回到学校，熟悉的老师还有孩子们，为了这份温暖，我又有了动力，继续开始了我辛勤的耕耘。我用“天生我材必有用”的思绪点化学困孩子心中的冰结；用“苦心人天不负，有志者事竟成”的古训呵护自卑者的心灵；用“长风破浪会有时”的激励扬起“小荷才露尖尖角”的风帆；更用“坚持到底就是胜利”的口号鼓荡所有学生的坚强毅力……俗话说得好：“醉后方知酒味浓，为师方知为师难。”但是只要拿出一颗真心来，让学生知道你心中有他，所做的一切都是为了他，学生就会和我们心心相通。

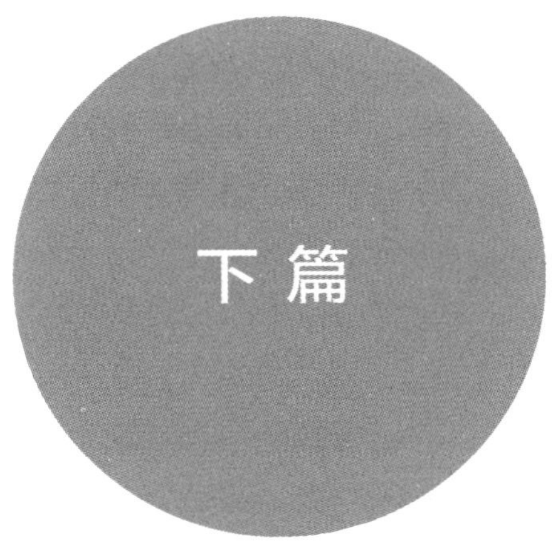

生态机制建构

第七章

农村特岗教师发展生态机制建构

特岗教师发展是一种以促进农村特岗教师发展为目的的生态化进程，需要充分发挥政府主导、教育部门主管、特岗教师自主、相关部门联动、社会参与的职责。特岗教师的发展并不仅仅指一种最终结果，更是一种动态的发展过程，其发展过程将贯穿于农村特岗教师的整个职业生涯。特岗教师的发展也是与其密切联系的生态环境相互作用的可持续发展过程，特岗教师在与周围生态环境不断相互作用过程中逐步提高水平。

第一节　农村特岗教师发展生态机制

农村特岗教师发展生态机制是一个复杂的动态机制，各构成要素之间存在着相互依存和相互制约的作用关系，各要素发挥各自功能，保障发挥“发动”功能，管理发挥“传动”功能，发展发挥“工作”功能，在不断的运行中进行物质、能量和信息的传导，以绿色、安全、自然、环保、富有生机为保障，以集约、节俭、约束、高效为价值取向，从而达到降低成本、高效管理，实现农村特岗教师持续、协调、稳定、健康发展。

一、基本内涵

（一）农村特岗教师发展生态机制是以绿色保障、集约管理和持续发展为要素，在农村特岗教师与环境及共同生活于环境中的各个个体间或种群间建立和谐共生关系的一种协同运行原理

如图7.1所示，农村特岗教师发展生态机制是由保障、管理和发展三个要素构成的一种运行方式。其中，用大圆表示整个生态机制由生物和环境构成的文化环境；三个小圆分别表示生态机制的保障、管理、发展三个要素，保障的状态是绿色，管理的状态是集约，发展的状态是持续；小圆之间两两相交，分别表示要素之间的共生、共融、共存关系，三个小圆的相交部分表示机制。

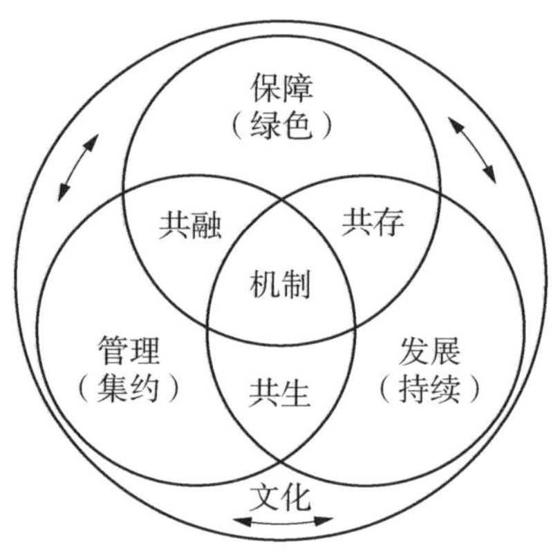

图7.1 农村特岗教师发展生态机制

（二）生态是一种新型关系形态

从生物学角度看，生态是指生物的生活状态，指生物在一定的自然环境下生存和发展的状态，也指生物的生理特性和生活习性。从社会学角度看，生态是指生物与环境及共同生活于环境中的各个个体间或种群间的种种关系。生物和环境是构成“生态”的基本要素。从这个角度说，生态不仅是指生物和环境之间的一种关系，也是指生物和环境的一种表现形态，更是指生物和环境之间的一种新型关系形态。它有别于以竞争为目的的关系形态，而是生物和环境、生物和生物、环境和环境之间的一种和谐共生的形态，它强调生物和环境及共同生活于环境中的各个个体间或种群间的共生、共融、共存。生态示意图如图7.2所示。

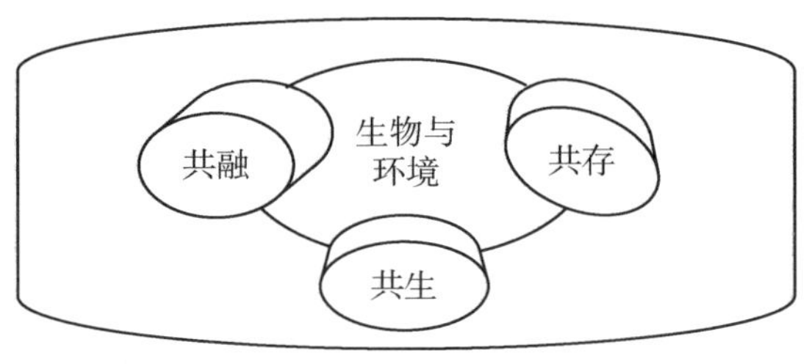

图 7.2　生态示意图

（三）生态机制是一种基于要素之间和谐关系的运行原理

机制原指机器的构造和工作原理。机器按照“发动”“传动”和“工作”运行方式把机器的各个不同性能的部分联系起来使机器得以工作，从而发挥机器的作用。类似地，机制也需要通过“发动”“传动”和“工作”方式把机制的各要素联系起来使其得以工作。进一步说，机制就是一种运行原理，是事物各个部分之间关系处于协调状态、能更好地发挥各部分作用的一种具体运行方式。机制传导示意图如图 7.3 所示。

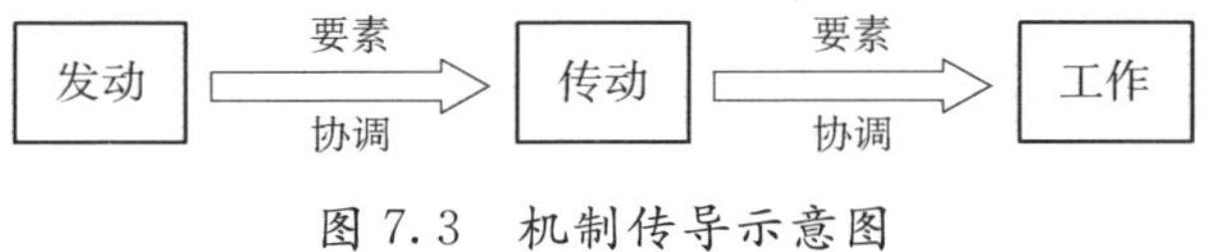

图 7.3　机制传导示意图

生态机制是一种基于生物和环境及共同生活于环境中的各个个体间或种群间的和谐关系的运行原理。和谐关系是生态机制存在的前提，要素之间要建立一种自然的、健康的、合规律的、相互支持的、互促互进的和谐关系，这种和谐关系体现在要素之间的共生、共融、共存。运行原理是生态机制的核心，这种运行能充分发挥各部分作用，有利于能量、物质和信息的交换。这就要求建立一种通过“发动”“传动”和“工作”方式把机制的各要素联系起来的具体运行方式。持续是生态机制存在的永恒状态，要素之间通过“发动”“传动”和“工作”方式使能量、物质和信息的交换始终处于持续状态，在这个过程中要素之间也始终处于和谐关系。生态机制示意图如图 7.4 所示。

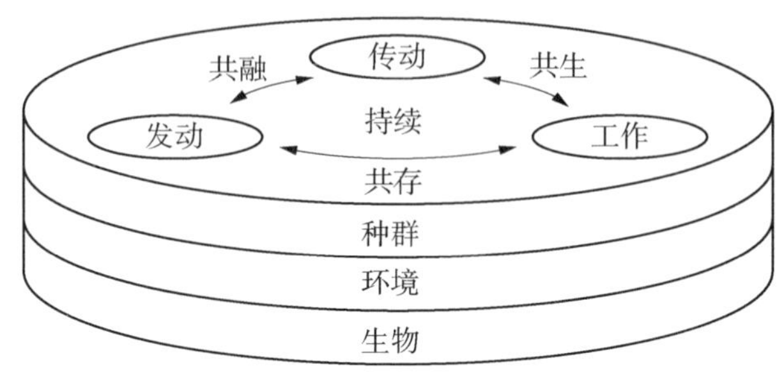

图 7.4 生态机制示意图

二、理论基础

（一）依据“中国传统文化的天人调谐思想”

中国传统文化的天人调谐思想是农村特岗教师发展生态机制的重要文化渊源。所谓天人调谐思想，即强调天人相统一，将人与自然的关系定位在一种积极的调谐关系上，不主张征服自然；强调人既不是大自然的主宰，也不是大自然的奴隶，而是大自然的朋友。其中，儒家强调仁者要热爱大自然，亲近大自然，把融入大自然视为最大的快乐、人生追求的最高志趣。儒家认为，天是包括四时运行、万物生长在内的自然界，天即自然界的功能，自然界是有生命的自然界，它本身就是生命整体。道家要求人要以尊重自然规律为最高准则，以崇尚自然、敬畏天地作为人生行为的基本皈依。道家认为，天、地、人“本是同根生”，要“知常”“知和”“知止”“知足”。佛教主张只有公平地对待所有生命及其权利，才能建立真正合理的生态平衡观，才能彻底有效地改善生态环境。

（二）依据“马克思主义生态哲学理论”

生态哲学是用生态系统的观点和方法研究人类社会与自然环境之间的相互关系及其普遍规律的科学。当代主客观一体化的生态哲学启始于马克思主义思想。马克思主义生态哲学理论十分强调人与自然的相互依存，其主题是人与自然环境的辩证统一关系。

三、基本内容

农村特岗教师发展生态机制观确立了三种观点，探明了三大要素，明确了三种关系，凸显了四个特性，实现了三种价值。

（一）确立了三种观点

1. 绿色保障观

农村特岗教师发展生态机制观认为：农村特岗教师与其所依赖的生态环境之间通过绿色保障、集约管理和持续发展，实现物质循环、能量转换和信息传递，从而构成了一个动态的、复合的、有机的统一体。农村特岗教师的发展并不是封闭的、孤立的和静止的，而是客观地存在于一个整体联系的、多元化的生态环境之中，农村特岗教师必须与其生态环境不断进行物质、能量和信息的交流和传递，才能维持其发展的顺利延续。农村特岗教师的发展是一个动态的、复合的生态体系，它与学校、社会构成一个相互联系、相互影响的更大的生态体系。农村特岗教师要实现自身发展，自始至终都不能独善其身，需要与学校、社会一同建构起一个动态的、复合的、有机的统一体。在农村特岗教师与其生态环境相互作用的过程中，随着外界环境的变化，农村特岗教师发展也是一个动态的、开放的生态变化演进过程；农村特岗教师唯有在绿色保障、集约管理的支持下，不断适应生态环境的变化，不断与其所处生态环境进行物质、信息和能量的传递和交流，才能维持环境内外的生态平衡。

2. 集约管理观

农村特岗教师发展生态机制观主张：农村特岗教师发展需要建构一个“政府主导、教育部门主管、教师自主、部门联动、社会参与”的协同进化机制。

农村特岗教师发展并不是独立于环境、系统之外，而是农村特岗教师个体与环境之间形成自然的、健康的、合规律的、相互支持的、互促互进的、和谐共生的关系。农村特岗教师发展是一种以促进农村特岗教师发展为目的的生态化进程。农村特岗教师在与其周围生态环境协同进化、相互联系和作用的过程中，积极开放地与外界环境进行物质流、能量流和信息流的交换和传递，以不断提高发展水平。因此，农村特岗教师发展生态机制观主张，在“政府、教育部门、特岗教师个体或群体、相关部门、社会”之间建立一个协同进化机制，充分发挥政府主导、教育部门主管、特岗教师自主、相关部门联动、社会参与的职责。农村特岗教师的发展并不仅仅指一种最终结果，更是一种动态的发展过程，其发展过程将贯穿于农村特岗教师的整个职业生涯。农村特岗教师的发展也是与其密切联系的生态环境相互作用的可持续发展过程，农村特岗教师在与周围生态环境不断相互作用过程中逐步提高水平。

3. 持续发展观

农村特岗教师发展生态机制观强调：促进农村特岗教师持续发展、生态发展既是目标，也是理想，同时还是理念，要求农村特岗教师与他人、与外部环境之间能够建立一种内在的和谐关系，正确处理自己与自然、与他人以及自我身心的关系，实现自然生态平衡协调、社会生态和谐有序、人自由而全面的发展，最终达成人的自然属性、社会属性和精神属性的完美统一。

生态学视角下的农村特岗教师发展摒弃了人的发展目标的传统定位方式，从关注发展结果向更为关注发展过程转变，从关注实践向更为关注理念转变。它实现了农村特岗教师的发展全面性与协调性的统一、创新性与可持续性的统一、竞争与和谐的统一、自然性与社会性的统一。因此，生态机制下的农村特岗教师具有全面性、协调性、创新性与可持续性的特点。这就要求解决农村特岗教师发展过程中的各种矛盾，以实现农村特岗教师的身心全面发展和可持续发展。既要求农村特岗教师的个性全面自由地发展，综合素质全面提高，精神世界不断充实；又要建立优化的自然生态和社会生态，为农村特岗教师的全面发展提供最优的环境。农村特岗教师发展生态机制要建立一种自然、和谐、开放、创造的新型运行方式，重视和突出农村特岗教师这一主体，把整个过程看成一个有机的生态整体，形成农村特岗教师发展的生态链和生态区，实现自然生态平衡协调、社会生态和谐有序、农村特岗教师自由而全面的发展，最终达成农村特岗教师的自然属性、社会属性和精神属性的完美统一。

（二）探明了三大要素

事物各部分的存在是机制存在的前提。为了探明农村特岗教师发展生态机制的各个构成要素及其功能，有必要阐述农村特岗教师发展生态机制的核心要素。具体而言，农村特岗教师发展生态机制主要由以下三个要素构成。

1. 保障

保障指的是能“发动”农村特岗教师发展生态机制得以运行的部分。既包括农村特岗教师赖以生存的生态环境保障，也包括支持农村特岗教师发展的政策保障；既包括能让农村特岗教师“留得住”的待遇保障，也包括能让农村特岗教师“长得高”的培训保障；既包括确保农村特岗教师“不愁吃”的生活保障，也包括确保农村特岗教师“不愁住”的住房保障。这里的保障特征是“绿色”，也就是保障农村特岗教师发展必须安全、自然、环保、富有生机。

2. 管理

管理指的是能“传动”农村特岗教师发展生态机制得以运行的部分。既包括农村特岗教师的组织管理，也包括农村特岗教师的制度管理；既包括农村特岗教师的入职与退出的结果管理，也包括农村特岗教师发展的过程管理；既包括农村特岗教师群体的教育行政管理，也包括农村特岗教师个体的专业发展管理；既包括农村特岗教师与其他群体的关系管理，也包括农村特岗教师的心理管理。这里的管理特征是“集约”，也就是在农村特岗教师管理中以节俭、约束、高效为价值取向，从而达到降低成本、高效管理，促进农村特岗教师持续发展。

3. 发展

发展指的是农村特岗教师发展生态机制中的“工作”部分。既包括农村特岗教师群体的发展，也包括农村特岗教师个体的发展；既包括农村特岗教师对教育事业的理想、情操和愿景等的发展，也包括农村特岗教师涉及师德、素养等专业的发展；既包括农村特岗教师对教育事业认同度提升的发展，也包括学生乃至家长对农村特岗教师本人认可的发展；既包括农村特岗教师自身教育教学水平提升的发展，也包括农村特岗教师的影响力增强的发展。这里的发展特征是“持续”，也就是在农村特岗教师发展中坚持协调、稳定、健康的原则。

（三）明确了三种关系

总体来看，农村特岗教师发展生态机制是一个复杂的动态机制，各构成要素之间存在着相互依存和相互制约的作用关系（如图 7.5 所示）。

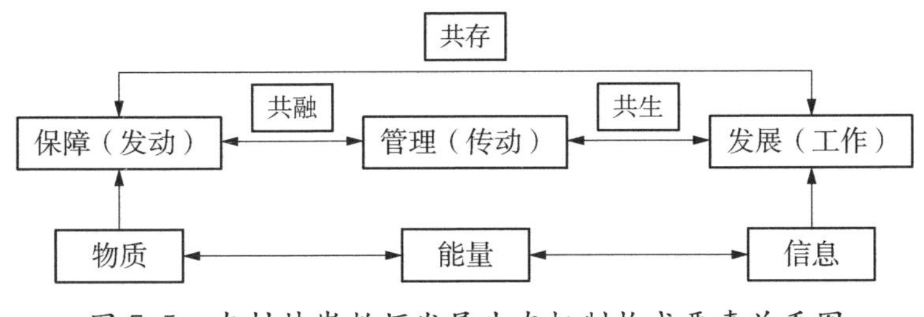

图 7.5　农村特岗教师发展生态机制构成要素关系图

在农村特岗教师发展生态机制中,各构成要素间的作用并非单向的,它们之间始终存在着双向和多向的相互作用。“保障、管理、发展”三要素发挥各自功能,在不断的运行中进行物质、能量和信息的传导;保障与管理处于共融关系,管理与发展处于共生关系,保障与发展处于共存关系。

在农村特岗教师发展生态机制的建立和发展过程中,各要素之间的结构组合关系决定了农村特岗教师发展生态机制的整体功能。也就是说,如果将农村特岗教师发展生态机制看作一个矛盾体,那么矛盾的主要方面的特征决定了生态机制的整体功能。具体而言,在农村特岗教师发展生态机制内部,起主要作用的因素决定了生态机制的整体功能。生态机制内所有的要素都可以看作运行的潜在动力,它们之间相互作用的方向和力量对比决定了农村特岗教师发展生态机制的整体运行效果。要素之间的协调关系处理好了,就能够给运行带来持续不断的动力。反之,协调不好,任何一个微小的细节都可能成为运行的阻力。

(四) 凸显了四个特性

农村特岗教师发展生态机制由保障、管理及发展三大要素构成,它们之间的相互作用关系构成农村特岗教师发展生态机制的结构。从整体上看,农村特岗教师发展生态机制结构具有以下四个特性。

1. 整体性

生态机制的特征决定了农村特岗教师发展生态机制的构建是一项复杂的系统工程。因为各类机制的运行与完善不是孤立的,也不能简单地以“1+1=2”的思路来解决,所以不同层次、不同侧面必须互相呼应、相互补充,这样整合起来才能发挥作用。在重视农村特岗教师发展生态机制各个要素的功能及其相互作用的同时,不能忽视生态机制是处在不断变化发展中的社会现实,是涉及诸多因素的动态过程,是一个“过程系统”,即“多种过程组成的系统”。

2. 关联性

农村特岗教师发展生态机制是以绿色保障、集约管理和持续发展为要素,在农村特岗教师与环境及共同生活于环境中的各个个体间或种群间建立和谐共生关系的一种协同运行原理。因此,它的存在是一个极其复杂的网络,不仅包括每一要素内部接通各个组成因素间的信息并使之运行的机制,还包括接通要素与要素之间以及各层次之间的信息并使之运行的机制。而“这许多具有不同特性的机制有如人的中枢神经与其他部分神经一样，紧密连接，互相配合，其中任何一个要素或子系统机制的变化，都会引起其他要素和子系统机制的连锁式的反应”。

3. 回归性

农村特岗教师发展生态机制的回归性表现为其运行是一个由多个回路组成的循环机制。无论是各要素的运行机制，还是整个农村特岗教师发展生态机制的运行机制，都是具有反馈性的双向作用的机制。即，它从出发点开始，经过一个连续运行的过程，最后在其终点上，将其运行的结果和过程的状况又返回到出发点。运行机制走完一个循环之后，在运行机制主体的作用下，经过一番扬弃和更新，又开始新的运行，如此循环往复。

4. 动态性

农村特岗教师发展生态机制的动态性表现为它是一个开放的动态机制。一方面，机制内部的各要素之间相互联系，构成一个循环往复、周而复始的机制运行网络，从而带动整个生态机制不停地运转。除非生态机制中某一要素和环节遭到严重破坏，否则这种机制运行的动态连续性是不会终止的。另一方面，农村特岗教师发展生态机制不断在和外界环境进行着信息交流，这种交流也促进生态机制不断地自我调整和完善。

(五) 实现了三种价值

1. 实践价值

通过构建农村特岗教师发展生态机制，不仅为探寻农村特岗教师发展路径提供参考，也为探寻农村教师发展、农村教育出路提供参考。

2. 社会价值

农村特岗教师发展生态机制以生态环境为绿色保障，对城乡一体化发展、“三农”(农业、农村、农民)问题的回应，为社会解决当前热点、难点问题提供了一种思路。

3. 学术价值

“生态环境与绿色保障”“协同机制与集约管理”“和谐统一与持续发展”等理念，既是一种文化继承，也是一种理念创新，为学界研究农村特岗教师发展提供了一种思路。

第二节 农村特岗教师发展生态机制运行方案

农村特岗教师发展生态机制要建立、健全富有生机、活力的“三大保障”(政策、招考、待遇),充分发挥政策导向的功能;在农村特岗教师的生存引导、心理干预和考核评价等方面实行集约化管理,充分发挥教育管理的作用;紧盯农村特岗教师的事业定向、专业发展和价值提升,促进农村特岗教师协调、稳定、健康地发展。

一、在绿色保障上做文章,让农村特岗教师“留得住”

农村特岗教师发展生态机制要建立、健全富有生机、活力的“三大保障”(政策、招考、待遇),充分发挥政策导向的功能,让农村特岗教师“留得住”。

(一) 强化政策支持,让特设岗位有吸引力

研究表明,社会地位关乎农村特岗教师队伍的稳定和可持续发展。保障农村特岗教师的社会地位需要进一步充分发挥政策效益和创新效应。

1. 适时完善政策,突出目标指向

考虑到当前乃至相当长一段时间我国农村义务教育阶段学校尤其是偏远学校对高质量师资的需求依然很大,“特岗计划”政策不但不能终止,反而要扩大其受惠范围。国家需要认真总结各地“特岗计划”实施的经验和教训,改进并调整原有政策中的诸如“相对集中,成组配置”“侧重初中,兼顾小学”等一些不适应当前情况的原则与方法,在此基础上,制定具有国家意义的《特岗教师管理办法》,从国家层面规范特岗教师的职责与义务、管理与考核、待遇及政策保障、奖励与处分等,进一步全面保障农村特岗教师的地位和待遇,增强农村特岗教师岗位的吸引力,提高农村特岗教师队伍的稳定性。针对地方政府执行现有政策“变通走样”和要求政策配套而未配套的问题,中央和省级政府要加强督查,确保特岗教师的各项政策落地。

2. 强化省级统筹,优化配置结构

中央财政对贫困地区农村义务教育师资队伍建设的支持,并不影响地方教育行政部门对教师补充与管理工作的权利与责任。为进一步强化省级统筹协调力度,省级政府在每个周期(比如:规定三年为一个周期)结束后要认真核查全省贫困地区农村义务教育教师队伍的总量与缺口,核定县级财政力量暂时不足以承担教

师队伍补充费用的贫困地区及其特岗教师需求量，督促县级教育部门强化事业单位编制观念及责任，从农村教育的客观现实出发，按需配置，切实改进农村教师数量不足、学科结构失衡、年龄结构失衡的严重问题。

3. 推行弹性服务，激发发展活力

根据美国行为科学家弗雷德里克·赫茨伯格(Fredrick Herzberg)的双因素激励理论，所有特岗教师都必须服务满三年才能转为正式教师，这是维持性因素，不利于激发农村特岗教师的工作热情。可推行二至五年弹性服务期制度，即：对综合考核结果为优秀且愿意留任的农村特岗教师，可提前一年转为正式教师；对考核结果为合格且愿意留任的农村特岗教师，实行严格的三年服务期制度；对考核结果为不合格的，要延长其服务期。这种弹性服务期制度，有利于激发农村特岗教师的积极性、主动性和创造性，形成农村特岗教师之间的竞争局面。

4. 建立荣誉制度，强化价值认同

“尊重需求”和“自我实现需求”是马斯洛需求层次理论的重要内容。农村特岗教师需要得到“尊重”和“自我实现”。可建立服务期内农村特岗教师职称评定制度，结合农村教育发展实际，充分考虑农村特岗教师职业特点，制定科学、合理、可行的农村特岗教师职称评定运行机制，让农村特岗教师在这一方面也能享受和正式教师一样的待遇。同时，建立“农村特岗教师荣誉制度”，对服务期届满且考核结果为合格以上等级的农村特岗教师，颁发“农村特岗教师荣誉证书”，并通过隆重的表彰仪式，营造全社会尊重农村特岗教师的浓厚氛围，让农村特岗教师感受到全社会的尊重。

(二) 拓展招考渠道，让有志者“来得了”

实践证明，规范、有针对性的招考选用机制，既是农村特岗教师队伍稳定的保证，也有利于我国形成新的农村教师补充机制。

1. 坚持公平选用，保证选用质量

目前，农村教师补充已形成“国家标准，省级招考，县级聘录，学校使用；公开，公平，自愿，择优；按需设岗，按需报计划，按县级财政和编制可容量设岗”的机制，该机制的优势在于提升教师补充机制的监控层面，在更大范围内进行人才聚集与挑选工作，保证招考工作的公开、公正、公平，有力规避了低层级实施教师补充工作可能存在的各种人为干扰，确保了农村义务教育阶段学校教师队伍的整体质量。

所以，要继续坚持公平选用的成功做法，保证选用人才的质量。

2. 完善招考政策，优化选用结构

进一步规范招聘程序，择优录取，吸引有志于从教、乐于从教、适合从教的优秀人才充实到农村教师队伍。针对条件艰苦的农村边远学校教师“两难”（派进难、留住难）的现实，探索实施定向招聘，即：面向本乡本土的大学毕业生招聘特岗教师，教育管理部门和毕业生本人签订合同，一旦应聘必须至少在该学校或教学点服务一定年限，服务期满后可以续签或到其他学校任教；也可从特岗教师中二次选聘。调查显示，绝大多数特岗教师在三年服务期满后都会选择离开，但也有部分特岗教师选择留下，他们有的是在农村任教中与当地的孩子、家长建立了感情，不舍离去，有的是看到农村的艰苦与落后，激发了内心的责任感，可在他们中间直接选聘农村教师，使有志于农村教育事业的特岗教师能够有政策依据、名正言顺留下来，为偏远地区农村教育事业作贡献。这些主动选择留下来的教师，往往都带着极大的工作热情，有一定的才华，愿意付出，他们数量虽然不多，但补充到农村中小学教师队伍中，能够极大地改善农村教师队伍结构，迅速提高当地的教育质量，并很快能够成为骨干教师。

3. 注重服务引导，降低离职风险

“特岗计划”的最终目标是为农村教育事业提供更多优秀的接班人，目前城乡差距的客观存在是优秀人才不愿主动选择农村学校的根本原因。为了实现“特岗计划”的既定目标，通过招募过程的引导可以在一定程度上增强被聘特岗教师服务农村教育的意识，这有利于降低特岗教师主动离岗的可能性，提高国家政策投入的实效。因此，在招聘特岗教师的过程中，招募者可以在对应聘者专业水平进行测试的基础上，告知应聘者其工作环境的艰苦性和工作任务的艰巨性，使其对今后的工作和生活条件有大概的预期，以作为其最终选择的参考。

4. 建立约束制度，引导诚信服务

调查显示，目前虽然特岗教师入职前与相关部门签订了合同或协议，但这些合同或协议在实践中对特岗教师的约束效果却不太好。为提高特岗教师的保留率，降低随意离职率，可以建立特岗教师诚信档案，对服务期未满离职的，把其记录到诚信档案中。

（三）提升待遇水平，让特岗教师“留得住”

调查显示，工资福利待遇的高低在一定程度上既是农村特岗教师社会地位高低的体现，也是影响农村特岗教师岗位吸引力的重要因素。

1. 加大经费投入，全额保障工资

当前，农村特岗教师的保障机制不够充分，在财政困难的县（市、区）存在除中央和省级政府支付外无力支付的问题，也存在服务期满后地方财政无法保障工资的问题。对此，国家全额保障特岗教师工资待遇，建立综合反映地区社会经济发展水平、地理位置、物价水平以及消费水平等实际情况的特岗教师工资制度，对财力有困难的地区通过中央财政全额支付或加强省级统筹等办法，做到按时、足额发放特岗教师工资，确保其工资水平不低于相同工作年限的正式教师的工资水平；在财政预算中落实特岗教师津补贴，保证特岗教师与正式教师同工同酬；在医疗保险、养老保险、住房公积金等社会保障措施方面，对特岗教师与当地公务员一视同仁；延长对特岗教师工资的转移支付年限，或设立特岗教师专项资金，保障其在三年聘用期结束后仍然能够享受到国家特岗教师工资政策。

2. 建立激励机制，全程吸引人才

条件艰苦、边远的农村学校最难留住教师，如何让其主动、自愿“留下来”？实施“农村新教师国家激励计划”，充分考虑农村社会环境与农村教育环境的双重状况，在工资待遇、评优评先、职称晋升和进修培训等方面给予农村教师以差异性激励支持，并把所属区域的特岗教师纳入，以增强不同艰苦条件下农村教师岗位的社会竞争力和职业吸引力。并对三年服务期满主动留下来或自愿调任边远农村学校任教的教师优先晋级加薪，以资鼓励。

3. 设立奖励基金，全力提高薪酬

对在不同自然条件、不同工作环境、不同艰苦程度下工作的农村教师，实行不同的薪酬待遇。设立农村教师奖励专项基金，通过政府拨款、社会资助等多种途径筹集资金，直接用于农村、边远贫困地区的教师奖励，或定期表彰和奖励乐于为农村地区服务的优秀教师；建立边远农村教师特殊津贴制度，按照各地不同的经济发展水平划分等级，经济越落后、条件越艰苦的地区教师特殊津贴越高，其额度不应是点缀性、象征性的，而应具有较大力度，使农村贫困地区教师的工资待遇水平等于甚至高于城市教师工资待遇的平均水平。

4. 实施安居工程，全面关心生活

国家加大对偏远地区和少数民族地区的农村学校的投入，改善教师的生活、工作条件。可实施“农村中小学教师安居工程”,因地制宜地修建“周转房”,解决农村教师住的问题,对没有条件的学校实行住房补贴的货币化政策;建立“农村学校伙食团”,给予一定的经费补助,解决农村教师吃的问题;给予边远学校教师交通补贴、探亲补贴等,解决农村教师行的问题。同时,对各级政府在农村教师待遇上的财政年度预算与执行情况,建立相应的监督与审核机制,各级人大和监察、督导部门应切实负责对其相关预算及其执行情况的审查与监督,以切实保障对农村教师队伍建设的财政投入。

二、在集约管理上下功夫,让农村特岗教师“愿意留”

在农村特岗教师的生存引导、心理干预和考核评价等方面实行集约化管理,充分发挥教育管理的作用,让农村特岗教师“愿意留”。

(一)注重生存引导,让特岗教师“稳得住”

研究表明,农村特岗教师需要更多精神上的获得。相比物质待遇,农村特岗教师渴望得到社会更多理解和尊重。进一步说,就是让农村特岗教师在工作上有更多的成就感和职业的认同感,体验教育的幸福;在生活上有更多的愉悦感和获得感,感受人生的多彩。

1. 加强教育政策宣传,增强职业认同感

由于政策的宣传不够、人们对“特岗计划”了解不多,社会对特岗教师有误解和偏见。教育行政部门要加大对特岗教师政策的宣传,积极营造尊师重教的社会风气,提升特岗教师的社会地位,“让每个教师都有光荣感、幸福感、成就感、使命感”。全社会要加深对特岗教师的理解,尊重他们的劳动。同时,要让每位特岗教师知晓国家“对任期满的特岗教师,只要愿意留任,便可以留任,保证有岗有编”的政策,使特岗教师无后顾之忧,对前途更加充满信心。

2. 强化事业意识引导,增强历史使命感

特岗教师属于知识分子群体,具有较强的人格独立意识,学校要善于构筑精神支柱,使特岗教师充分认识到坚守阵地是一种美德,农村的孩子需要他们,在农村学校任教同样会家庭幸福、生活快乐、事业有成。通过开展“塑师表、铸师魂”的师德教育活动,组织学习著名教育家陶行知、晏阳初等扎根乡村教育的先进事迹,等等,让特岗教师懂得:只把教书作为谋生手段,而没有升华为事业的教师,是无法超

越自我的，最多是庸俗的逐利者而已！

3. 创设和谐工作环境，增强人际愉悦感

营造一种和谐、宽松的外部环境对农村特岗教师尤为重要。学校要弘扬正气，树立典型，榜样带路；建立科学的用人机制，让特岗教师获得充分的心理平衡，同时倡导健康和谐的校园人际关系，在同事间大力提倡团结协作、融洽相处，使学校人际关系充满互敬互重、亲密无间的和谐气氛，使特岗教师能心情舒畅地放手在学校里工作，把精力集中在教书育人、服务育人上；细致观察特岗教师，与特岗教师交朋友，充分信赖特岗教师，促其成才，让其体味到工作的价值和成就；加强校园文化建设，丰富特岗教师的业余生活，通过开展形式多样的文娱活动，使特岗教师的才艺得以施展，丰富教师的业余文化生活；通过多种途径，帮助特岗教师扩大交往范围，为他们创造择偶的机会和条件，解决他们的后顾之忧。

4. 做到因势利导培养，增强成长获得感

怕特岗教师走，不敢放手培养特岗教师，特岗教师就难于成长；怕特岗教师离职，拼命管、卡，极有可能导致"人际关系紧张"，不利学校发展。学校要做到因势利导培养。通过学习培养典型教师；通过"请进来、走出去"的方法，引导特岗教师学习名师的先进经验；通过抓特岗教师的培训，不断提高特岗教师的业务能力；充分发挥骨干教师的作用，对特岗教师实行传、帮、带，加快特岗教师专业成长。开展"校兴我荣，校衰我耻"的荣辱观教育，"情系乡村"的责任意识教育，把学校的发展内化为特岗教师认同的理想，把对教育的热情内化为对农家子弟的爱，把扎根农村教育事业内化为特岗教师的自觉行为。

(二) 实施心理干预，让特岗教师"愿意留"

农村特岗教师区域流动性较大，大多数农村特岗教师在三年服务期满后，要么到条件更好的学校或城市学校去工作，要么为了离开农村选择转行。这不仅是教育资源的浪费，而且对我国农村教育而言也是一个严峻的挑战。解决这个问题，并不能单纯依赖增加教师收入。研究表明，在职业稳定性上，在收入一定或变化不是很大的情况下，心理感受、精神追求等因素比收入的影响程度更为明显与积极。

1. 加大社会支持力度，打造心理安全环境

大量研究表明，在压力情境下，那些受到来自伴侣、朋友或家庭成员较大支持

的人，比受到较少支持的人身心更为健康。社会支持力度对心理健康具有间接或直接的促进作用。农村特岗教师对社会支持的需要较其他的群体有着自己的特殊性，他们需要社会各方面的关心帮助，特别是在他们有心理问题与心理障碍时，有效的社会支持就显得特别重要了。对特岗教师的社会支持的表现是多方面的，既有与特岗教师工作、生活息息相关的物质支持，又有与地位、荣誉相关的精神支持。这就要求全社会、社区、教育行政部门以及学校领导真正关心和了解特岗教师的实际问题，对特岗教师的各种问题及时有效地加以解决。

2. 营造和谐心理氛围，夯实心理安全基础

学校努力为特岗教师创设优美的校园环境和优化的心理环境，营造一个民主、平等、和谐的心理氛围。学校树立良好的学校风气，在特岗教师中形成高昂的士气；大力倡导学术民主、教学相长，鼓励特岗教师敢于向权威挑战，敢于发表不同意见；工作方式民主、友善，领导、教师、学生间建立良好的人际关系，倡导团结互助合作的精神。特岗教师在这种环境和心理氛围中工作和生活，情绪稳定而愉快，有利于其心理健康。

3. 开展心理咨询活动，化解心理健康问题

农村特岗教师的工作是辛苦、繁重的，他们极易产生各种不良情绪或心理问题，这些心理问题如果不能得到及时疏导，会逐渐加重甚至导致各种心理障碍。有条件的学校可以成立特岗教师心理咨询机构，没有条件的学校，可以借助社会专业机构，定期开展针对特岗教师的心理咨询活动，为特岗教师提供及时咨询与合理宣泄的渠道，并对有心理健康问题的特岗教师及时给予帮助，使其调整心态。

4. 普及心理卫生知识，引导自我心理调节

地方教育行政部门可以创设条件面向农村特岗教师普及心理卫生方面的知识，引起广大特岗教师对心理健康问题的高度重视，并能发现自己在工作和生活中可能存在的心理问题，采取适当手段及时进行自我调整和控制。如通过意识调节、合理宣泄、暗示微笑、体育锻炼、变换环境、陶冶情操、升华转化等方法，保持自己良好的心境，形成良好的心理素质，最终达到提高心理健康水平的目的。

（三）优化考核评价，让特岗教师“有动力”

现行的特岗教师评价制度，是一种面向过去的终结性评价制度，常常采用行政命令式的、自上而下的评价方式，重工作绩效轻工作过程，重定量评价轻定性分析，

评价的目的是为学校奖惩特岗教师提供现实依据。这种评价制度虽在短期内对特岗教师有激励作用,但从长远来看,对特岗教师向更高层次发展有害无利。为此,要建立一种面向未来的特岗教师评价制度——发展性特岗教师评价制度,要以学校对特岗教师的期望为参照,不仅注重特岗教师现实的工作表现,而且更加关注特岗教师和学校未来的发展;要根据特岗教师个人发展的需求,通过富有成效的评价,为特岗教师明确今后努力的方向,并为其日后培训或自我发展提供机会,从而提高特岗教师履行工作职责的能力和业务水平。

1. 树立人本管理观念,确立正确评价思想

发展性特岗教师评价需要树立"以人为本"的管理理念,需要尊重、理解、信任特岗教师,使他们时时感到自己是学校的主人,学校的发展与他们的命运息息相关,并不断为他们提高业务水平创造机会。同时,在实施评价时,学校坚持"立足过去、面向未来、注重发展"的指导思想,最大限度地挖掘特岗教师的潜力,鼓励特岗教师向更高的目标发展。

2. 制定规划发扬民主,构建科学指标体系

学校在认真研究每位特岗教师的基础上,通过科学预测,制定促进特岗教师发展的规划,明确特岗教师培养的思路和目标,然后提交大家讨论修订,使特岗教师普遍认同学校对他们的期望,增强自身发展的紧迫感和使命感;特岗教师对照学校发展规划,制定个人发展目标。在此基础上,制定科学的特岗教师评价指标体系,做到显性工作和隐性工作兼顾,对于诸如工作量、出勤量、作业批改量等一些容易用数量处理的指标,尽量以数量的形式评价,以便于比较分析。但对于隐性工作指标,多使用描述性语言,表达上具有可操作性,避免随意性和模糊性,力争使每项指标都具有较大的区分度。评价指标体系建立后,充分发扬民主,广泛征求特岗教师的意见,并在实践中不断修订完善,使其更加符合特岗教师和学校的发展需求。

3. 注重全程动态评价,引导教师持续发展

现行的特岗教师评价制度,多以学期或学年为单位,采用"秋后算账"的办法,以期末考试成绩的优劣判定特岗教师工作的好坏,不是用动态的、发展的眼光看待特岗教师,忽视了特岗教师教学水平提高的过程,评价严重滞后,不利于学校及时调整工作思路。发展性特岗教师评价则把评价看成一个过程,注重动态监控,既关

注特岗教师原有的教学水平，也关注特岗教师教学水平提高的过程，并为特岗教师将来的发展提供有针对性的指导和帮助。

4. 建立多元评价机制，注重发挥导向功能

既要有特岗教师自己的评教，也要有学校相关部门的评教；既要有学生评教，也要有同行评教；既要有学校经验丰富的优秀教师、骨干教师参与的教学评估小组评教，也要有学生家长、社会贤达等参与的社会评教。要充分发挥考核评价的诊断、导向、激励功能，促进特岗教师不断提高自身专业素质和业务水平。

三、在持续发展上做出成效，让农村特岗教师"长得高"

紧盯农村特岗教师的事业定向、专业发展和价值提升，促进农村特岗教师协调、稳定、健康地发展，让农村特岗教师"长得高"。

（一）注力事业定向，让特岗教师"有方向"

在这里，事业定向是指特岗教师对待教育教学工作的态度。实践证明，教师的事业定向与学业培养有很大的关系，师范院校应加强对未来教师的培养。

1. 重视教育发展研究，提高培养的科学性

农村特岗教师作为一个特殊的教师群体有其自身独特的发展规律，探索更好的特岗教师师范教育模式，对于提高整个特岗教师队伍质量有重要意义。师范院校应充分发挥理论研究的优势，组织专门力量对农村特岗教师群体进行研究，进一步完善特岗教师培养目标，调整培养方式，优化培养途径，进一步提高培养的科学性。

2. 探索"家乡教师"项目，增强培养的针对性

师范院校在招生时，可以建立选择农村学生作为将来农村教师后备人选的招生制度，因为农村学生更了解农村和农村教育的需要；同时，在大学的课程与实践环节中，加强农村文化、责任感等内容的教育，并提供充分的机会让学生去感受不同的农村学校，让他们对农村、农村教育、农村教育的需求等有更加深刻与多元的感受与理解，培养他们的责任感。

3. 设置实践活动课程，凸显培养的师范性

师范性是师范教育的根本属性，而师范性的重要特点是实践性，因此师范院校无论是课程设置还是教育实习都要提高实践的意识。如课程设置上应突破"老三

门”（教育学、心理学及教学法），提高师范生运用教育心理知识解决实际问题的能力；实行顶岗实习，改革教育实习制度。同时，在教师资格认证中进一步把好关，改变目前教师资格认证中的“部分认证工作流于形式”“认证评价标准片面化”“认证等级单一化”等问题，加强教师资格认证工作的专业化程度，加大教育实践环节的认证力度，提高教师实际工作能力。

4. 开展协同定向培养，彰显培养的目的性

由于农村教育的复杂性和艰巨性，某种单一的教师培养模式无法满足农村学校的需求，应开展多层次、多种模式的协同定向培养，扩大未来教师的社会供给量，以满足农村教育的需求。目前，乡村学校越来越小，学生越来越少，小规模学校和微型班级不断涌现，全科教师需求量增大，因此，可进一步扩大针对农村小学的全科教师培养，全面落实“免费就读、创新培养、定向就业”政策，重在引导学生去边远学校任教；进一步扩大“免费师范生”的培养规模，探索建立高校与地方政府、中小学“三位一体”的协同培养新机制，并建立专项补贴措施，鼓励免费师范毕业生到农村和边远地区工作。调查显示，目前农村学校对音乐、体育、美术等紧缺学科教师的需求量还比较大，有关部门应该在充分调研的基础上，摸清每门学科教师的需求量，有计划、有步骤地进一步加大紧缺学科教师的培养，扩大社会供给量；同时，掌握藏文、彝文等少数民族语言的教师也是民族地区农村学校所迫切需要的，可以适量地开展“双语”或少数民族语言教师培养。

（二）引领专业发展，让特岗教师“长得高”

研究表明，相对于正式教师，特岗教师群体具有服务周期短、流动性强的特点。虽然“特岗计划”在开始实施时，就关注培训上岗、专业支持等环节设计，但实际上从招聘工作结束到新学期到校工作，给予特岗教师岗前培训的时间并不充分，尤其是对一些非师范专业或所教非所学的大学毕业生，其专业能力以及对上岗地区文化适应上的准备都有待加强。调查也显示，设岗学校对特岗教师的在岗培训也不到位。事实上，对于毫无教学经验的特岗教师而言，在聘任期内正处于需要成长和帮助的阶段，需要教育行政部门和学校给予外部干预，为其提供更多的发展与成长机会。

1. 开展培训需求调研，科学制定培训规划

各培训机构根据本区域内特岗教师的特点，采用实地问卷、访谈、座谈会、网络

调研等方式，对本地特岗教师的实用需求进行充分调研，再结合上级对特岗教师培训的要求，科学地制定出针对不同类别、不同学科、不同阶段的特岗教师的培训规划；设岗学校也针对本校特岗教师的培训需求展开研究，学校和各教研组均要拟定针对特岗教师的校本培训规划。培训规划既要有总体培训目标，也要有阶段性培训目标；既要有整体培训课程设置，也要有每次分学科的培训课程设置；既要有每次培训方式的设计，也要有每次培训结果的考核评价。

2. 重视师德修养培训，提升专业思想境界

由于特岗教师服务周期短，从业方向未完全确定，从业思想处于观望期，对教育事业的理解、认同度还不够清晰，可变性比较大，因此，这个阶段对特岗教师的师德修养培训尤为重要。学校要重视对特岗教师“热爱教育事业，献身教育事业”的培训，使其进一步领会“教师是太阳底下最崇高的职业”的意蕴，坚定他们从事教育行业的事业心和责任感；重视对特岗教师“热爱学生，尊重学生”的培训，让他们知道“善于倾听学生的意见，发扬教育民主”的重要性，增强他们“能做一名优秀教师”的自信心；重视对特岗教师“为人师表”的培训，让他们明白“为什么”，知道“如何做”，时时处处以身作则，懂得“身教重于言教”的道理，提升他们做一名人民教师的自觉性。

3. 采用教学现场培训，优化学科教学知识

调研表明，特岗教师的“学科教学知识”先天性不足。研究表明，基于教学现场是教师获取学科教学知识的最佳方式之一。因此，对特岗教师的培训构建基于教学现场的培训课程体系，要积极鼓励参训特岗教师参与教学实践。培训内容有乡土特色，不仅有所任教学科的课程标准、教材编排方式以及课程开发等方面的相关知识，还有风俗人情、山川地貌、历史文化等地方性文化知识及当地的地方课程，也有农村学生心理、智力，尤其是留守儿童和少数民族学生心理特征及思维方式等方面的内容。培训时间有保证，一般说来，岗前培训时间专业对口的师范类毕业生培训不少于80学时，非师范类毕业生和所教非所学的毕业生培训不少于240学时；上岗后的跟进培训每年不少于72学时。培训重点有差别，从特岗教师的实际出发，师范类毕业生培训应进一步强调规范，非师范类毕业生培训则应加强教育学、心理学等基础知识的学习和教师基本技能训练。培训方式多样，要分学科、分层次、分阶段培训，讲实效，重操作，把专题讲座、课例分析和技能演练有机结合起来。

4. 探索校本特色培训，助推教师彰显个性

设岗学校坚持"结合实际、因校制宜、突出特色"的原则，探索校本特色培训，整合学校经验教师成立"特岗教师专业成长小组"，促进特岗教师快速健康成长；鼓励名优教师或骨干教师开放课堂，支持特岗教师参与教学观察，逐步建立校内师徒制；为特岗教师提供形式多样的培训方式，如与名优教师的合作备课，"同课异构""一课多上"的对比式教学，创设"走出去"的外向性培训，提升教学水平的提高式培训，展示教师个人风采的个性化培训，等等；探索"走出去""请进来"及网络远程研修等培训方式，充分吸纳校外资源并加以利用；采取专题讲座、观摩研讨、课题研究、导师指导、学术沙龙和"菜单"式选学等模式，开展形式多样、符合学校实际的培训活动；鼓励特岗教师建立学科专业自主发展团队，积极倡导特岗教师自主发展、合作发展。

第三节　农村特岗教师发展生态机制操作指南

如图 7.6 所示，农村特岗教师发展生态机制操作指南涉及"措施向度"和"目标向度"两个维度，主要包括：厘清政策核心，找准"问题关键"；研制问题清单，锁定"主要问题"；划清责任权属，落实"对策措施"；建立督导制度，保证"政策落地"。该指南的目的是增强生态机制的操作性。

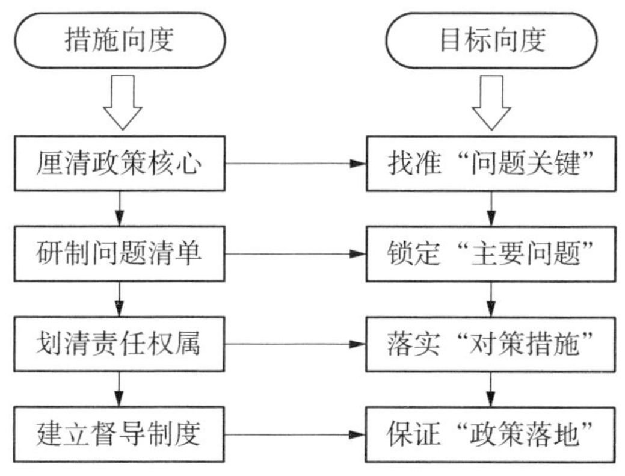

图 7.6　农村特岗教师发展生态机制操作指南

一、厘清政策核心，找准“问题关键”

政策保障是农村特岗教师发展的基础，也是农村特岗教师发展的“发动机”，更是生态机制的关键。在辨明农村特岗教师发展所面临问题的基础上，还必须明了这些问题存在的政策核心，由此找准“问题关键”所在。比如，在供给方面，政策的核心是如何确保农村中小学不同学科师资的充分培养与提供，承载主体是国家，关键是师范院校的专业、课程设置；在招考方面，政策的核心是如何确保有志者“来得了”，承载主体是国家，关键是赋予地方“自主择师”的权力；在福利待遇方面，政策的核心是如何保障工资水平、福利待遇落到实处、怎样体现不同艰苦程度待遇的不同，承载主体是省和地方政府，关键是落实；在职称评定方面，政策的核心是如何让特岗教师参与职称评定，承载主体是省，关键是特岗教师职称评定政策制定；在培训方面，政策的核心是如何让特岗教师接受正规、全面、系统的培训，承载主体是县、学校，关键是平台搭建和机会供给；在住房和生活保障方面，政策的核心是如何确保特岗教师有最基本的生活与生存条件，承载主体是县、学校，关键是特岗教师基本工作和生活条件的保证；在心理健康方面，政策的核心是如何确保特岗教师从业期间形成对教育事业的认同、对学校的信任、安全感、舒适感，承载主体是学校，关键是学校管理水平的提升。

二、研制问题清单，锁定“主要问题”

由于各地处境不一、情况不同，因此，在问题的表征上也有很大区别。正是由于存在这些差别，所以，各地应该结合本地的实际问题，研制问题清单，系统辨明自身的主要问题是什么，然后按照问题的严重程度逐一将其排序罗列出来，依次分为最严重的问题、次严重的问题、再次严重的问题、解决较好的问题、不用解决的问题等。在此基础上，进一步明确哪些类别是不存在问题的，哪些是存在问题的，在存在的所有问题当中，哪些更为主要，哪些更为次要。比如，在财政困难的地方，特岗教师的福利待遇配套问题可能会成为农村特岗教师发展的主要矛盾，而经济发展水平较好的地方则不然；边远学校特岗教师“不愿意来”，即使来了，也“留不住”，条件稍好的农村学校就可能没有那么严重；特岗教师中非师范专业或所教非所学的较多的地方或学校，在培训方面考虑更多的是培训课程设置；等等。所有这些，各地只有按照自己的实际情况逐一将其分析罗列出来，才能在生态机制和政策制定方面对症下药。否则，胡子眉毛一把抓，其结果看似对某一问题作出了解决，事实上，最终还会因其缺乏系统性而使问题复发。

三、划清责任权属，落实“对策措施”

对于程度最为严重、最为紧急的问题，政府要及时作出决策，并制定出相应的问题解决政策措施。针对每个不同的关键问题，确定该问题解决政策的制定主体，并明确政策制定者的权属。特别是在问题解决和政策制定过程中涉及多方主体时，必须明确划分不同政策制定主体的各自权限与具体政策制定范围。比如，要求地方配套的特岗教师福利待遇保障问题的政策制定执行主体应当是县市区，但县市区财政部门只确保资金到位，至于如何发放资金以及如何分配使用，则是每个学校自行解决的政策问题；又如，特岗教师三年期满后的编制问题，政策制定主体是地方编委和人社部门，但三年期满后哪些特岗教师能够入编、哪些不能入编、教育系统到底需要多少编制等，需要教育部门来确定。由于不同保障机制和政策体系的制定主体不同，更为关键的是，同一主体在不同地区范围大小也不一样，所以，明确政策制定主体及其权职范围就成为必须之举。在明确政策制定主体之后，必须召集人力、集中时间和精力对该问题的解决作出充分、详细的讨论，并形成对策措施。其间一个十分重要的环节便是，在制定政策时，相关条款在内容上必须要同时作出鼓励性和限制性的规定。鼓励性的政策条款是为了力促某一问题解决的正面引导，限制性的政策条款是为了力禁某一问题的反面规训。某一政策只有同时兼备这两项功能才能确保该问题的有效解决和问题当事人动力与压力的共存。同时，针对某一问题解决的对策措施，在其形成的过程中可以深入讨论、缓慢进行，但在作出决定并形成最终决议时，则必须是集体达成的共识，还必须保证所制定的政策条款是具有明确内容且易于直接操作的。简言之，所作出的对策措施应当是逐条呈现并具有明确针对性的，且必须要强力付诸实施。

四、建立督导制度，保证“政策落地”

农村特岗教师发展牵涉面广，政策性强，如何督促各级政府和相关单位全面落实政策，促进农村特岗教师健康、有序、有效地发展？通过建立督导制度，保证“政策落地”。建立健全专项督导检查和工作问责制度，高度重视相关政策的落实执行情况督查。定期组织开展农村特岗教师队伍建设专项督导评估，把保证农村特岗教师队伍建设经费投入、依法理顺教师管理职能等纳入政府年度工作考核体系。强化政府责任，确保加强农村特岗教师队伍建设的各项举措落到实处、取得实效。将农村特岗教师队伍建设纳入教育质量评价体系，对各地农村特岗教师队伍建设基本状况进行监测评估和公示。创新实施农村特岗教师发展保障政策执行情况督导工作，系统规划、专项实施，具体来说，责成各级政府和教育行政部门提供年度数据报表，由第三方专业机构进行数据分析和实地调研、访谈，对相关数据和重点难题实施连续动态跟踪监测，以县为单位分年度形成专项报告，全面贯彻"以评促改、以评促建、以评促管"方针，以监测促进教育改革，以监测促进农村特岗教师发展，以监测保障农村特岗教师权益的落实。要将政策的宣传工作情况列入监测指标，解决从政策制定到政策执行中的变数问题，杜绝人为因素有选择实施或者根本就不实施、歪曲实施有关政策的现象，确保政策执行力。

案例： 农村特岗教师发展生态机制实践路径（四川南充市）

实践是验证生态机制的唯一标准。为了验证农村特岗教师发展生态机制是否可行，是否有效，我们选取了四川南充市作为试点市开展实践探索。

一、落实运行保障，实现绿色发展

（一）强化政策支持

农村特岗教师的社会地位的保障，需要充分发挥政策的延续性、时效性和创新性。因此，四川南充市在实践探索过程中，让用人单位适时完善政策，突出目标指向；充分利用国家政策，强化省级统筹，以县为单位优化配置结构；在区域内推行弹性服务，激发发展活力；为特岗教师建立荣誉制度，强化价值认同。

（二）提升待遇水平

特岗教师的工资福利待遇，从一定程度上来说既是农村特岗教师社会地位高低的体现，也是影响农村特岗教师岗位吸引力的重要因素。因此，四川南充市进行了尝试，各县加大经费投入，全额保障工资；建立激励机制，全程吸引人才；设立奖励基金，全力提高薪酬；实施安居工程，全面关心生活。

二、强化集约管理，驱动持续发展

（一）注重生成引导

精神上的获得感是农村特岗教师发展的动力源泉。特岗教师也需要得到社会更多理解和尊重。因此，四川南充市开展了一系列的生成引导工作。一是加强教育政策宣传，增强职业认同感。二是强化事业意识引导，增强历史使命感。三是创设和谐工作环境，增强人际愉悦感。四是做到因势利导培养，增强成长获得感。

（二）实施心理干预

心理感受、精神追求比收入高低的影响更为明显与积极。对此，我们对特岗教师实施了心理干预：各用人单位加大社会支持力度，打造心理安全环境；各学校营造和谐心理氛围，夯实心理安全基础；开展心理咨询活动，化解心理健康问题；在培训中普及心理卫生知识，引导自我心理调节。

（三）优化评价考核

外部驱动激励内部需求，完善考核评价，建立科学的评价体系，对于特岗教师的发展有着至关重要的作用。因此，四川南充市建立了以促进特岗教师不断发展为目的的评价体系——发展性评价体系。以“评价过程动态化、评价主体互动化、评价内容多元化”为理念，既关注特岗教师发展过程，又关注发展结果，既注重量化评价，又实施质性评价；开展教研组评、学校评、教育主管部门评、自评相结合；制定以“师德修养、工作态度、教育能力”为主要内容的评价标准，研制出评价量表，开展促进特岗教师持续发展的评价。

三、搭建成长平台，助力和谐发展

特岗教师的和谐发展，需要广阔的平台，需要得到教育主管部门的高度重视。因此，四川南充市进行了实践探究，为特岗教师专业发展搭建了平台。

（一）校本研修

开展以特岗教师为主体的教研活动；实施师徒结对，以特岗教师在教育教学中出现的困惑开展专题研讨；安排促进特岗教师发展的任务，进行任务驱动式自主研修。

（二）县级培训

针对特岗教师专业发展不足的问题，制定三年培训、培养规划，选择特岗教师教育教学急需的“教育学、心理学、教材教法、课标解读、新课程理念、师德修养”等内容进行培训，通过专题讲座、合作研修、任务驱动、网络研修、参与互动、示范引领等形式进行培训和指导，提高特岗教师教育教学能力。

（三）国、省、市培训

充分利用“国培计划”“省培计划”和市级培训，安排特岗教师分期分批参加培训，特别是让每一位特岗教师参加“信息技术能力提升工程”培训，并要求考核合格。让特岗教师把信息技术与学科教学进行整合，提升教学水平。

实践证明，农村特岗教师发展生态机制对促进农村特岗教师持续、协调、稳定、健康发展有利、有效。

“特岗计划”政策的前景展望

“特岗计划”政策前景涉及“特岗计划”政策的走向，对农村教育的作用与意义，对政策的调整与优化。进一步地说，它涉及留任特岗教师这个群体的专业成长，这个群体融合农村的水平，以及“后特岗教师时代”农村教育发展的态势预测。

第一节　留任特岗教师的专业进阶分析

“特岗计划”从政策层面解决了农村学校教师“进不来”和“下不去”两大问题，特岗教师的到来优化了农村学校教师队伍的年龄结构，提升了农村学校教师队伍的学历水平，为农村教育增添了活力，推进了城乡教育均衡发展。然而，特岗教师“教得好不好”和“长得高不高”，这不仅是衡量“特岗计划”政策实施效果的重要指标，而且关系农村教育的可持续发展。特岗教师是具有来源复杂（师范专业与非师范专业）、服务周期短（3 年）、流动性强（离职率比较高、服务期满调动多）、面临二次择业等特点的特殊教师群体。依据美国学者司德菲（Steffy，1989）的教师职业生涯发展周期模型（teacher career cycle model），服务期内的特岗教师正处于其职业的预备期。留任特岗教师（服务期满后继续留下来作教师）在特设岗位时期的专业进阶怎样？每个阶段有何特点？对处于职业预备期的教师专业发展有何启示？

一、研究设计

由于身份、岗位、待遇、专业发展阶段以及未来发展的不确定性等特殊性，决定了特岗教师群体与其他新入职教师的差异性。同时，特岗教师群体中既有专业发展优秀的，也有专业发展不尽人意的；既有服务期满后留任的，也有服务期满后离职的；既有由于各方面表现优秀而走上领导岗位的，也有各方面表现平平的。为了研究的方便，尽量减少其他因素的干扰，本研究采用质性研究的方式，选取 3 位有代表性的、在特设岗位干得很出色的留任特岗教师作为研究对象。

> Z 老师：世代农民家庭，非师范专业专科毕业，特岗期间一直任班主任，任教小学、初中各 1 个班的语文课，通过自学取得大学本科文凭，服务期满被评为“县最美特岗教师”。
>
> P 老师：父母为教师，师范专业本科毕业，特岗期间任教小学 2 个年级 2 个班（每个年级均只有 1 个班）的课，其中，一个年级她任教语文和美术，另一个年级她任教语文和书法，现为“县教坛新秀”。
>
> Y 老师：成为特岗教师前从事过 2 个职业，师范专业专科毕业，特岗期间任教初中数学、物理各 1 个班，以及全校的初中体育课（只有 3 个初中班），现为学校副校长。

二、研究发现

通过对上述 3 位留任特岗教师的个案研究和深度访谈，结果发现，如图 8.1 所示，留任特岗教师专业进阶包括期待、盲从、挫折、磨砺和亢进 5 个阶段。

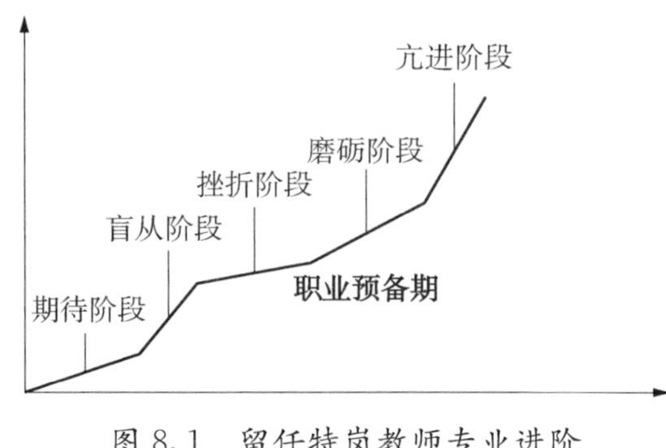

图 8.1　留任特岗教师专业进阶

(一) 期待阶段——萌动职业未来，构想专业憧憬

“我将来干什么?”“我喜欢做什么?”“我的爱好是什么?”这一系列的问题，不仅是对自己职业未来的萌动，更是对自己未来所从事职业的憧憬。这里的萌动是指职前对自己未来所从事职业在意念上萌发的一种冲动；这里的憧憬是指对未来美好职业的期待与向往。专业憧憬是指依据其价值观，在对某种职业现实批判和否定的基础上，对这种职业现实总体把握后的主体思考和超前构建，对自己专业美好发展状态的预设与期待、对未来美好专业图景的构想与展望。

Z老师生长在农村，家庭经济困难，“希望工程”资助和好心人的捐助让他完成学业，他一直梦想当一名教师回报社会。高考录取为非师范专业读大专，“教师梦”依旧，读大专时取得了教师资格证。母亲见其“个头小”，阻止他当教师，他说服了母亲并如愿以偿成为了一名特岗教师。岗前培训时，一位优秀青年授课教师让他很是羡慕与崇拜，暗自下决心：努力成为一名优秀教师。这给了他更大的动力，使他开启了“自学模式”，通过自考取得了大学本科文凭。

父母均为教师的P老师，从小在父母耳濡目染、言传身教下，立志当一名光荣的人民教师，读大学时就苦练教学基本功，不断学习和积累新的教育理念和教学方法。

Y老师大专毕业后，一心想“出人头地”，干一番轰轰烈烈的事业，然而事与愿违：开的私企因经营不善倒闭；在网络平台做过“微商”，效果欠佳。2次择业失败，让她身心疲惫。因为大学恩师的“行行出状元”的好心“规劝”，选择了做特岗教师。工作后，向往成为一名好老师，努力加强自身修炼，通过函授取得本科文凭。

从3位留任特岗教师的经历可以看出，专业憧憬源于专业“初心”，是对“为什么”当教师的初始思考，更是对“我究竟当怎样的教师”的深层展望。社会氛围、榜样引路、父母影响、挫折磨炼……都是激发对教师职业的向往与期待的重要因素。因此，要吸引更多的优秀人才到教师队伍，从社会层面努力让教师成为社会上最受尊敬、最令人向往的职业；大学课程设置要加强对未来教师的职业生涯规划的指导，鼓励、引导优秀毕业生积极到农村从教。岗前培训更要激发教师的职业情感，让他们喜欢教育、喜欢当老师。要通过生动典型的榜样塑造、鲜活的教师成长故事等，让他们真正明白教育的使命，找到职业的榜样，激发出他们内心对教师职业的

向往与期待。

（二）盲从阶段——累积实践经验，激发专业感知

“我该怎么干?”“我有哪些方法可用?”“我会不会干?”这是新入职教师面对的现实问题。这些问题需要用实践来回答。可以说，对刚入职的教师而言，需要更多实践经验“量”的累积，在这个累积过程中收获对实践方法、原理等的专业感知。这里的累积是指对众多实践经验原形模仿，不加甄别地积累、聚积。这里的感知是指利用感官对物体获得有意义的印象。专业感知是指教师作为专业人员，对诸如班级管理、学生教育、教学设计、操作方式、教学方法等教育教学行为从感性认知角度获得有意义的专业印象。

> Z老师以对教育的“满腔热情”，坚持每天到校观摩优秀教师的课。今天张老师采用“小组合作学习”，他上课就组织学生合作了；明天李老师运用“问题导学”，他的课堂就有了“导学案”；后天，王老师运用“思维导图”，他的课堂肯定就有“思维图”……
>
> P老师最膜拜全国著名小学语文特级教师窦桂梅，把观摩窦老师的教学视频、聆听窦老师的讲座实录作为自己的最爱。教学《秋天的怀念》，学窦老师抓“课眼”；上《向命运挑战》一课，模仿窦老师的发现教学策略；执教《圆明园的毁灭》，力求做到“超越预设，让每一片叶子闪光”。
>
> Y老师信奉“吃得苦中苦，方为人上人”，对学生实行“三苦”政策：“苦背”——数学概念、法则、公式、定理、例题等，做到人人“背诵”过关；“苦练”——每天有大量的试题练习；“苦学”——要求学生把闲暇时间全部用到学习上。她则采用“苦跟”的方式，一有时间就到班。

3位留任特岗教师在职初都有过“蛮干”或“盲从”的经历。“蛮干”由于“太自我”，导致不计后果盲目地做事；“盲从”出于对“权威”的迷信，导致盲目模仿，没有主见地做事。“自以为是”“拿来主义”“眼高手低”是对此阶段教师最好的描述。原因在于他们对教育教学理解不深，理论与实践操作脱节，工作凭热情，认识凭感性，缺乏实践磨砺，缺乏岁月“摔打”。但此时的他们具有“初生牛犊不怕虎”的气势，对教育教学“满腔热忱”，浑身有使不完的劲。这个阶段的教师具有高度的责任心，渴望成功，期待他人对自己工作的认可。因此，呵护盲从阶段教师的工作热情，使他们更多积累实践经验很重要。要加强对此阶段教师的引导，让他们理解教育，理解

教学,理解学生,理解"教学没有万能公式""课堂是不能复制的""教学方式需要随着学情变化而变化",从而尽量缩短盲从阶段的时间。

(三) 挫折阶段——反思前置行为,显化专业省悟

"我怎么会这样呢?""我的问题出在哪?""我适合当老师吗?"这是新入职教师在遇到挫折后,经常反思的问题。这不仅是对盲从阶段教育教学行为的反思,更是对自己行为的专业省悟。这里的反思是指教师对以前教育教学实践的再认识、再思考,并以此来总结经验教训。这是教师从理解教育外在本质到把握内在本质的必经过程。这里的省悟是指经过自省、内省、反省而明白、觉悟过来。而专业省悟是指教师对以前自身的教育教学行为经过反省,在意识上由模糊到清楚,由错误到正确。

> 在片区调研性测试中,Z老师教学的初中班在全片区同年级同学科13个班中名列倒数第三,这让他从天堂掉进了地狱。此事件让他"开始怀疑自己是否适合当教师""有想离开讲台的冲动……"
>
> P老师的课堂,同事评价为:"理念先进,方法不适用。""太花哨,不接地气!""只关注教师的教,不关心学生的学。""模仿痕迹太重,画虎类犬,课堂失去了自我。"……缺点一大堆,对她来说是当头一棒。
>
> 令Y老师头痛的事接二连三发生:有学生要求转学;有学生以各种借口不到班学习;还有逃学的;更有家长来找她理论——"你这样的老师简直是误人子弟!"

几乎每位留任特岗教师都经历过挫折,这必将引发他们对前期教育教学工作的"我做对了吗"的内源性反思。这种反思,更多的是一种意识,在时间维度上对"自己过去专业发展过程"的意识,对"自己现在专业发展状态和水平"的意识,更是对"自己未来专业发展规划"的意识;在内容维度上,则有对包括专业精神、教育理念、专业知识、专业能力和专业智慧等方面内容的自我意识。这更是对教育教学行为的省悟,既从实践层面反省操作技术的合理性,又从理论层面反省实践经验的科学性;既从教师层面反思"教"的适切性,又从学生层面反思"学"的可接受性。这个阶段教师的专业发展是"黎明前的黑暗"——最难熬的、最痛苦的,需要外界更多的"关怀",在操作技能上给予"点拨",让他或她认识到教育教学中不理性的行为,分析行为背后"内隐"的东西,明白教育不仅是一种技术,更是一种艺术。同时,在实

践与理论衔接上给予“点悟”，让他们懂得运用理论指导教育教学实践，通过实践深化对理论的认识，引导他们思考教育教学规律，审视教育教学本质，实现实践经验与理性认识“同频共振”。

（四）磨砺阶段——改良操作技能，回归专业理智

“我该怎么改进教育教学?”“怎么教才叫有效?”“我怎么才会做得更好?”这是经历挫折之后的教师对自身教育教学行为的理性回归。此时的教师进入了专业的“磨砺”阶段，不仅是对自己教育教学技能的改良，更是教师从专业感知到专业理智的跨越。这里的改良是指教师改掉以前教育教学中的某些缺点，使教育教学更适合要求。这里的理智是指教师以理性的方式认识、理解和决断教育教学行为。而专业理智是指教师运用教育理论、教学方法论等认识、理解教育教学活动，决断教育教学行为。这是“盲从型”教师成长为“理智型”教师的标志。

> Z老师在师父的指导下，以“四课”，即“研课、思课、做课、磨课”为抓手：以优秀教师课堂实录为载体“研课”；结合自己的教学特点、班级的学情“思课”；在广泛吸纳的基础上自己“做课”；采用“视频录制”“同伴指导”等方式“磨课”。
>
> P老师走上了一条“以精品课引领常态课”的专业发展之路，注重打造自己的精品课，教研组内上课、校内献课、县级赛课、市级比赛，团队的打造和帮助让她最终获得了市优质课竞赛二等奖。
>
> Y老师努力探索适合的教学方法。采用“分层教学”的方法——根据学生对知识的掌握情况，把学生分为A、B、C、D几个层次，按不同的要求给学生布置作业，巩固学困生的基础知识，发掘成绩优异生的潜力。采用“趣味教学”的方式——把游戏、小品、课本剧等引入课堂，学生在轻松、愉快的氛围中学习知识，增长技能。

“认清自我，改良自我，完善自我，更新自我”是磨砺阶段教师的主题词。从专业上剖析自己，从操作上改良自己，从认识上完善自己，从理念上更新自己，从而达到对自己有清醒认识的目的。磨砺阶段的教师具有初步“研究”的意识，“备课是一种策略研究，上课是一种临床研究，听课是一种比较研究，议课是一种诊断研究”。这种研究是“外界的影响”与“自我认识”的融合，此时的教师善于把“别人”的做法、经验等进行“过滤”，以自己的理解方式学习经验，积淀经验。此时的“研究”不一定是完全意义上的研究，可能没有规范研究的范式，也没有正规研究的深度，更多关

注的是如何解读教材、如何设计教学、课堂上如何实施、这句话怎么说、那个词怎么表达等一些看似“浅层次”的问题，但就是这些不起眼的研究，助推了教师的专业发展。可以说，研究意识为教师的职业生命注入了新鲜的血液，使其充满活力、绽放光彩，教师在研究的过程中回归了专业理智。因此，留任特岗教师就是通过善于研究、乐于研究，把日常化的研究作为研究的重要方式，在研究的过程中回归专业理智的。

(五) 亢进阶段——完善教育技巧，彰显专业价值

经历了磨砺阶段的教师，初步形成了自己教育教学的“基本套路”，并对教育教学技能有了自己的理解。以“怎么教育才会更轻松?”“怎样教育才让学生更喜欢?”“我有教育技巧吗?”为思考话题，此时教师进入专业发展的亢进阶段，以完善教育技巧、彰显专业价值为目标。这里的完善是指教师采用适合自己的、科学的、有效的方法使已形成的教育技能更进一步丰富。这里的价值是指教师对自身职业的意义更深入的认识和理解。而专业价值是指教师对“教育是什么”“教育是为了什么”“教师是什么?”“我将成为什么样的教师”等本源性问题的深刻理解。

Z老师任教的班级教学成绩“芝麻开花——节节高”，每次期末测试都名列前茅；他上课更是有自己的特色——热情而不失大方，开放而不失内涵，形散而神不散。学生说：“听Z老师的课就是一种享受。”

P老师更是走上了研究之路，开展的科研课题“农村学校语文课程资源开发与利用研究”，在全县教育科研项目推进会上作交流，其阶段性成果获得县成果二等奖，理论水平有较大提高。

Y老师的课堂更开放——学生自主学习蔚然成风，学习有方法，教师敢于放手，教学有手段。在她的课堂上，社会生活是教学资源，错误也是教学资源。学生的学习劲头十足。

“风雨后是彩虹。”经历了前几个阶段的教师，其教学技能完成了从“扶”到“放”、从“模仿”到“独立”、从“教会”到“会教”的跨越，专业技能突飞猛进。通过探寻教育技巧，教师进入专业快速发展期，对教育、对教学有了自己的理解和认识，在专业领域有了自己的“话语权”，逐渐对从事的教育事业充满了专业自信。此时的教师需要进一步理解专业价值，通过对专业价值的理解激活教师专业发展的“原动力”。为此，要给此阶段的教师构建更多的研讨、交流、实践、展示等互动学习平台；

要搭建以理论学习与研讨、校本教研活动、课堂教学实践等为载体的发展平台。通过平台的搭建，增强此阶段教师专业发展的动力，在这个过程中增强专业发展的获得感和幸福感；通过彰显专业价值，注重提升教师的精神境界，激活专业自我发展智慧，使教师产生专业自我发展的需要，促使其重视“旧我”向“新我”的演变。

三、结论与思考

本研究表明，处于职业预备期的教师经历“期待、盲从、挫折、磨砺、亢进”5个阶段是其专业发展的必经之路。虽然，由于外界条件、自身素质等不同因素的影响，每位教师在这5个阶段的时间长短不尽相同，但对每位教师而言，专业发展呈现渐进性、发展性、反复性等特征，完成职业预备期的教师就会进入职业专家生涯期，进一步享受职业幸福。

（一）渐进认识：“波段式”变化

留任特岗教师的专业进阶“是一个自然历史过程”。就是说，留任特岗教师的专业进阶也像自然界的发展一样，是一个不以人的意志为转移的客观必然的过程。进一步说，留任特岗教师专业发展趋势既不是周而复始地循环着，更不是倒退，而是不断前进、上升和进步。从发展历程看，无论是发展阶段，还是每个阶段的发展内容，都是从构想到实践，从低级到高级，从非专业性到逐步专业性再到完全专业性，这样一个比较复杂的过程；从发展态势看，这种进阶过程并不是一帆风顺的、直线式发展的，而是呈现出一种“波段式”发展态势，积极成长是波峰，防御接受是临界点，生存退避是波谷；针对不同的人、不同的发展时期、不同的发展环境，这种发展态势可能出现暂时“下滑”，但总体上是一种向上发展的，只不过这种发展态势更多是曲折式。总而言之，在曲折中发展，是留任特岗教师专业进阶的基本规律。

（二）导向发展：缩短进阶时长

虽然在曲折中发展是留任特岗教师专业进阶的基本规律，但是这并不意味着，留任特岗教师的专业发展是自然生长的，不需要外部助力。可以进一步追问：新入职教师的职前培养、岗前培训、在职指导等一系列专业活动，对他们起到了什么样的作用？进阶发展所经历的阶段是基本规律，任何人都不能改变，但是进阶发展的每个阶段需要一定的时间，这里的时间有长有短，专业培训和专业指导不能减少每位留任特岗教师的进阶历程，可以缩短进阶时长。也就是说，留任特岗教师在专业进阶的“波段式”发展过程中，专业指导可以延长处于“波峰”的时长，让留任特岗教师尽展风采，收获更多的专业幸福；也可以缩短处于“波谷”的时长，让留任特岗教师尽快走出专业发展的“低谷”，这“一长一短”，表明留任特岗教师的专业进阶之路所需时间变短，缩短了进阶周期，为留任特岗教师专业进一步发展提供了可能。由此说明，加强留任特岗教师的专业培训和专业指导对其专业进阶的作用尤为重要。

（三）抑制反复：畅通成长力

研究表明，留任特岗教师的专业进阶之路呈现渐进式、“波段式”发展态势，由于受环境、政策、自身等主客观因素的影响，加上专业进阶本身的复杂性，导致留任特岗教师在专业进阶过程中可能出现反复，甚至倒退。比如，在期待阶段，某位教师构想了职业未来，憧憬自己成为一名优秀的人民教师，但是，现实的“骨感”——待遇未达预期、条件艰苦、人际关系紧张、学生难教难管等，可能会导致，若无外力的帮助，这位教师在盲从、挫折、磨砺等阶段无法不断接受考验，他可能就会开始动摇自己的专业憧憬。因此，要针对不同教师在不同阶段的需求，采取切实有效的诸如人生观、世界观、教育观、教师观、学生观等教育，加强专业技能指导，完善教育技巧，用积极的、有利专业发展的措施帮助新入职教师抑制可能出现的反复性，畅通其成长。一项针对新入职教师的研究表明，只要新入职教师具备了专业发展所应该拥有的核心竞争力、自主创新力和持续发展力，那么他的后续成长力不可估量。

第二节　留任特岗教师融合农村的水平分析

“特岗计划”政策是国家运用中央财政宏观调控功能，将阶段性教育政策与教师队伍建设的长效机制结合，促进了农村教师补充机制的创新。就社会价值而言，它不仅有效提高了教师招聘的公开与透明、公平与效率，使教师队伍呈现出地域融合、文化多元化与学科结构优化等特点，而且也改善了农村义务教育的师资结构（包括学历、学科及年龄结构），克服了农村教师编制管理的固化问题。这对于提升农村教育质量，促进义务教育的区域均衡发展具有重要意义，也是促进教育公平的新支点。从个人价值看，“特岗计划”在一定程度上缓解了高校毕业生的就业压力，拓宽了就业渠道，也为有志于教育事业的毕业生提供了实践平台。教育部数据显示，2013 年到 2016 年共招聘特岗教师约 28 万人，中央财政投入 217.9 亿元。“特岗计划”希望农村教师能够“招得来，下得去，留得住，教得好”。综合已有文献，可以发现，尽管村小教学点和一些紧缺学科依然面临教师短缺的难题，但“招得来，下得去”的目标基本已经实现，政策的关注重心转向如何确保教师“留得住，教得好”。农村教育质量的提高依赖于建立一支相对稳定的教师队伍，而教师“留得住”是“教得好”的基础。研究显示，3 年服务期满后，特岗教师连续 3 年留任比例均达到 87%。另一项调查表明，服务期满后留任的特岗教师比例也在 70%以上。纵观已有的研究，10 多年来学界对服务期内的特岗教师开展了较为丰富的研究，涉及特岗教师心理健康、社会支持、生存状态、生活质量、职业认同、职业倦怠、职业发展、专业素质、专业发展、队伍建设与管理、培训与培养等。而对服务期满后留任特岗教师关注不够，研究成果偏少。本研究以服务期满后留任特岗教师为研究对象，以社会融合理论作为研究视角，重点关注服务期满后留任特岗教师融合农村的水平以及依照融合水平划分的类型，期待为进一步完善“特岗计划”政策和加强服务期满后留任特岗教师管理提供参考。

一、理论与文献探讨

社会融合理论是在国际移民研究中发展起来的。该理论认为社会融合是一个移民与流入地社会成员互动的过程，对于流入地（receiving society）而言，社会融合是主流社会在主要的社会制度、社会关系和社会地位等方面对移民包容和接纳的长期过程。对移民自己而言，社会融合是指学习新的文化、获得权利和社会地位，建构与本地人之间的社会关系，形成对流入地的归属感和认同感的过程（Heckmann，2005）。社会融合理论作为社会科学领域的一个理论范式，最早可追溯到 20 世纪初美国芝加哥大学的社会学派（Chicago school of sociology）。帕克（Park，1928）和伯吉斯（Burgess，1921）将融合定义为“个体或群体互相渗透（interpenetration）、相互融合（fusion）的过程；在这个过程中，通过共享历史和经验，相互获得对方的记忆、情感、态度，最终整合于一个共同的文化生活之中”。

特岗教师多是从城市流向农村，我们认为，用“社会融合”一词可以恰当地表述特岗教师与农村社会的关系。在这里，社会融合指的是，在宏观社会背景的制约下，受多种复杂因素影响，特岗教师逐渐与农村在社会结构和心理两个层面相互影响、相互渗透,并最终呈现为不同的社会状态的过程。这里的融合具有三个特征。一是具有双向互动性。特岗教师并非单向、被动地适应、融入农村,农村亦不是简单地拒斥或接纳,双方都在不断地调整各自的行为和观念,呈现出多元特征。二是具有分层特征。受不同群体在社会结构层面异质性的影响,融合发生在各个层面之间,诸如特岗教师与学生、与学生家长、与领导、与同事、与社会各界、与环境、与社会文化等。三是具有相互兼容性。融合并非意味着所有边界都消解,消解的是源于职业需要而产生的身份及附着其上的社会文化意义的隔阂,而不是消解基于意识形态、居住、文化程度、生活方式等非职业需要引起的群体性差异。

研究表明,社会融合是个体之间、群体之间、文化之间互相配合、互相适应的过程(任远、邬民乐,2006)。流动人口如何适应流入地的社会、经济、文化生活一直是多学科关注的焦点。流动人口在进入流入地伊始,由于语言、文化、习俗、价值观念等方面的差异以及流入地社会的制度障碍或主观歧视,他们中的绝大多数都会经历一个隔离(segregation)过程。虽然由于流动人口本身和流入地的特点,该过程可长可短,但面对陌生的新环境,他们都会面临着同样的问题。初来乍到,移民发觉过往的人际网络、社会资本等大多消失,新的网络尚未建立,且语言、生活习惯等与流入地的主流社会存在明显差异,出现边缘化现象,产生无所归依的心理(Park,1928),感到困扰、不安、矛盾、退缩、愤怒、忧伤、后悔或思乡。边缘化现象也就是隔离现象,影响参与的机会,阻碍融合的发生。随着流动者在流入地居住时间的延长,他们开始了漫长的融入之旅,有的最终成功地融入流入地的主流社会,有的融入目的地与流动者享有共同文化来源的少数族裔(或家乡)文化,还有的在某些方面融入主流社会、在其他方面却保持着自己的特点,呈现出隔离、选择性融入、社会融合的基本特点和发展轨迹。社会融合的过程通常可以划分为不同的维度,海克曼(Heckmann, 2005)将融合过程划分为结构融合(structural)、文化融合(cultural)、互动融合(interactive)、认同融合(identicational)四个维度。佛克马和迪哈斯(Fokkema & De Haas, 2011)将这些维度归纳为两个基本的维度,即结构融合(structure integration)和社会文化融合(social-cultural integration)。周皓(2012)认为社会融合包括经济融合、文化适应、社会适应、结构融合、身份认同五个维度。

综合国内外相关研究,结合服务期满后留任特岗教师融合农村的特点,本研究认为社会融合应包括两个一级维度和六个二级维度。一级维度包括结构融合和社会文化融合;二级维度在结构融合方面包括地位、环境和意愿,在社会文化融合方面包括关系、文化和心理。

二、研究设计

(一) 研究方法与对象

1. 问卷方法与对象

本研究采用三阶段分层随机抽样的方法,利用网络填写问卷的方式,对西部 11 个省(市、区)(西藏未招收特岗教师,西藏除外)的 40 个县 3 786 名服务期满后留任特岗教师进行调查,回收有效问卷 3 468 份,问卷有效回收率为 91.6%。调查对象中,男女教师所占比例分别为 31.9%和 68.1%;汉族和少数民族教师所占比例分别为 75.8%和 24.2%;已婚和未婚教师所占比例分别为 70.1%和 29.9%;有孩子的和没有孩子的教师所占比例分别为 66.9%和 33.1%;从教师家庭与工作地看,外省占 9.3%,本省非本县占 37.0%,本县占 53.7%。教师的平均年龄是 29.6 岁,平均教龄为 5.8 年。调查对象的基本情况如表 8.1 所示。

表 8.1 调查对象基本情况(n=3 468)

变量	类别	频数(人)	比例(%)
性别	男	1 106	31.9
	女	2 362	68.1
民族	汉族	2 629	75.8
	少数民族	839	24.2
婚姻状况	已婚	2 431	70.1
	未婚	1 037	29.9
是否有孩子	有孩子	2 319	66.9
	没有孩子	1 149	33.1
家庭与工作地	外省	324	9.3
	本省非本县	1 283	37.0
	本县	1 861	53.7

2. 深度访谈对象选择

结合研究问题和研究目的,采用目的性抽样方式,在上述问卷对象中选取服务期满3年后已由特岗教师转为正式教师且留任在原校的,分为学校领导干部、骨干教师或优秀教师、普通教师和有待提升教师4个层面的留任特岗教师作为深度访谈对象,每个层面2—3名,共计11名。他们的基本信息如表8.2所示。

表8.2 深度访谈对象基本信息表

编号	教师类型	年龄(岁)	教龄(年)	任教学科数(门)	是否班主任	婚姻状况	是否有孩子	家乡地
WM	校长	35	11	1	否	已婚	有	外省
ZF1	副校长	29	6	1	否	已婚	有	本省非本县
LF	教导主任	29	6	1	否	未婚	无	本县
XM	骨干教师	31	7	2	是	已婚	有	本县
CF	优秀教师	28	6	2	是	未婚	无	外省
WF	优秀教师	30	8	3	是	已婚	有	本省非本县
YF	普通教师	28	5	2	否	已婚	无	本省非本县
ZF2	普通教师	32	7	3	是	已婚	有	本县
DF	普通教师	27	5	3	是	未婚	无	本县
PM	有待提升教师	31	6	1	否	未婚	无	外省
XF	有待提升教师	34	9	1	否	已婚	有	本县

注:编号的首字母表示姓氏;M与F表示男女性别;1、2是区分同姓氏同性别受访者。

(二)研究工具

1. 问卷设计与使用

调查所采用的问卷是自制的“西部农村特岗教师发展状况调查问卷(转正教师)”。本研究旨在探究服务期满后留任特岗教师融合农村的水平,因此,问卷包括2个一级维度和6个二级维度。如表8.3所示:一级维度包括结构融合和社会文化融合;二级维度在结构融合方面包括地位、环境和意愿,在社会文化融合方面包括关系、文化和心理。问卷共57道题,其中心理感受采用李克特5点计分法,每道题有“非常赞同”“赞同”“不确定或说不准”“反对”“坚决反对”5个选项,分别记为5、4、3、2、1,得分越高表明特岗教师社会融合水平越高。通过探索性因素分析发现,6个二级维度的总共解释率为 58.96%。进行验证性因素分析检验该问卷的结构效度，其结构拟合指标 $X^2/dfX=32.8$，$RMSEA=0.075<0.08$，$CFI=0.916>0.9$，$TLI=0.883>0.85$，都较好地支持了探索的结构，说明该问卷结构效度较好；本问卷的信度为 0.703，这表明本问卷具有良好的信度水平。以上的信效度检验说明该问卷适合作为一个测量的工具。

表 8.3　服务期满后留任特岗教师社会融合问卷内容量表

<table>
<tr><th>一级维度</th><th>二级维度</th><th>测量内容</th><th>衡量水平</th></tr>
<tr><td rowspan="8">结构融合</td><td rowspan="3">地位</td><td>政治地位</td><td rowspan="3">高与低</td></tr>
<tr><td>社会地位</td></tr>
<tr><td>经济地位</td></tr>
<tr><td rowspan="3">环境</td><td>生活环境</td><td rowspan="3">适应水平</td></tr>
<tr><td>办公条件</td></tr>
<tr><td>人文氛围</td></tr>
<tr><td rowspan="2">意愿</td><td>扎根农村</td><td rowspan="2">强烈程度</td></tr>
<tr><td>看好农村发展</td></tr>
<tr><td rowspan="15">社会文化融合</td><td rowspan="6">关系</td><td>与学生的关系</td><td rowspan="6">融洽水平</td></tr>
<tr><td>与学生家长的关系</td></tr>
<tr><td>与同事的关系</td></tr>
<tr><td>与领导的关系</td></tr>
<tr><td>与家里人的关系</td></tr>
<tr><td>与社会各界的关系</td></tr>
<tr><td rowspan="5">文化</td><td>生活习惯</td><td rowspan="5">一致程度</td></tr>
<tr><td>人情交往</td></tr>
<tr><td>风土人情</td></tr>
<tr><td>观念看法</td></tr>
<tr><td>思想意识</td></tr>
<tr><td rowspan="4">心理</td><td>身份认同</td><td rowspan="4">认同程度</td></tr>
<tr><td>归属感</td></tr>
<tr><td>成就感</td></tr>
<tr><td>幸福感</td></tr>
</table>

2. 深度访谈方式

访谈采取半结构方式，通过调取特岗教师服务期满后让其留下来继续服务农村教育的关键人物或关键事件的回忆以及叙谈服务农村学校的真实感受来探究其与农村社会融合的水平。同时，辅之以实物的收集，特岗教师自己撰写的教育叙事、成长笔记、反思报告等。实物的收集与分析，可以增加多种研究手段和分析视角，同时还可与从其他渠道获得的材料相互补充和检验，进而提高研究的可靠性。

(三) 资料分析

对资料的整理和分析是指根据研究目的对所获得的原始资料进行系统化、条理化，然后用逐步集中和浓缩的方式将资料反映出来，其最终目的是对资料进行意义解释。本研究对资料的分析也遵循了对原始资料的反复阅读、登录、寻找“本土概念”以及建立编码和归档系统这几个基本资料分析步骤。

三、研究发现

(一) 服务期满后留任特岗教师融合农村的水平分析

从测评结果看，服务期满后留任特岗教师融合农村的总均分为 3.46 分，这说明服务期满后留任特岗教师的社会融合处于较高的水平。以性别、民族、婚姻、孩子以及家庭与工作地作为自变量，各组被试的社会融合及各因子的均值、标准差及差异分析如表 8.4 所示。由表 8.4 可知，服务期满后留任的特岗教师中，男性特岗教师社会融合的总均分(3.77 分)及各因子的平均得分普遍高于女性特岗教师(总均分为 3.31 分)；汉族特岗教师社会融合的总均分(3.44 分)及各因子的得分普遍低于少数民族教师(总均分为 3.53 分)；已婚特岗教师社会融合的总均分(3.62 分)及各因子的平均得分普遍高于未婚特岗教师(总均分为 3.08 分)；有孩子的特岗教师社会融合的总均分(3.82 分)及各因子的平均得分普遍高于没有孩子的特岗教师(总均分为 2.73 分)；家庭与工作地在本县的特岗教师的社会融合最高(3.84 分)，其次为本省非本县的特岗教师(3.11 分)，最低的是外省的特岗教师(2.67 分)。

表 8.4 不同维度服务期满后留任特岗教师融合农村的均值、标准差及差异分析

		地位	环境	意愿	关系	文化	心理
性别	男	3.98±0.62	3.92±0.59	3.87±0.67	3.79±0.52	3.69±0.48	3.58±0.42
	女	3.38±0.54	3.27±0.58	3.58±0.66	3.27±0.49	3.17±0.45	3.22±0.39
F		21.28**	17.53***	19.47**	18.67***	16.22***	13.93**
民族	汉族	3.56±0.63	3.96±0.58	3.86±0.55	3.31±0.52	3.25±0.49	3.27±0.48
	少数民族	3.61±0.64	3.99±0.59	3.89±0.58	3.34±0.53	3.33±0.50	3.31±0.49
F		4.67**	23.56***	12.66**	15.39**	13.43**	9.87*
婚姻	已婚	3.97±0.53	3.88±0.62	4.01±0.65	3.76±0.53	3.65±0.42	3.61±0.46
	未婚	3.24±0.61	3.79±0.61	3.12±0.64	3.02±0.52	3.05±0.43	3.16±0.47
F		38.41***	12.45*	44.12***	35.18***	19.57***	21.32***
孩子	有孩子	4.16±0.62	3.97±0.57	3.83±0.43	3.67±0.51	3.61±0.47	3.96±0.40
	没有孩子	3.83±0.59	3.21±0.55	2.17±0.49	2.84±0.50	2.48±0.48	2.33±0.42
F		23.48**	16.28**	35.43***	29.49***	19.57***	33.46***
家庭与工作地	外省	2.96±0.63	2.36±0.52	2.38±0.59	2.46±0.43	2.67±0.63	2.65±0.41
	本省非本县	3.12±0.65	3.02±0.54	2.97±0.57	3.11±0.41	3.42±0.61	3.03±0.38
	本县	3.46±0.65	3.63±0.55	3.34±0.55	4.06±0.40	4.13±0.64	4.26±0.40
F		4.86**	8.34***	6.72**	13.82***	40.30***	36.72***
总分		3.57±0.61	3.54±0.57	3.37±0.58	3.33±0.49	3.31±0.51	3.30±0.42

注：* 表示 $p<0.05$，** 表示 $p<0.01$，*** 表示 $p<0.001$。后文同。

进一步对不同维度服务期满后留任特岗教师的社会融合做独立样本 T 检验以及方差分析发现，不同性别特岗教师在社会融合总分与各维度上均存在显著差异（$p<0.01$），并且在环境、关系和文化维度达到极其显著差异；不同民族的特岗教师除地位和心理外的其他维度的社会融合也存在显著差异，并且在环境维度达到极其显著差异；已婚和未婚特岗教师在地位、意愿、关系、文化和心理维度上均存在极其显著差异；有孩子和没有孩子的特岗教师在社会融合上存在显著差异，并且在意愿、关系、文化、心理 4 个维度上存在极其显著差异；家庭与工作地不同的特岗教师在社会融合总分与各维度上均存在显著差异，并且在环境、关系、文化和心理维度上存在极其显著差异。

（二）服务期满后留任特岗教师融合农村的类型分析

特岗教师从城市到农村，在 3 年服务期中经历了“隔离、选择性融入、社会融合”

这样的历程。从上面的分析可以看出，服务期满后的留任特岗教师群体融合到农村的水平较高，进一步分析发现，对于不同的留任特岗教师个体而言，融合农村的水平存在差异。我们以服务期满后留任特岗教师融合农村总均分的前 27%和后 27%作为分界点，低于 3.25 分的叫职场融合，高于 3.75 分的叫艺境融合，在 3.25 分到 3.75 分之间的叫角色融合。

职场融合是指特岗教师以就职的农村学校为依托，以解决自身身份（取得正式编制）为目的，在经历 3 年或更多的服务农村教育的时间里，基本能适应就职农村的环境、文化、关系等，但对一直服务农村社会的意愿“不强”，缺乏归属感、认同感，其愿望是“逃离”农村。角色融合是指特岗教师个体和农村教师角色的融合问题，指特岗教师个人对自身的农村教师角色有较强的认同意识，能够完全适应就职农村社会的环境、文化、关系等，但对一直服务农村的意愿“摇摆不定”，缺乏坚定和持久的归属感、认同感。艺境融合是指特岗教师个人有强烈的服务农村的意识，熟悉并完全适应就职农村社会的环境、文化、关系等，有终身奉献农村社会的坚定意志。

由图 8.2 可知，服务期满后留任特岗教师中不同社会融合水平人数差异较大。其中，处于职场融合水平的人数最多，为 2 157 人，占比 62%；处于角色融合水平的人数为 815 人，占比 24%；而处于艺境融合水平的人数仅为 496 人，占比 14%。这说明，服务期满后留任特岗教师中处于职场融合和角色融合水平的特岗教师占到 86%，也就是说，在服务期满后留任特岗教师中“不愿意”终身服务农村教育的教师占比接近九成，而“愿意”终身服务农村教育的仅为 14%。进一步分析发现，职场融合群体的总均值为 3.17 分，角色融合群体的总均值为 3.67 分，艺境融合群体的总均值为 4.36 分。

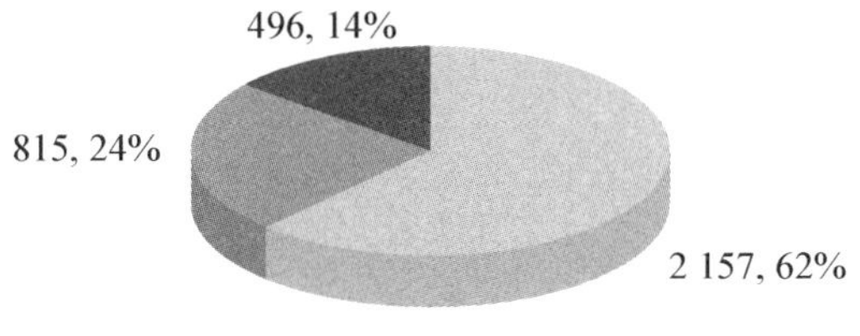

图 8.2 服务期满后不同社会融合水平留任特岗教师人数分布

通过单因素方差分析发现(见表8.5),不同类型的留任特岗教师在地位、环境、意愿、关系、文化、心理以及社会融合水平总均分上均表现出极其显著的差异。经检验得出:在地位、环境、意愿、关系、文化、心理以及社会融合水平总分上,均表现出职场融合组的得分显著低于角色融合组($p<0.05$)和艺境融合组($p<0.05$)的得分,角色融合组的得分显著低于艺境融合组的得分($p<0.05$)。

表8.5 不同类型留任特岗教师社会融合水平的方差分析

	社会融合水平			F
	职场融合(M±SD)	角色融合(M±SD)	艺境融合(M±SD)	
地位	3.13±0.62	3.55±0.71	4.44±0.68	467.35***
环境	3.25±0.81	3.71±0.82	4.13±0.80	362.19***
意愿	2.64±0.66	3.62±0.65	4.48±0.65	521.43***
关系	3.36±0.57	3.77±0.58	4.31±0.59	406.97***
文化	3.07±0.73	3.66±0.74	4.42±0.72	478.11***
心理	3.04±0.59	3.82±0.57	4.52±0.56	503.83***
总分	3.08±0.61	3.68±0.68	4.40±0.70	654.98***

(三)不同类型特岗教师融合农村的特征分析

1. 职场融合:"身在曹营心在汉"

职场融合者虽基本能适应农村社会,但对农村教育认同度不高,对农村教育持较为"悲观"的态度,把"特岗教师"岗位作为谋求职业的"跳板",不愿意长期服务于农村教育,一心想离开农村。虽然现在还在农村教师岗位,但这是暂时的,一有机会就会想方设法"走人"。进一步调查分析发现,职场融合者包含两种类型。

(1) 坚守初心,努力改变

这种类型的特岗教师把从事教育作为自己毕生奋斗的事业,坚持从事教育的信念坚定,"从小我就立志成为一名光荣的人民教师,考上特岗我如愿了"(CF),"我就适合当教师"(WF)。他们善于自觉在工作、生活中接受锻炼、提升自己,"三年特岗生活磨砺了我的性格,教会了我怎样忍受;教会了我怎样去处理人际关系;教会了我怎样生活与工作"(WF),"特岗让我收获颇多,这些经历是我人生的重要财富"(CF)。他们对农村教育固有一种"偏见"——农村教育是"落后"的代名词,在特岗生活所经历的种种不如意中，更强化了他们的这种“偏见”，“信息闭塞、交通不便、生活艰苦……”(WF)，“专业成长自生自灭”(CF)。但是，他们会在逆境中磨砺自己，展示自己，“我要做最好的自己，学校没有给我配师父，我自己经常上网观摩名师课堂，积极主动在校内、校外上展示课、竞赛课”(CF)。他们怀揣对自己人生价值定位，愿望是通过自身努力改变工作环境，“我不是不喜欢农村，也不是不喜欢农村孩子——如果我长期在农村工作，谁又来为我的未来、我家庭的未来着想呀?！反正，我现在已由特岗教师转为正式教师了，只要有机会我就会参加县里或市里学校的教师招聘考试”(CF)，“为了实现我的人生价值，我必须努力改变这种现状——力争尽快考调到城里”(WF)。现实的骨感，让这种职场融合者想到离开农村，用发展的自己来改变环境，实现理想。

(2) 回归原点，分道扬镳

当教师是这类特岗教师人生旅途的一段小插曲，他们把这个身份作为“跳槽”的资本，“说句实话，当初考特岗的目的就是看中这个编制……”(PM)，“父母规劝，叫暂时做特岗，有机会就转行”(DF)。他们把当特岗教师作为一项任务来完成，在这个过程中只有苦和辣，没有甜。“三年特岗生活，我算是熬过来了——地位太低，在别人的冷眼中生活真的难受。反正，‘特岗’就是特殊，学校里大家不愿干的活，就该特岗干。成天忙呀忙，身心俱疲”(DF)，“收入太少，不如临时工；条件太差，在这种与世隔绝的地方工作，谁还会有激情；发展无望，学校领导认为特岗教师迟早要走，不愿意培养我们，外出学习与我们无关……”(PM)。外界的歧视，以及他们遇到的各种挑战，加剧了他们“跳出”教育的想法；外面精彩的世界是他们“转行”的催化剂，“我的同学在银行当职员，收入颇丰”(PM)，“男朋友也认为当教师不好”(DF)；他们看透了农村教育，看透了教育人生，回到工作与事业的原点，一心想另谋职业。“因为我是特岗教师，被女朋友分手了；因为我是农村教师，我的未来就是个梦；我有我的理想，为此，我必须离开农村，必须离开教育，为实现梦想而努力”(PM)，“我即将离开教育，到县级机关当文职人员……”(DF)。对当教师的厌倦，对理想生活的向往，让他们回到“原点”——以特岗教师身份重新规划自己的未来。

2. 角色融合：一颗红心两种准备

角色融合者对农村教育认同度较高，对自身作为一名农村教师的角色比较认同，勤勉工作，以比较扎实的工作赢得社会的认可，教育教学效果好，事业发展较好，在一定区域内有较高的知名度，在“功成名就”之际，还是想“离开”农村，到更宽广的舞台去实现自己的“人生价值”。

这种类型的特岗教师对自己的教育人生有正确的定位，“人生是个大舞台，需要千锤百炼，农村是个好地方，可以磨炼人的意志和品质”（YF），“我要成长为一名人人羡慕的名师”（LF），“现在我是一名教育管理者，为了自己的理想，不辞辛劳”（ZF1）。他们珍惜每一个人生旅程，把每次克服困难作为提升自己的一个机会，“当任课老师时，积极配合班主任做好班务工作；当班主任时，管理好班级，不给学校添乱……”（LF），“在解决学生棘手问题方面，我总是反复思考，学理论，研判形式，正确定位，不敢有任何一点麻痹大意”（ZF1）。他们善于学习，善于改变已有的思维方式，“虚心向老乡学习，学会了与当地人交流”（YF），“懂得了乡亲们的风俗，能用他们喜欢的方式交往”（ZF1）。他们通过自身努力，丰实自己的内涵，“向有经验的教师学，向名师学，向领导学，向学生学，向同行学，向书本学，向未来学，多读无字之书”（LF）。他们善于自我施压，看好自己未来发展，“现在我成立了自己的工作室，学校里愿意加入的都可以，每学期、每个月乃至每周我们都要开展教学研讨活动，大家都找到了专业成长的乐趣”（LF），“这不是终点，只是起点，我还会继续努力，用我的实力告诉世人：我能行，我一定能行……”（ZF1）。他们的自我发展目标更高远，“我要到城市学校里去发展，让自己有更大的发展空间”（ZF1），“说句实话，我信奉：是金子终究还是要发光的。我在等待自己发光的那一天，我相信自己凭实力一定能够走出农村……”（LF）。储备能量，努力提升，不满足于现状，一颗红心两种准备——既积极干好现在本职工作，又用实力和成长赶超未来，谋划更美好的前程，随时准备改变，这就是角色融合者表现出来的特征。

3. 艺境融合：守望农村教育

艺境融合者是坚定的农村教育服务者，有终身服务农村教育的意志，不为外界良好的工作条件、优厚的待遇等所左右，坚定地为农村教育“守望”。进一步调查分析发现，艺境融合者包含两种类型。

(1) 随遇而安，得过且过

这种类型的特岗教师对自己选择作为教育人很满足，看好农村美好的自然风光，更喜欢田园式的生活方式，“我很享受这份职业：大自然赋予我们——天然的氧吧，绿色的田野，还有那一道道美丽的人间仙境……课后，再去钓钓鱼”（XM），“我在农村长大，大学毕业后工作又回到农村，现在安家也在农村，看来，我一辈子与农村结下了不解之缘”(XF)。他们喜欢单纯的教育生活，更喜欢简单的人际关系，“班里人数又不多，农村的孩子很单纯，很听话，悠闲地教点书，没有城里人的钩心斗角，更没有尔虞我诈”(XM)，“人生就是要简单点”(XF)。也曾经有试图改变现状的愿望，但几经失败，在失败中看破“红尘”，“特岗教师服务期满后的几年里，我参加过三次考调，但每次与成功都失之交臂，总是差一点，看来，这里面水深哟”(XF)。消极对待自身发展，消极对待教育事业，慢慢进入职业倦怠，存在“不求有功，但求无过”的心态，“我不与别人比成绩，我就比坚守，谁愿意来就与我共同来守这个破庙子吧”(XM)，“至于教书嘛，我没有什么奢求，长年累月能坚守这片土地——这肯定不是什么功劳，起码也还算是有苦劳噻。呵呵，这是城里教师所无法比拟的……”(XF)。放低追求，学会自娱自乐的享受，“就在农村干一辈子吧。我的工作模式就是‘教书＋休闲’，悠悠南山，教书自在，干点副业，收获满满……”(XM)。他们呈现一种与世无争的心态，随遇而安，得过且过。

(2) 立志农村，扎根乡土

这种类型的特岗教师对农村教育独有情钟，“农村需要一批有志青年，农村教育更需要当代大学生来充实”(WM)。他们立志农村教育事业，愿意终身服务农村教育事业，“读书时，由于家里穷，‘希望工程’资助了我；高中毕业时，我毅然报考了师范(专业)；大学毕业时，我毫不犹豫地参加了特岗教师考聘，很幸运，我成为了一名特岗教师。特岗服务期满后，有人劝我离开这里，我的回答很坚决：农村是我的根，我要扎根农村；我要用我学到的本领，教好山里娃，回报山里的父老乡亲”(ZF2)，“我认定农村教育，愿意在农村干一辈子”(WM)。他们对国家的农村教育策比较认可，“国家对农村教育的政策很好，有助于农村教育的发展”(WM)，他们看好农村教育的未来发展，“党和国家这样重视农村教育，农村教育的明天会更美好”(ZF2)。他们敢于挑战，不畏惧农村的苦、农村的难，“当初来到这里，不习惯当地的饮食，慢慢就习惯了；听不懂方言，向当地人学习，也就慢慢听懂一些了；手机没有信号，养成了少上网多看书的习惯”(ZF2)。他们也尝试用多种方法教育学生，“农村留守儿童多，学习习惯差，教学难度大，我善于改变自己，多让学生动手、动脑，少一些说教”(ZF2)，“我尝试用多种方法教育学生，让他们认可我，喜欢我”(WM)，“闲暇时间，把留守儿童召集起来，组织开展社团活动，凝聚他们，让他们喜欢上学习”

(ZF2),“对学习困难的学生采用‘一帮一’、建立互助小组等方式”(WM)。他们更有一种为国分忧,为民担责的气概,“作为一位有志青年,应该为国家分担忧愁,承担更多的责任与义务,我要用我的绵薄之力改变农村教育,为新时代农村建设贡献自己的青春与热血”(WM)。这类特岗教师有理想信念、有道德情操、有扎实学识、有仁爱之心,积极向上,扎根乡土。

四、结论与建议

(一) 结论

本研究表明,服务期满后留任特岗教师群体的社会融合处于较高的水平,但也存在个体差异,依据融合农村的水平高低,从低到高分为职场融合、角色融合和艺境融合,处于职场融合和角色融合的人数占比接近九成,而处于艺境融合的人数占比仅为14%。

(二) 建议

1. 以关注心理承受能力为取向,提升特岗教师个体社会融合水平

本研究认为,特岗教师融合农村的实质是教师个体的心理承受能力。心理承受能力是特岗教师个体对逆境引起的心理压力和负性情绪的承受与调节的能力,主要是对逆境的适应力、容忍力、耐力、战胜力的强弱。特岗教师是否能够融合到农村,关键在于他对逆境的适应、容忍、战胜程度。人在一定意义上是我向性的,即人总有自我肯定的倾向,总是自然地以自己的标准作为衡量事物的依据。研究表明,如果一个人以绝对的我向性来支配自己,他们不能操纵不同于自己的事情,然后出现严重的社会不适应,也可以说他的心理承受力弱;相反,如果一个人以可变的、接纳的方式处理非我向性事物,他就能够适应社会,可以促其耐受力增强。为此,要关注每位留任特岗教师的心理承受能力,加强对特岗教师正确对待逆境的教育,引导他们坚持用辩证唯物主义观点来看待逆境中遇到的人与事,正确处理各种关系,培养特岗教师积极向上、健康的个性品质,提高特岗教师适应农村社会的水平和能力。

2. 以规避消极社会融合为重点,促进消极融合向积极融合转变

融合是指流动者不仅被主流社会接受,而且其文化习俗、身份等也得到认同,并构成主流社会文化的重要来源之一,是一种更为平等的互溶和渗透关系。本研

究认为，融合具有“双面性”，即：在不同社会融合水平中有积极社会融合和消极社会融合之别。积极社会融合是指特岗教师与农村社会，双方都主动地接受、接纳对方，以达到相互平等的互溶和渗透关系。消极社会融合是指特岗教师与农村社会之间，双方或单方存在一定的抵触思想或行为，导致双方的接受、接纳对方都是“被动的”。因此，建议建立规避消极社会融合风险机制，具体而言，建立特岗教师弹性服务农村教育机制，可以在当前“特岗计划”政策的基础上规定：服务期满 3 年的农村特岗教师转为正式教师，愿意留下的特岗教师，最低服务农村教育年限（比如 5 年）达到后方可申请调动或考调，同时，留任在农村学校的特岗教师，在同一学校任职有年限要求（比如不超过 10 年），从而促进特岗教师合理流动，规避消极社会融合带来的风险。

3. 兼顾特岗教师个体的生态化发展，以积极融合促进深度融合

融合是一种理想，一旦融合了，流动者也就不再是流动者，而是主体社会的一部分了。深度融合是指特岗教师对农村社会有强烈的认同感、归属感，有主动服务农村的主观能动性。考虑到特岗教师作为一个“社会人”——结婚生子、养家糊口、照顾家庭、赡养父母、关照人际关系……为了满足特岗教师的现实需要，实现“精准发力”，相关各方应当着重满足特岗教师作为“社会人”的基本需求，实现特岗教师与社会、家庭等关系的良性建构。如在县域内的农村学校间定期举行教师间的交流活动，拓展教师的交流范围，增加特岗教师的交友机会，提升特岗教师的价值感与归属感。注重服务期满后特岗教师的“返乡”意愿，满足教师在乡域之间、县域之内的灵活调配，同时尽量将婚恋双方安置在同一区域或相近区域。对特岗教师的子女教育问题应给予一定的倾斜，基本保障特岗教师子女能够进入县域内优质寄宿制学校学习。

第三节　“特岗计划”政策的前景展望

“特岗计划”政策实施以来，农村教师结构发生了可喜的变化，农村教育充满了生机与活力，教育均衡化水平显著提高。随着国家一系列教育政策的调整，“特岗计划”政策走向值得期待。

一、政策发展走向分析

从现有岗位设置类型与事业单位人员就业类型出发，课题组建立了“双维”分析模型（如图 8.3 所示），用以分析“特岗计划”在制定与具体实施中必然面对的两对矛盾性的政策选项。特设与常设是岗位特征的考察维度，对应的是“特岗计划”的岗位设置；流动与稳定是就业特征的考察维度，对应的是“特岗计划”的人员管理。“特岗计划”政策在未来发展走向上存在着四种可能的选择方向：(1)特设-流动；(2)特设-稳定；(3)常设-流动；(4)常设-稳定。它们构成了“特岗计划”分析坐标的四个象限，并在政策所秉持的核心原则、基本政策内容、吸引人群的特征、政策工具选择以及政策选项的关键问题五个方面，呈现出明显差异。

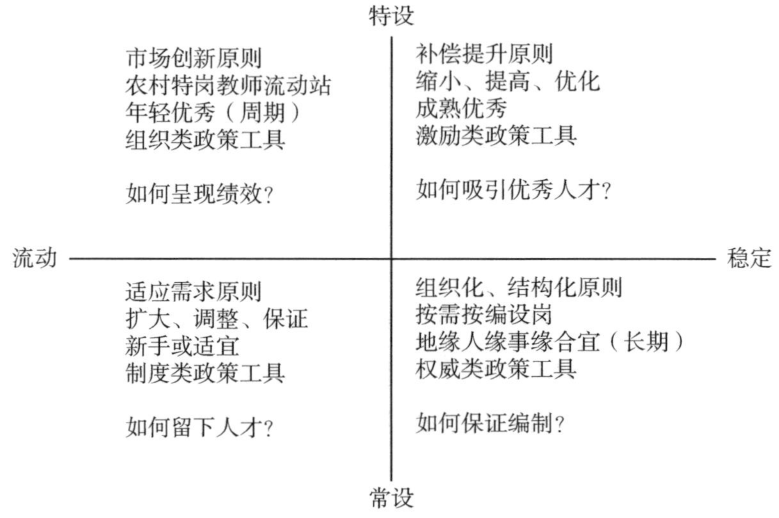

图 8.3 “特岗计划”政策发展“双维”分析模型

(一) 特设-流动

即作为特别设立的流动岗位。在偏远落后地区的农村学校，特设的流动岗位意味着在原有学校组织人事管理框架之外，设立一种类似于农村特岗教师流动站的机构。它可以发挥特设与流动的双重优势，充分发挥市场创新的原则，为农村学校配置一部分年轻优秀的教师资源。因为它的流动性和特设特征，教师拥有一定时长的服务期限和针对性强、目标明确的教育服务任务，并且需要接受服务期满后的绩效评估。在一定意义上，它强调的是流动岗位教师带来的实际效应，需要一系列组织类政策工具予以支持。作为一项重要的职业经验，它具有挑战性、流动性，并将对未来对象限定为年轻优秀、有激情、有理想的教育专业人员。它存在的关键问题是：如何才能保证实现并评估流动岗位教师的工作绩效？

（二）特设-稳定

即作为特别设立的稳定岗位。为中西部欠发达地区的农村学校特设岗位，力争使应聘该岗位的教师能够长期稳定地在此从教，并成为学校教师团队中的稳定的正式成员。它发挥特设岗位的优势，遵循补偿提升原则，既为农村学校特设岗位，又努力使特岗教师安心从教，从而建立一支稳定的农村学校教师队伍。缩小农村学校教师队伍的专业素质水平差距、优化农村学校教师队伍结构，自然就成为该政策的主要目标和干预内容。因此，这种政策发展将会采用一系列激励类政策工具，选拔成熟优秀的教师来充实农村学校教师队伍，从而保证农村教育质量的提高。它存在的关键问题是：如何才能真正吸引成熟优秀的教育专业人员安心地长期服务于欠发达地区的农村中小学校？

（三）常设-流动

即发展成为流动的常设岗位。由于特岗教师在一定程度上只是巧妙利用了3年之后自然减员产生的教师岗位，提前为欠发达地区的农村学校赢得合格或优秀师资，因此，“特岗计划”的教师岗位实质上是常设岗位，但由于3年的服务期限以及并未直接进入当地学校编制，这些岗位明显呈现流动化的特点。这体现了适应需求的原则。通过不断扩大到欠发达地区进行教育服务的教师队伍，进行学校教师队伍的结构调整与人员调整，从而保证农村教师队伍数量的扩充与质量的提升。它既要保证与既定的教师政策之间的协调，还要完善流动性带来的制度准则与管理措施，这有赖于一系列制度类政策工具。它逐渐消除了原有的“特设”的特征，又存在较大的不稳定因素，所以它的适应人群往往会是新手教师或者其他适宜人群。它存在的关键问题是：如何才能留下真正适合于当地教育的专业人才？

（四）常设-稳定

即成为稳定的常设岗位，并与学校一般教师入职定岗趋于一致。这是“特岗计划”所设定的努力目标，为欠发达地区农村学校建立一支常态的稳定的教师队伍，同时也是“特岗计划”执行与实施过程中的一种认识与方向。从一定意义上说，当

“特岗计划”发展到常设-稳定状态时，它已经完成了其作为特定发展阶段权宜之计的政策使命，并逐渐与一般教师入职定岗工作合流。因此，强调按需按编设岗，必须坚持组织化、结构化原则，采用权威类政策工具进行人力资源的配置与调整。在选择应聘的教师时，会更加注重对师资队伍建设发生影响的现实因素，偏好地缘、人缘、事缘等诸方面合宜的人选，以保证队伍的稳定性。它最核心的问题是：如何才能保证并落实教师的编制？

二、政策发展走向的角色演进分析

何谓“特岗教师”？“特岗教师”是怎样的角色？特岗教师不仅是“教师”，有别于一般教师，是“特设教师”，“特”表现在：特别需要、特别困难、特殊扶持的贫困边远地区教师岗位。如图 8.4 所示，特岗教师具有“四化”角色，即顶岗化、在岗化、特聘化、一般化。特岗教师介于两类不同范畴之间。一是介于顶岗教师与在岗教师之间。他们并非顶岗实习的教师，而是拥有相对稳定的职期与岗位期待，相比顶岗教师而言，有较高、确定的工资报酬，并有一定的发展保障，可以考虑编制因素，也可以不考虑编制因素。但他们又不同于学校的在岗教师，不仅招聘渠道、学历层次、文化背景区别于在岗教师，工资来源和结构、总额都不一样，更关键的是他们的工作流动性要相对大得多。二是介于特聘教师与一般教师之间。从招聘形式和政策手段上看，他们似乎应该归类于特聘教师，但从所赋予的职业定位与功能以及给予的经济回报来看，他们又不属于特聘教师行列，而且从特岗教师的从业经验和服务年限看，也不符合特聘教师的要求。但他们又不同于一般教师，特定的招聘渠道和严格的招聘程序，使得特岗教师的角色特征区别于当地学校的一般教师，而且他们的经济回报也会相应高于当地一般教师的收入。

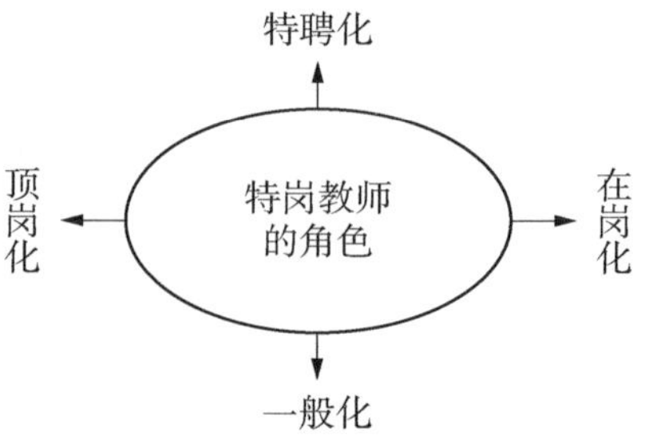

图 8.4　特岗教师的“四化”角色

顶岗就是顶替在职教师岗位完成教育教学任务。顶岗化的角色有利于在一定时间范围内将教师流动对教育效果的影响降到最小；有利于促进人才有序流动；也是对农村经济文化现实状况以及城乡之间人才流向客观性的尊重。

在岗就是在岗位上，当班工作。在岗化的角色有利于促使当地农村教师队伍的结构化与水平性得以改善；也有利于教师融入当地；更是尊重了目前应聘者追求工作生活稳定的心理需求。

特聘就是为完成某项任务，打破常规，特别聘请。特聘化的角色有利于真正发挥特别设置、专门渠道招聘的政策效应，为义务教育系统内部的薄弱环节提供优质力量；有利于真正建立一支师德高尚、知识扎实、专业精良、能力突出的农村教育攻坚队伍，从而切实解决农村教育积重难返的文化人力资本难题；也可以发挥特岗教师引领带头的作用，进而全面提升当地农村学校教师的整体素质。

一般化是指特岗教师的招聘补充机制成为中小学校一般教师的普遍准入机制，从而使得特岗教师在身份上完全等同于一般教师。一般化的角色有利于满足农村社会文化发展需求，有利于教师队伍的整体优化，有利于适应当地师生、家长的心理需求，逐渐消除专业层级区别系统之外的其他类型。

三、现实选择与前景展望

当前，“特岗计划”的社会文化现实背景和发展状况包括：(1)中西部欠发达地区的农村教育境况依然堪忧，义务教育的区域差异、城乡差异、校际差异依然较为严重，部分地区农村中小学的师资队伍结构性欠缺状况还未得到有力缓解；(2)社会主义新农村建设尤其是“乡村振兴计划”为农村教师队伍的迅速发展提供了大好机遇，也对农村师资队伍整体质量提出了更高的要求；(3)教育改革方兴未艾，对教师补充机制的探索有望成为整体制度重建的切入口；(4)伴随着“特岗计划”的推行，教师招聘权限上移，考核内容和程序逐步专业化，都使得特岗教师招聘模式逐渐成为教师补充的主渠道。

展望未来，“特岗计划”将会在一定时间范围内继续推行。如何进一步扩大政策的受惠面，并把直接关涉教育起点公平的农村学前教育师资需求纳入“特岗计划”干预的视野？如何充分考虑顶岗化的流动性优势与在岗化的稳定性优势的有机结合，重新界定特岗教师的招考资格与招聘范围？如何进一步研究“特岗计划”

的资金使用效率，深入思考特岗教师的特聘化与一般化的关系，并把这种思考与农村教师队伍发展的整体规划结合起来进行顶层设计？如何切实改进工作，优化农村基层学校教育环境，吸引更多人应聘农村教师岗位？这些都将成为未来“特岗计划”政策改进与实施中的研究课题。

附录

附录1　西部农村特岗教师发展状况调查问卷

西部农村特岗教师离职原因及影响因素调查问卷

尊敬的老师：

您好！为加强西部农村特岗教师队伍建设，进一步推动义务教育均衡发展，我们组织这次西部农村特岗教师发展状况调研。希望您能根据自己的情况、体会和想法，如实填写本问卷。您的意见将成为国家掌握西部农村特岗教师的真实情况的重要依据。本问卷采用不记名方式，敬请您放心作答。

谢谢您的参与和配合！

西部农村特岗教师发展状况研究课题组

2016年8月

1. 您的性别是(　　)。

A. 男　B. 女

2. 您的年龄是(　　)。

A. 20—24岁　B. 25—29岁　C. 30岁及以上

3. 您考入“特岗”的年份是(　　)。

A. 2006年　B. 2007年　C. 2008年　D. 2009年　E. 2010年

F. 2011年　G. 2012年　H. 2013年　I. 2014年　J. 2015年

4. 您曾经任教的学校是(　　)。

A. 农村小学　B. 农村初中　C. 农村九年一贯制学校　D. 农村高中

5. 您在“特岗”上供职的时间是(　　)。

A. 考上，未供职　B. 1年内　C. 1—2年　D. 3年期满

6. 您属于(　　)。

A. 师范专业毕业生　B. 非师范专业毕业生

7. 成为特岗教师之前您是(　　)。

A. 应届毕业生　B. 往届毕业生

8. 当年您选择做特岗教师的原因是(　　)。(可多选)

A. 大学毕业就业难　B. 获得教师编制的机会　C. 可以离家近点

D. 支援农村教育　E. 喜欢教师职业　F. 锻炼自己

G. 特岗教师工作稳定、福利有保障,且有寒暑假,有吸引力

H. 方便继续攻读教育硕士　I. 为了以后考公务员、考研究生获得加分

J. 先工作看看,再寻找其他机会,找到更好的工作再离开　K. 家里人的要求

L. 同学朋友也考取了特岗教师　M. 人际关系相对简单,社会地位也较高

N. 其他(请说明)________

9. 您去职特岗教师的主要原因是(　　)。(可多选)

A. 工资太低,待遇太差　B. 工作的环境太差　C. 交通不便,太过偏远

D. 与自己的理想不符合　E. 教师职业不适合自己

F. 工作成就感低,上升空间小　G. 对这里的生活难以适应

H. 教学任务难以完成,教学理论不足　I. 继续升学

J. 婚恋问题　K. 考公务员　L. 考公职教师

M. 借调　N. 其他(请说明)________

10. 去职特岗教师岗位后,您目前的职业是(　　)。

A. 公务员　B. 公职教师　C. 在读研究生　D. 国有企业职员

E. 个体经营户　F. 待业　G. 其他(请说明)________

11. 您对当年去职特岗教师岗位的决定表示(　　)。

A. 后悔　B. 不后悔

12. 作为曾经的特岗教师,您希望当地政府和学校下一步开展哪些工作?(可多选,如选择 A,则不必选择其他)(　　)

A. 不需要做什么　B. 提高工资待遇　C. 多进行教学方面的培训

D. 多组织文化活动　E. 进行教师轮岗制度　F. 改善工作环境和交通条件

G. 完善特岗教师相应的制度和体系并落实到位　H. 其他(请说明)________

13. 请在与您的真实感受对应的格子内打"√"。在"选项"栏中,"1"表示坚决反对,"2"表示反对,"3"表示不确定或说不准,"4"表示赞同,"5"表示非常赞同。

序号	题　目	选项				
		1	2	3	4	5
1	国家实施"特岗计划"政策有助于促进我所在农村教育发展					
2	"特岗计划"政策在我所在农村学校得到很好贯彻落实					
3	我所在的地方政府有关于"特岗计划"政策的配套落实政策					
4	我所在的地方教育主管部门重视特岗教师的专业发展					
5	我对所在农村教育发展前景比较有信心					
6	我对所在农村学校的管理比较满意					
7	我对所在农村学校发展持比较乐观的态度					
8	我对所在农村孩子有机会受到良好教育持比较乐观的态度					
9	我对自己特岗教师生活(住宿、饮食等)环境比较满意					
10	我对自己特岗教师工作环境(办公环境、教学环境等)比较满意					
11	我所在学校领导比较重视特岗教师的发展					
12	我比较喜欢所在农村的工作与生活环境					
13	我有机会向学校领导或上级主管部门反馈自己的诉求					
14	我对特岗教师的地位持肯定意见					
15	我对特岗教师的工资待遇比较满意					
16	我比较受学生的欢迎					
17	学生家长比较认可我的工作					
18	我与同事和睦相处,关系比较好					
19	特岗教师经历丰富了我的人生阅历					
20	学校通过多种途径为特岗教师发展搭建平台					
21	特岗教师群体与公职教师群体关系融洽					
22	我对农村教师发展持乐观态度					

开放试题:

14. 曾经的特岗教师工作经历给您带来过哪些收获与困扰?

西部农村特岗教师发展状况调查问卷(在岗教师)

尊敬的老师：

您好！为加强西部农村特岗教师队伍建设，进一步推动义务教育均衡发展，我们组织这次西部农村特岗教师发展状况调研。希望您能根据自己的情况、体会和想法，如实填写本问卷。您的意见将成为国家掌握西部农村特岗教师的真实情况的重要依据。本问卷采用不记名方式，敬请您放心作答。

谢谢您的参与和配合！

西部农村特岗教师发展状况研究课题组

2016 年 8 月

1. 您的性别是(　　)。

   A. 男　B. 女

2. 您考入“特岗”的年份是(　　)。

   A. 2012 年　B. 2013 年　C. 2014 年　D. 2015 年

3. 您的家乡是(　　)。

   A. 外省　B. 本省非本县　C. 本县

4. 您属于(　　)。

   A. 师范专业毕业生　B. 非师范专业毕业生

5. 您任教的学校属于(　　)。

   A. 农村小学　B. 农村初中　C. 农村九年一贯制学校　D. 农村高中

6. 您选择做特岗教师的原因是(　　)。(可多选)

   A. 大学毕业就业难　B. 获得教师编制的机会　C. 可以离家近点

   D. 支援农村教育　E. 喜欢教师职业　F. 锻炼自己

   G. 特岗教师工作稳定、福利有保障，且有寒暑假，有吸引力

   H. 方便继续攻读教育硕士　I. 为了以后考公务员、考研究生获得加分

   J. 先工作看看，再寻找其他机会，找到更好的工作再离开　K. 家里人的要求

L. 同学朋友也考取了特岗教师　M. 人际关系相对简单,社会地位也较高

N. 其他(请说明)________

7. 本学期,您任教几门学科?(　　)

A. 1门　B. 2门　C. 3门　D. 4门　E. 4门以上

8. 您任教的学科与所学专业是否一致?(　　)

A. 一致　B. 不一致

9. 您任教的学科与所应聘专业是否一致?(　　)

A. 一致　B. 不一致

10. 本学期您周课时量总共为多少节?(　　)

A. 10节以内　B. 11—15节　C. 16—20节　D. 21节及以上

11. 您每天用在工作上的时间平均是几小时?(　　)

A. 小于等于8小时　B. 9—11小时　C. 12—14小时　D. 14小时以上

12. 您节假日加班吗?(如补课、活动、进修、开会等)(　　)

A. 基本不加班　B. 偶尔加班　C. 经常加班

13. 您在教学过程中,除教材外,以下教学资源经常使用的是(　　)。(可多选)

A. 教学参考书　B. 自备资料与藏书　C. 网络资料

D. 同事提供资料　E. 本校资料室资料　F. 校外资料

14. 当前,您在学校教育教学活动中所面临的挑战有(　　)。(可多选)

A. 专业知识不完善　B. 缺乏教育学、心理学背景知识对教育教学的支持

C. 教学管理与评价不合理　D. 缺乏对新的教育教学方法的了解和运用

E. 缺乏进修和提高的机会　F. 缺乏对课堂教育教学各环节的调控

G. 缺乏教学科研意识和方法　H. 缺乏对信息技术的了解和使用

I. 教师之间缺少相互沟通和支持　J. 缺乏与家长学生交流沟通的能力

K. 学生基础差,学习兴趣低

15. 在教育教学中遇到问题和困惑时,您最常用的解决方式是(　　)。(可多选)

A. 个人钻研　B. 请教本校有经验的老师　C. 与其他特岗教师沟通

D. 与朋友探讨　E. 请教学校领导　F. 请教本地教研员　G. 阅读相关书籍

H. 利用网络资源

16. 您的一日三餐如何解决？（　　）

A. 学校食堂　B. 自己动手做饭　C. 在校外买饭　D. 其他

17. 目前您的住宿问题是如何解决的？（　　）

A. 学校提供单人宿舍　B. 学校提供多人宿舍　C. 自己租房　D. 住在家里

18. 您的月平均总体工资(包括津贴补贴、绩效工资等)是(　　)。

A. 1500—2000元　B. 2001—2500元　C. 2501—3000元

D. 3001元及以上

19. 您的家庭经济负担情况如何？（　　）

A. 无负担　B. 负担较轻　C. 负担一般　D. 负担较重　E. 负担很重

20. 生活中您担心的问题有(　　)。(可多选)

A. 收入偏低　B. 生活无规律　C. 住宿条件差　D. 交通不便

E. 远离家庭亲友　F. 不会处理人际关系　G. 婚姻问题解决困难

H. 业余生活枯燥

21. 目前您的工资发放状况是(　　)。

A. 按时发放　B. 偶尔拖欠　C. 经常拖欠

22. 在学校里，您享受到了与在编教师同等的福利待遇(包括培训、表彰、慰问、工会活动等)吗？（　　）

A. 是　B. 否

23. 您认为您所在的地方兑现了国家法定的特岗教师待遇吗？（　　）

A. 完全兑现　B. 基本兑现　C. 基本没有兑现　D. 完全没有兑现

E. 不清楚

24. 五险一金您具有哪几项？（　　）(可多选)

A. 养老保险　B. 医疗保险　C. 失业保险　D. 工伤保险　E. 生育保险

F. 住房公积金

25. 您目前的工作状态是(　　)。

A. 没有压力，工作轻松　B. 有压力，但能适应　C. 压力很大，难以承受

26. 您所在的学校有完备的图书资料室、网络教室、文体活动设施方便老师使用。（　　）

A. 完全符合　B. 比较符合　C. 不太符合　D. 完全不符合

27. 您所在的学校针对教职工举办的文化体育活动(　　)。

A. 经常有　B. 有一些,但不多　C. 从来没有

28. 本校领导对特岗教师的关心程度是(　　)。

A. 非常关心　B. 比较关心　C. 不太关心　D. 完全不关心

29. 您与其他教师间的人际关系(　　)。

A. 很融洽　B. 比较融洽　C. 一般　D. 很差

30. 您每学期参加县级及以上培训的次数是(　　)。

A. 0 次　B. 1—2 次　C. 3—4 次　D. 5 次及以上

31. 您每学期参加校本培训的次数是(　　)。

A. 0 次　B. 1—2 次　C. 3—4 次　D. 5 次及以上

32. 成为特岗教师以来,您参与过哪些培训?(　　)(可多选)

A. 国家级培训　B. 省级培训　C. 市级培训

D. 县级培训　E. 学校培训　F. 未参加过任何培训

33. 您最喜欢的特岗教师培训方式是(　　)。

A. 讲座式培训　B. 参与式培训　C. 网络远程培训　D. 校本培训

34. 您认为哪些教研活动对特岗教师比较适合?(　　)(可多选)

A. 师徒结对　B. 名师指导　C. 同伴互助　D. 参与县级以上教研活动

E. 校本教研　F. 参与网上研修　G. 自主学习

35. 您认为目前特岗教师培训存在的主要问题是(　　)。(可多选)

A. 培训机会少　B. 培训与工作矛盾较大,走不开

C. 培训内容与教学实际脱节　D. 培训地点远,交通不便

E. 学校不愿外派培训　F. 教师个人负担费用较高

G. 培训形式单调,缺乏互动

36. 如果有机会参加培训,您最期望的是(　　)。(可多选)

A. 教师职业素养提升　B. 教育理论培训　C. 专业培训

D. 教育教学技能培训　E. 班团队管理培训

37. 您认为大学所学内容对您目前的教学有多大的帮助?(　　)

A. 有很大帮助　B. 有一定的帮助　C. 基本没有帮助

38. 您所在大学是否宣传了“特岗计划”政策？（　　）

A. 宣传了　B. 没有宣传

39. 您认为大学所学习的专业理论知识在工作中的实用程度是（　　）。

A. 非常有用　B. 比较有用　C. 说不清　D. 不太有用　E. 完全没用

40. 您对现在的职业与读大学时的职业期待相比较的感觉是（　　）。

A. 比期待好　B. 基本一致　C. 比期待差

41. 大学的课程设置对您从事教师工作而言是否合理？（　　）

A. 非常合理　B. 比较合理　C. 不太合理　D. 完全不合理　E. 说不清

42. 您觉得“特岗计划”的三年服务期（　　）。

A. 太长　B. 基本合适　C. 太短

43. 您对国家“特岗计划”政策的内容（　　）。

A. 完全了解　B. 比较了解　C. 不太了解　D. 完全不了解

44. 您认为目前特岗教师的报考条件（　　）。

A. 限制太多　B. 比较适合　C. 限制太少

45. 您认为目前特岗教师的招考过程（　　）。

A. 公平　B. 比较公平　C. 不公平

46. 您认为特岗教师招考过程中，哪些最需要改进？（　　）（可多选）

A. 时间安排　B. 报考流程　C. 考试内容

D. 相关政策宣传及解读　E. 笔试　F. 面试　G. 报考条件

47. 您认为影响特岗教师专业发展的不利条件主要是（　　）。（可多选）

A. 主观不努力　B. 教师间缺乏合作、交流的氛围

C. 参加教研和培训的机会少　D. 领导不重视　E. 学生基础差

F. 缺少专家指导　G. 教师待遇低

48. 您认为影响特岗教师工作积极性最主要的学校管理因素是（　　）。

A. 学校办学条件　B. 领导示范　C. 奖惩制度　D. 评先评优和职称评审

E. 工作量分配　F. 教学质量　G. 其他

49. 您认为影响特岗教师幸福的主要因素有哪些？（　　）（可多选）

A. 特岗教师的社会地位　B. 个人价值满足度　C. 社会保障

D. 住房条件　E. 在职进修　F. 家庭支持　G. 收入

50. 您认为当前制约特岗教师发展最大的瓶颈问题是(　　)。

A. 自身观念　B. 城乡差异　C. 政策落实　D. 学校管理

E. 经费保障　F. 家庭影响　G. 其他(请说明)________

51. 您认为农村特岗教师发展政策方面存在的突出问题是(　　)。(可多选)

A. 教师资格制度不完善　B. 教师待遇政策落实不够

C. 教师培养体系有待完善　D. 教师培训制度有待健全

E. 教师管理体制不够完善　F. 教师评价制度有待改进

52. 您希望当地政府和学校下一步开展哪些工作?(可多选,最多三项,如选择A则不选择其他)(　　)

A. 不需要做什么　B. 提高福利待遇　C. 多进行教学方面的培训

D. 多组织文化活动　E. 落实教师轮岗制度　F. 改善工作环境和生活条件

53. 服务期满后您的打算是(　　)。

A. 继续留任　B. 转行　C. 到其他地方任教

54. 请在与您的真实感受对应的格子内打"√"。在"选项"栏中,"1"表示坚决反对,"2"表示反对,"3"表示不确定或说不准,"4"表示赞同,"5"表示非常赞同。

序号	题　目	选项				
		1	2	3	4	5
1	国家实施"特岗计划"政策有助于促进我所在农村教育发展					
2	"特岗计划"政策在我所在农村学校得到很好贯彻落实					
3	我所在的地方政府有关于"特岗计划"政策的配套落实政策					
4	我所在的地方教育主管部门重视特岗教师的专业发展					
5	我对所在农村教育发展前景比较有信心					
6	我对所在农村学校的管理比较满意					
7	我对所在农村学校发展持比较乐观的态度					
8	我对所在农村孩子有机会受到良好教育持比较乐观的态度					
9	我对自己特岗教师生活(住宿、饮食等)环境比较满意					
10	我对自己特岗教师工作环境(办公环境、教学环境等)比较满意					
11	我所在学校领导比较重视特岗教师的发展					
12	我有机会向学校领导或上级主管部门反馈自己的诉求					

续 表

序号	题　　目	选项				
		1	2	3	4	5
13	我对特岗教师的工资待遇比较满意					
14	我比较受学生的欢迎					
15	学生家长比较认可我的工作					
16	特岗教师经历丰富了我的人生阅历					
17	我所在学校通过多种途径为特岗教师发展搭建平台					
18	我对农村教师发展持乐观态度					
19	我实现了我的人生价值					
20	我能从目前的特岗生活和工作中得到幸福感					

开放试题：

55. 特岗教师的工作经历给您带来了哪些收获与困扰？

西部农村特岗教师发展状况调查问卷(转正教师)

尊敬的老师:

您好!为加强西部农村特岗教师队伍建设,进一步推动义务教育均衡发展,我们组织这次西部农村特岗教师发展状况调研。希望您能根据自己的情况、体会和想法,如实填写本问卷。您的意见将成为国家掌握西部农村特岗教师的真实情况的重要依据。本问卷采用不记名方式,敬请您放心作答。

谢谢您的参与和配合!

西部农村特岗教师发展状况研究课题组

2016年8月

1. 您的性别是(　　)。

A. 男　B. 女

2. 您考入"特岗"的年份是(　　)。

A. 2006年　B. 2007年　C. 2008年　D. 2009年　E. 2010年

F. 2011年　G. 2012年　H. 2013年

3. 您由特岗教师转为正式教师的时间是(　　)。

A. 2009年　B. 2010年　C. 2011年　D. 2012年　E. 2013年

F. 2014年　G. 2015年　H. 2016年

4. 您的家乡是(　　)。

A. 外省　B. 本省非本县　C. 本县

5. 您属于(　　)。

A. 师范专业毕业生　B. 非师范专业毕业生

6. 您目前的职称是(　　)。

A. 未评　B. 三级　C. 二级　D. 一级　E. 高级

7. 您选择做特岗教师的原因是(　　)。(可多选)

A. 大学毕业就业难　B. 获得教师编制的机会　C. 可以离家近点

D. 支援农村教育　E. 喜欢教师职业　F. 锻炼自己

G. 特岗教师工作稳定、福利有保障，且有寒暑假，有吸引力

H. 方便继续攻读教育硕士　I. 为了以后考公务员、考研究生获得加分

J. 先工作看看，再寻找其他机会，找到更好的工作再离开　K. 家里人的要求

L. 同学朋友也考取了特岗教师　M. 人际关系相对简单，社会地位也较高

N. 其他(请说明)________

8. 您任教过的学校所数是(　　)。

A. 1 所　B. 2 所　C. 3 所及以上

9. 您第一次入职任教的学校属于(　　)。

A. 农村小学　B. 农村初中　C. 农村九年一贯制学校　D. 农村高中

10. 入职以来，您担任过的职务有(　　)。(可多选)

A. 中层干部　B. 副校级干部　C. 校长　D. 无

11. 本学期您任教的课程有几门？(　　)

A. 1 门　B. 2 门　C. 3 门　D. 4 门及以上

12. 您任教的学科与所学专业是否一致？(　　)

A. 一致　B. 不一致

13. 您的现任教学科与初入职任教学科是否一致？(　　)

A. 一致　B. 不一致

14. 本学期您周课时量总共为多少节？(　　)

A. 5 节以内　B. 6—10 节　C. 11—15 节　D. 16—20 节　E. 21 节及以上

15. 您每天用在工作上的时间平均是几小时？(　　)

A. 小于等于 8 小时　B. 9—11 小时　C. 12—14 小时　D. 14 小时以上

16. 您觉得学校对待正式教师与特岗教师的区别在于(　　)。(可多选)

A. 没有区别　B. 工资待遇　C. 工作任务量　D. 领导重视程度

E. 食宿环境

17. 您节假日加班吗？(如补课、活动、进修、开会等)(　　)

A. 基本不加班　B. 偶尔加班　C. 经常加班

18. 非教学会议、活动太多让我感到疲惫不堪，不堪重负。(　　)

A. 完全符合　B. 比较符合　C. 不确定　D. 不太符合　E. 完全不符合

19. 您在教学过程中,除教材外,以下教学资源经常使用的是(　　)。(可多选)

A. 教学参考书　B. 自备资料与藏书　C. 网络资料

D. 同事提供资料　E. 本校资料室资料　F. 校外资料

20. 当前,您在学校教育教学活动中所面临的挑战有(　　)。(可多选)

A. 专业知识不完善　B. 缺乏教育学、心理学背景知识对教育教学的支持

C. 教学管理与评价不合理　D. 缺乏对新的教育教学方法的了解和运用

E. 缺乏进修和提高的机会　F. 缺乏对课堂教育教学各环节的调控

G. 缺乏教学科研意识和方法　H. 缺乏对信息技术的了解和使用

I. 教师之间缺少相互沟通和支持　J. 缺乏与家长学生交流沟通的能力

K. 学生基础差,学习兴趣低

21. 在教育教学中遇到问题和困惑时,您最常用的解决方式是(　　)。(可多选)

A. 个人钻研　B. 请教本校有经验的老师　C. 与其他特岗教师沟通

D. 与朋友探讨　E. 请教学校领导　F. 请教本地教研员　G. 阅读相关书籍

H. 利用网络资源

22. 转为正式教师后,您觉得生活上有什么改变?(　　)

A. 有所提高　B. 没有改变　C. 有所降低

23. 您的一日三餐如何解决?(　　)

A. 学校食堂　B. 自己动手做饭　C. 在校外买饭　D. 其他

24. 目前您的住宿问题是如何解决的?(　　)

A. 学校提供单人宿舍　B. 学校提供多人宿舍　C. 自己租房　D. 住在家里

25. 转为正式教师后,生活中您担心的问题有(　　)?(可多选)

A. 收入偏低　B. 生活无规律　C. 住宿条件差　D. 交通不便

E. 远离家庭亲友　F. 不会处理人际关系　G. 婚姻问题解决困难

H. 业余生活枯燥

26. 您的月平均总体工资(包括津贴补贴、绩效工资等)为(　　)。

A. 1 500—2 000 元　B. 2 001—2 500 元　C. 2 501—3 000 元

D. 3 001 元及以上

27. 与特岗期间的工资相比,您的工资收入(　　)。

A. 增加了　B. 没有变化　C. 减少了

28. 您的家庭经济负担情况如何？（ ）

A. 无负担 B. 负担较轻 C. 负担一般 D. 负担较重 E. 负担很重

29. 您认为您所在的地方兑现了国家法定的教师待遇吗？（ ）

A. 完全兑现 B. 基本兑现 C. 基本没有兑现 D. 完全没有兑现 E. 不清楚

30. 五险一金您具有哪几项？（ ）（可多选）

A. 养老保险 B. 医疗保险 C. 失业保险 D. 工伤保险 E. 生育保险

F. 住房公积金

31. 您目前的工作状态是（ ）。

A. 没有压力，工作轻松 B. 有压力，但能适应 C. 压力很大，难以承受

32. 您目前最主要的压力来自（ ）。（可多选）

A. 经济负担 B. 教学任务 C. 专业能力提升 D. 职称晋升 E. 个人婚恋

F. 同事认可 G. 家人的支持 H. 学生及家长的评价 I. 学校领导重视

33. 您所在的学校有完备的图书资料室、网络教室、文体活动设施方便老师使用。（ ）

A. 完全符合 B. 比较符合 C. 不太符合 D. 完全不符合

34. 您所在的学校针对教职工举办的文化体育活动（ ）。

A. 经常有 B. 有一些，但不多 C. 从来没有

35. 您每学期参加县级及以上培训的次数是（ ）。

A. 0 次 B. 1—2 次 C. 3—4 次 D. 5 次及以上

36. 您每学期参加校本培训的次数是（ ）。

A. 0 次 B. 1—2 次 C. 3—4 次 D. 5 次及以上

37. 与特岗期间相比，您参加上级培训的机会（ ）。

A. 增加了 B. 没有变化 C. 减少了

38. 成为正式教师以来，您参与过哪些培训？（ ）（可多选）

A. 国家级培训 B. 省级培训 C. 市级培训

D. 县级培训 E. 学校培训 F. 未参加过任何培训

39. 您认为目前教师培训存在的主要问题是（ ）。（可多选）

A. 培训机会少 B. 培训与工作矛盾较大，走不开

C. 培训内容与教学实际脱节 D. 培训地点远，交通不便

E. 学校不愿外派培训 F. 教师个人负担费用较高 G. 培训形式单调，缺乏互动

40. 如果有机会参加培训，您最期望的是（　　）。（可多选）

A. 教师职业素养提升　B. 教育理论培训　C. 专业培训

D. 教育教学技能培训　E. 班团队管理培训

41. 您认为大学所学内容对您目前的教学有多大的帮助？（　　）

A. 有很大帮助　B. 有一定的帮助　C. 基本没有帮助

42. 您认为大学所学习的专业理论知识在工作中的实用程度是（　　）。

A. 非常有用　B. 比较有用　C. 说不清　D. 不太有用　E. 完全没用

43. 您对现在的职业与读大学时的职业期待相比较的感觉是（　　）。

A. 比期待好　B. 基本一致　C. 比期待差

44. 大学的课程设置对您从事教师工作而言是否合理？（　　）

A. 非常合理　B. 比较合理　C. 不太合理　D. 完全不合理　E. 说不清

45. 您对曾经的三年"特岗"服务期的感受是（　　）。

A. 太长　B. 基本合适　C. 太短

46. 您认为目前特岗教师的报考条件（　　）。

A. 限制太多　B. 比较适合　C. 限制太少

47. 您认为目前特岗教师的招考过程（　　）。

A. 公平　B. 比较公平　C. 不公平

48. 您认为特岗教师招考过程中，哪些最需要改进？（　　）（可多选）

A. 时间安排　B. 报考流程　C. 考试内容　D. 相关政策宣传及解读

E. 笔试　F. 面试　G. 报考条件

49. 您认为影响特岗教师专业发展的不利条件主要是（　　）。（可多选）

A. 主观不努力　B. 教师间缺乏合作、交流的氛围　C. 参加教研和培训的机会少

D. 领导不重视　E. 学生基础差　F. 缺少专家指导　G. 教师待遇低

50. 您认为影响特岗教师工作积极性最主要的学校管理因素是（　　）。

A. 学校办学条件　B. 领导示范　C. 奖惩制度　D. 评先评优和职称评审

E. 工作量分配　F. 教学质量　G. 其他

51. 您认为影响特岗教师幸福感的主要因素有哪些（　　）。（可多选）

A. 特岗教师的社会地位　B. 个人价值满足度　C. 社会保障

D. 住房条件　E. 在职进修　F. 家庭支持　G. 收入

52. 您认为当前制约特岗教师发展最大的瓶颈问题是(　　)。(可多选)

A. 自身观念　B. 城乡差异　C. 政策落实　D. 学校管理　E. 经费保障

F. 家庭影响　G. 其他(请说明)________

53. 您认为农村特岗教师发展政策方面存在的突出问题是(　　)。(可多选)

A. 教师资格制度不完善　B. 教师待遇政策落实不够

C. 教师培养体系有待完善　D. 教师培训制度有待健全

E. 教师管理体制不够完善　F. 教师评价制度有待改进

54. 您希望当地政府和学校下一步开展哪些工作?(可多选,最多三项,如选择A则不选择其他)(　　)

A. 不需要做什么　B. 提高福利待遇　C. 多进行教学方面的培训

D. 多组织文化活动　E. 落实教师轮岗制度　F. 改善工作环境和生活条件

55. 作为正式教师,目前您最希望的是什么?(　　)

A. 工资待遇更高　B. 能有免费进修或攻读高一级学历的机会

C. 能调到更好的学校工作

D. 能担任学校领导或通过考公务员进入行政单位

E. 其他:________(请注明)

56. 请在与您的真实感受对应的格子内打"√"。在"选项"栏中,"1"表示坚决反对,"2"表示反对,"3"表示不确定或说不准,"4"表示赞同,"5"表示非常赞同。

序号	题　　目	选项				
		1	2	3	4	5
1	国家实施"特岗计划"政策有助于促进我所在农村教育发展					
2	"特岗计划"政策在我所在农村学校得到很好贯彻落实					
3	我所在的地方政府有关于"特岗计划"政策的配套落实政策					
4	我所在的地方教育主管部门重视特岗教师的专业发展					
5	我对所在农村教育发展前景比较有信心					
6	我对所在农村学校的管理比较满意					
7	我对所在农村学校发展持比较乐观的态度					
8	我对所在农村孩子有机会受到良好教育持比较乐观的态度					
9	我对自己曾经的特岗教师生活(住宿、饮食等)环境比较满意					

续 表

序号	题　　目	选项				
		1	2	3	4	5
10	我对自己曾经的特岗教师工作环境(办公环境、教学环境等)比较满意					
11	我所在学校领导比较重视特岗教师的发展					
12	我有机会向学校领导或上级主管部门反馈自己的诉求					
13	我对自己曾经的特岗教师的工资待遇比较满意					
14	我比较受学生的欢迎					
15	学生家长比较认可我的工作					
16	曾经的特岗教师经历丰富了我的人生阅历					
17	我曾经所在学校通过多种途径为特岗教师发展搭建平台					
18	我对农村教师发展持乐观态度					
19	我实现了我的人生价值					
20	我能从目前的生活和工作中得到幸福感					

开放试题:

57. 曾经的特岗教师工作经历给您带来过哪些收获与困扰?

附录2　西部农村特岗教师发展状况访谈问题

"特岗计划"政策访谈提纲(教育行政部门)

访谈对象姓名：________性别：________所在单位：____________________

职务：________________访谈日期：________

一、贵县招聘特岗教师的模式属于哪一种(省考省面、省考市面、省考县面、省市考市面、县考县面)？具体是如何实施的？

二、贵县是否出台了特岗教师地方配套政策？具体有哪些政策？落实情况如何？

三、贵县的特岗教师的管理体制是怎么样的(以县为主,省教育部门监督指导)？有没有专门的特岗教师管理部门,来加强特岗教师管理？对特岗教师是如何考核评价的,特岗教师服务期满转为正式编制教师的标准是什么？

四、贵县是如何解决特岗教师服务期内离职这一问题的？

五、作为县负责人，您认为“特岗计划”政策在促进农村教育发展方面能起到什么积极作用？

六、您认为“特岗计划”政策还需要在哪些方面进一步进行完善和改进？（信息发布、招考过程、教师待遇发放、生活补助、岗前培训、后续发展等）

“特岗计划”政策访谈提纲(高等师范院校领导或教师)

访谈对象姓名：________性别：________所在单位：________________________

职务：_________________访谈日期：________

一、您是否了解国家实施“特岗计划”政策？您对“特岗计划”政策如何评价？

二、贵校在培训未来教师方面,有哪些具体措施支持“特岗计划”政策？

三、您认为现在的高校课程设置培养方案,是否有利于学生走上工作岗位后更快地适应教育教学工作？为什么？

四、您认为为了提高未来特岗教师的适应能力,贵校该从哪些方面改进培养方式？

五、您对地方使用特岗教师有何建议？您在国家调整“特岗计划”政策方面有何建议？

“特岗计划”政策访谈提纲(高等师范院校学生)

访谈对象姓名：________性别：________所在院校：________________________

职务：________________访谈日期：________

一、您是否了解国家实施“特岗计划”政策？如果了解，您对“特岗计划”政策如何评价？

二、您认为现在的高校课程设置培养方案，是否有利于您走上工作岗位后更快地适应教育教学工作？为什么？

三、您认为为了提高您对未来教育教学工作的适应能力，现在的高校应该从哪些方面改进？

四、如果您考聘为未来的特岗教师，您对当地教育行政部门有何期待？对入职学校呢？

“特岗计划”政策访谈提纲(设岗学校领导)

访谈对象姓名：________性别：________所在单位：________________________

职务：________________访谈日期：________

一、2006年国家实施“特岗计划”政策以来,贵校已招收了几批特岗教师？从特岗教师的工作与生活表现来看,您总体上还满意吗？

二、您所在地方政府是否出台了特岗教师地方配套政策？具体有哪些政策？落实情况如何？

三、相比在编的教师,您认为特岗教师有什么优势？有哪些不足？从教师专业成长的角度来说,您认为特岗教师还需要从哪些方面加以改进？

四、贵校的特岗教师对学校环境的适应性如何？是否存在适应环境方面的困难？如果有,学校在帮助特岗教师适应环境方面有哪些措施？

五、贵校特岗教师所任教的学科是否与其大学期间所学专业一致？如果不一致，您觉得造成这一现象的原因主要有哪些？怎样才能加以改进？

六、在学校提供的待遇方面(福利、补贴、培训等)，特岗教师是否和在编教师一样？如果不一样，有哪些区别？特岗教师的工作付出相较于其收入水平而言，合理吗？

七、贵校的特岗教师留任率高吗？对于没有留任的特岗教师，您认为是哪些原因导致他们不愿意继续留在学校工作？

八、作为学校领导，您认为“特岗计划”政策在促进农村教育发展方面能起到什么积极作用？

九、您对“特岗计划”政策如何评价？目前“特岗计划”政策是否还有待完善？作为学校领导，您有何建议？

十、您对高校培养教师有何建议？

“特岗计划”政策访谈提纲(服务期内特岗教师)

访谈对象姓名：________性别：________所在单位：________________________

职务：__________________访谈日期：________

一、您对目前特岗教师的工作和生活是否适应？有没有特别担心或压力很大，主要体现在哪几方面(经济负担、教学任务、专业能力、三年期满的去向、同事认可、学校领导重视等)？准备怎样应对？

二、您在教学中面临的挑战有哪些(专业知识、教学方法、教学技能、班级管理、组织学生等)？为什么？您最常用的解决方式是什么？

三、您对现在的特岗教师生活是否满意(工作本身、工资、学校周围环境、校园环境、教学资源、食宿行、领导和同事的态度等)？

四、您觉得学校对待您与正式教师有区别吗？如果有，具体有哪些(薪资待遇、工作任务量、领导重视程度、食宿环境)？您希望得到学校哪些方面的帮助(生活、工作、同事关系、领导关系)？为什么？

五、您参加过什么类型的培训？您最希望参加的培训是什么（培训方式、培训人员、培训时间、培训内容）？

六、您了解“特岗计划”政策吗？您认为特岗教师招考过程有哪些方面需要改进（时间安排、报考流程、考试内容、笔试评阅、面试等）？

七、您对高校培养教师有何建议？

“特岗计划”政策访谈提纲(转正教师)

访谈对象姓名：________性别：________所在单位：________________________

职务：_________________访谈日期：________

一、您认为曾经的特岗教师生活和现在的正式教师生活有何区别?

二、您对现在的教师生活还满意吗(工作本身、工资、学校周围环境、校园环境、教学资源、食宿行、领导和同事的态度等)?

三、您参加过什么类型的培训?您最希望参加的培训是什么(培训方式、培训人员、培训时间、培训内容)?

四、您认为特岗教师招考过程有哪些方面需要改进(时间安排、报考流程、考试内容、笔试评阅、面试等)?

五、您对高校培养教师有何建议?

附录3　关于问卷及访谈的几点说明

一、几个词语的界定

去职：指的是未按规定完成三年的特岗教师服务期，离开了特岗教师岗位。

在岗：指的是在特岗教师服务期限内，既未离开特岗教师岗位，也还没有转为正式教师。

转正：指的是三年特岗教师服务期满，继续担任教师工作并取得了正式编制。

二、每类问卷的要求

1. 去职教师问卷30份左右，要在公务员、公职教师、在读研究生、国有企业职员、个体经营户和待业人员中寻找。

2. 在岗教师问卷100份左右，在样本县中确立农村小学、农村初中、农村九年一贯制学校和农村高中各2所，每校问卷10—15份。

3. 转正教师问卷100份左右，在样本县中确立小学、初中、九年一贯制学校和高中各2所，每校问卷10—15份（此处可以有县城学校，但填写问卷的教师必须有特岗教师经历）。

三、样本县统计要求

可以到县教育局的政工股或计财股统计数据。

四、每类访谈的要求

1. 教育行政部门访谈：访谈1人即可。可以是县教育局分管人事的副局长，也可以是政工股股长，还可以是熟悉此项工作的教育局工作人员。

2. 高等师范院校领导或教师访谈：每个院系访谈领导1人、教师3人。

3. 高等师范院校学生访谈：既有本科也有专科的院校，分本、专科访谈，并且分年级访谈，每个年级访谈5人。

4. 设岗学校领导访谈：对样本县的样本校的校长或副校长或教导主任进行访

谈,每校 1 人即可。

5. 服务期内特岗教师访谈：对样本县的样本校的在岗特岗教师进行访谈,每校 3 人即可。

6. 转正教师访谈：对样本县的样本校的转正特岗教师进行访谈,每校 3 人即可。

参考文献

一、论文部分

[1] 邬跃. 教育政策分析——以农村学校教师“特岗计划”为例[J]. 教育理论与实践,2010(01).

[2] 马春梅,王安全. 特岗教师政策合理性审思[J]. 教育与教学研究,2011(08).

[3] 王学男,闫予沨.“特岗计划”:建立农村教师补充机制新路径——访北京师范大学教育基本理论研究院郑新蓉教授[J]. 世界教育信息,2012(03).

[4] 高闰青.“特岗计划”:促进教育公平的新支点[J]. 教育研究与实验,2011(06).

[5] 魏建徽. 农村义务教育教师特岗计划的回顾与展望[J]. 现代教育论丛,2010(09).

[6] 王敏. 利益的博弈:理性视角下的“特岗计划”[J]. 现代教育管理,2011(01).

[7] 袁桂林,许林. 解读“特岗计划”[J]. 中国大学生就业,2009(09).

[8] 廖朝华. 西部农村地区特岗教师职业状况调查报告——以云南省鲁甸县为例[J]. 基础教育,2010(08).

[9] 张济洲. 农村“特岗教师”政策实施:问题与对策[J]. 教育理论与实践,2012(07).

[10] 徐继存,宋朝. 农村特岗教师发展现状的调查研究[J]. 当代教育与文化,2012(01).

[11] 王汉宗. 农村特岗计划实施中存在的问题及建议——以宁夏西吉县为例

[J]. 教育探索,2014(03).

[12] 武慧芳,王爱玲,王密卿. 河北省特岗教师职业认同的调查研究[J]. 廊坊师范学院学报(社会科学版),2011(04).

[13] 陆岸岸. 农村特岗教师的困境探析[J]. 广西教育学院学报,2011(03).

[14] 阿呷热哈莫,黄晓晗,李征. 特岗教师培训现状与需求分析[J]. 世界教育信息,2012(04).

[15] 周信德. 体育特岗教师培训模式的构建与实施[J]. 宁波教育学院学报,2010(03).

[16] 凌晨,桑青松,李云. 地震灾区中学特岗教师心理健康状况调查[J]. 中国健康心理学杂志,2010(01).

[17] 王安全,马友慧. 农村特岗教师挫折感的形成与消除[J]. 宁波大学学报(教育科学版),2012(01).

[18] 谢国秀,傅丽萍. 农村特岗教师人际关系与孤独感之相关研究[J]. 贵州师范大学学报(自然科学版),2012(01).

[19] 谢国秀,傅丽萍,张光清. 农村特岗教师人际关系与自尊之相关研究[J]. 社会心理科学,2010(Z1).

[20] 杨震,张杰,刘红艳. 新聘特岗教师自我和谐状况调查研究——以安徽阜阳2009年新聘特岗教师为例[J]. 当代教师教育,2010(03).

[21] 魏曼华,王长中. 贵州省威宁县“特岗计划”实施的经验、成效与问题[J]. 世界教育信息,2012(04).

[22] 吴军霞,孙卫星. 体育特岗教师工作现状及可持续发展研究[J]. 教学与管理(理论版),2012(07).

[23] 彭佑兰,许树沛. 美国TFA计划及对我国“特岗计划”的启示[J]. 教育发展研究,2010(10).

[24] 杨帆,姜新茹,翟鸿强. 特岗教师计划对高校思想政治教育工作的启示[J]. 河北广播电视大学学报,2011(02).

[25] 何青颖. 云南省“特岗计划”实施成效分析和改进对策研究[J]. 课程教材教学研究(小教研究),2011(05-06).

[26] 田印红,王中华. 西部“特岗计划”实施成效的调查研究——以贵州省印江县

为例[J]. 学理论,2016(05).

[27] 安雪慧,丁维莉."特岗教师计划"政策效果分析[J]. 中国教育学刊,2014(11).

[28] 邬志辉. 当前我国城乡义务教育一体化发展的核心问题探讨[J]. 教育发展研究,2012(17).

[29] 高益民. 改革开放与中国比较教育学三十年[J]. 清华大学教育研究,2008(06).

[30] 高闰青. 教育公平:"特岗计划"的理论基础和价值取向[J]. 天津市教科院学报,2014(02).

[31] 赵丽华. 试论马克思关于人的自由全面发展理论[J]. 生产力研究,2005(11).

[32] 王晖. 论社会生态学理论的教育实践意义[J]. 辽宁教育行政学院学报,2006(11).

[33] 余卫国. 儒家生态伦理思想的核心价值和出场路径[J]. 西南民族大学学报(人文社会科学版),2014(02).

[34] 宋婷娜,郑新蓉. 从"补工资"到"补机制":"特岗教师"工资性补助政策的实施效果[J]. 北京大学教育评论,2017(02).

[35] 傅王倩,姚岩. 特岗教师的地域融入与职业倦怠的关系研究——基于全国 13 省的实证研究[J]. 教育学报,2018(02).

[36] 王丽君,许红平,蒲大勇. 农村特岗教师留任率超七成——四川省农村特岗教师工作状况调查[N]. 中国教育报,2017-11-23(12).

[37] 周琬謦. 近十年"特岗教师计划"研究的回顾与展望[J]. 大理大学学报,2017(11).

[38] 李振刚. 社会融合视角下的新生代农民工居留意愿研究[J]. 社会发展研究,2014(03).

[39] 杨菊华. 从隔离、选择融入到融合:流动人口社会融入问题的理论思考[J]. 人口研究,2009(01).

[40] 肖桐,邬志辉. "推拉理论"视域下特岗教师的去留困境——从五位特岗教师的故事说起[J]. 教育理论与实践,2018(04).

[41] 孙颖,陶玉婷. 特岗计划的现实困境与破解思路[J]. 中国教育学刊,2012(07).

[42] 杨深坑. 比较教育理论与理论变迁——记第七届世界比较教育会议[J]. 比较

教育通讯(台湾),1989(21).

[43] 杨深坑. 教育国际化与比较教育的未来——记第三十九届美国比较与国际教育年会[J]. 比较教育通讯(台湾),1991(26).

[44] 刘宝存,孙琪. 美国大学区域研究: 发展、影响及争论[J]. 比较教育研究,2013(11).

[45] 陈时见. 比较教育学的概念建构及其现实意义[J]. 比较教育研究,2013(04).

[46] 苗学杰. 比较教育学区域研究的理论进阶[J]. 教育理论与实践,2015(25).

[47] 袁海军. 特岗计划: 农村中小学教师补充新思路[J]. 现代教育科学(小学教师),2009(03).

[48] 邬跃,赵建军. 对农村教师"特岗计划"的几点认识[J]. 中国民族教育,2009(07-08).

[49] 杨春萍,杨公安. 我国农村教师学历结构问题及对策研究[J]. 重庆职业技术学院学报,2008(05).

[50] 孙二军,赵聪. "特岗计划"的政策分析及改进策略——基于理性选择制度主义[J]. 教学与管理(理论版),2015(07).

[51] 杨生新. 我国教育政策价值取向的偏差与纠正[J]. 黑龙江高教研究,2008(09).

[52] 刘复兴. 教育政策价值分析的三维模式[J]. 教育研究,2002(04).

[53] 张旭. 由公共政策视角评析"特岗教师计划"[J]. 现代中小学教育,2014(09).

[54] 高闰青. "特岗计划"对农村师资队伍的优化——以河南省为例[J]. 新乡学院学报(社会科学版),2013(02).

[55] 李舒波,张亚丽,李焕武,张丽华. "特岗计划"实施现状及政策优化研究——以贵州省为例[J]. 贵州工程应用技术学院学报,2015(03).

[56] 王世军,徐中仁. 当前农村教师队伍建设存在的问题及对策研究[J]. 教育理论与实践,2004(10).

[57] Patricia Broadfoot. Comparative Education for the 21st Century: Retrospect and Prospect [J]. Comparative Education, 2000,36(03).

[58] Richard Heyman. Comparative Education from an Ethnomethodological Perspective [J]. Comparative Education, 1979,15(03).

[59] Michael Crossley, Graham Vulliamy. Case-Study Research Methods and Comparative Education [J]. Comparative Education, 1984,20(02).

[60] Vandra Lea Masemann. Critical Ethnography in the Study of Comparative Education [J]. Comparative Education Review, 1982,26(01).

[61] 中华人民共和国教育部. 教育部发文! 从数据看十八大以来我国教育改革发展新变化[EB/OL](2017-09-29). http://www.moe.gov.cn/jyb_xwfb/xw_fbh/moe_2069/xwfbh_2017n/xwfb_20170928/mtbd/201709/t20170929_315705.html.

[62] 龙水清. 今天的教育就是明天的经济[N]. 湖南日报,2009-03-12.

[63] 牟钟鉴. 新仁学构想[N]. 光明日报,2012-11-04.

[64] 张锴. "人的需要"的"实践人本质论"解读——兼评马斯洛的需要层次理论[D]. 重庆: 西南大学,2010.

[65] 宋全政,朱雷. 农村教师队伍急需新鲜"血液"[N]. 中国教育报,2004-03-28.

[66] 丛茂国. 现阶段我国大学生就业问题研究[D]. 大连: 大连海事大学,2013.

[67] 潘立. "特岗计划"实施状况研究[D]. 南宁: 广西师范学院,2013.

[68] 袁金艳. "特岗教师"生存状态的调查研究——以安徽省 F 市为例[D]. 金华: 浙江师范大学,2013.

[69] 韩琳琳. 云南省特岗教师政策研究[D]. 昆明: 云南师范大学,2016.

[70] 叶尔克江・巴哈提. 新疆特岗教师队伍建设研究——以昌吉州东三县为例[D]. 乌鲁木齐: 新疆大学,2017.

[71] 翟帆. 全国政协委员金道超建议: 改善特岗教师工作生活条件[N]. 中国教育报,2010-03-14.

[72] 李晓玲. 甘肃省农村义务教育阶段学校特设岗位教师工作及生活现状研究——以康乐县为例[D]. 兰州: 西北师范大学,2009.

[73] 冯幼军. 广西农村特岗体育教师对校本课程资源开发与利用的研究[D]. 南宁: 广西师范学院,2012.

[74] 张涛. 什么是教师的专业发展[J/OL]. 威海高区第一小学学报,2004.

[75] 高靓,刘华蓉. 他们是苗寨最受欢迎的人——贵州威宁新发民族小学特岗教师扎根基层的故事[N]. 中国教育报,2012-01-14.

[76] 中华人民共和国教育部. 金秋硕果盈满枝——教师节设立30年教师队伍建设成果丰硕[EB/OL]. (2014-09-01) http://www.moe.gov.cn/publicfiles/business/htmlfiles/moe/s8285/201409/174427.html.

二、专著部分

[1] 袁贵仁. 百年大计 教育为本——党的十六大以来教育事业改革发展回顾(2002—2012)[M]. 北京：人民出版社，2012.

[2] 陈向明. 质的研究方法与社会科学研究[M]. 北京：教育科学出版社，2000.

[3] 郑新蓉，杜亮，魏曼华，等. 中国特岗教师蓝皮书[M]. 北京：教育科学出版社，2012.

[4] 叶澜，白益民，王枬，陶志琼. 教师角色与教师发展新探. 北京：教育科学出版社，2001.

[5] 约翰·罗尔斯. 正义论[M]. 何怀宏，何包钢，廖申白，译. 北京：中国社会科学出版社，1988.

[6] 马克思恩格斯全集(第三卷)[M]. 北京：人民出版社，1960.

[7] 马克思恩格斯全集(第四十二卷)[M]. 北京：人民出版社，1979.

[8] 马克思恩格斯全集(第四十六卷)(上、下)[M]. 北京：人民出版社，1979.

[9] 马克思恩格斯选集(第一卷)[M]. 北京：人民出版社，1972.

[10] 北京大学哲学系外国哲学史教研室. 西方哲学原著选读(下卷)[M]. 北京：商务印书馆，1982.

[11] 全增嘏. 西方哲学史(下卷)[M]. 上海：上海人民出版社，1985.

[12] 陈旭远. 课程与教学论[M]. 长春：东北师范大学出版社，2002.

[13] 马斯洛. 人性能达的境界[M]. 林方，译. 昆明：云南人民出版社，1987.

[14] 教育部新闻办公室，中央教育科学研究所. 对话教育热点(2010)[M]. 北京：教育科学出版社，2011.

[15] 埃莉诺·奥斯特罗姆. 公共事务的治理之道：集体行动制度的演进[M]. 余逊达，陈旭东，译. 上海：上海译文出版社，2012.

[16] 教育部发展规划司. 中国教育统计年鉴(2007)[M]. 北京：人民教育出版社,2008.

[17] Herbert Blumer. Symbolic Interactionism [M]. Englewood Cliffs：Prentice Hall，1969.

三、政策文件

[1] 教育部　财政部　人事部　中央编办关于实施农村义务教育阶段学校教师特设岗位计划的通知(教师〔2006〕2 号).

[2] 教育部　财政部　人力资源社会保障部　中央编办关于继续组织实施“农村义务教育阶段学校教师特设岗位计划”的通知(教师〔2009〕1 号).

[3] 教育部办公厅　财政部办公厅关于做好 2014 年农村义务教育阶段学校教师特设岗位计划有关实施工作的通知(教师厅函〔2014〕2 号).

[4] 教育部办公厅　财政部办公厅关于做好 2018 年农村义务教育阶段学校教师特设岗位计划实施工作的通知(教师厅〔2018〕5 号).

[5] 教育部办公厅关于做好 2011 年特岗教师在职攻读教育硕士工作的通知(教师厅〔2011〕5 号).

[6] 贵州省 2011 年农村义务教育阶段学校教师特设岗位计划实施方案(黔教师发〔2011〕126 号).

[7] 四川省 2009 年特岗教师招聘办法.

[8] 2017 年新疆维吾尔自治区面向社会公开招聘学前和义务教育阶段特岗教师简章.

[9] 昆明市教育局 2017 年中央特岗计划招聘公告.

[10] 贵州省毕节市威宁自治县 2017 年农村义务教育阶段学校教师特设岗位计划招聘实施细则.

后　记

本书系国家社会科学基金“十三五”规划2016年度教育学一般课题“西部农村特岗教师发展状况和生态机制研究(课题批准号：BGA160033)”的成果之一。从2016年课题立项至今,研究历经5个春秋。作为课题负责人,我在四川省教育科学研究院有关领导与专家的悉心指导与真诚帮助下,在成都师范学院李兴贵教授、西华师范大学杜永红教授的亲切关怀与具体指导下,在南充市教育科学研究所规划办任兴灵主任、阆中市教育教学研究室王丽君老师、南充市高坪区教师进修学校许红平校长等同志的和衷共济下,终于按照国家社会科学基金(教育学类)一般课题的研究规范和目标要求,胜利完成了研究工作。

本书撰写是基于广泛和深入的调研之上的。5年来,课题组成员不辞劳苦,深入四川、贵州、云南、陕西、宁夏和新疆6个样本省(自治区)40个样本县就农村特岗教师发展状况和生态机制进行了大规模的调研。所到之处,先通过个别访谈方式向地方教育行政部门相关领导了解“特岗计划”政策的落实情况、当地农村特岗教师发展的基本情况和促进农村特岗教师发展的配套政策。接着进入设岗农村学校,通过座谈会方式向设岗学校的领导和特岗教师代表了解其所在学校特岗教师发展状况、现存问题与个中缘由及学校层面的措施、办法。同时,我们对离职的特岗教师、服务期内的特岗教师、已转正的特岗教师进行深度访谈,聆听一线农村特岗教师的倾诉和心声。上述各类访谈共计346人次。最后向抽取的4638名调查对象发放“西部农村特岗教师发展状况调查问卷”,对4105名农村特岗教师发展状况和生态机制进行调查。在此基础上,还选取96名农村特岗教师为典型个案,进行个人和集群人种志研究。通过广泛和深入的调研,我们获取了丰富而翔实的第一手资料，为本书的撰写奠定了坚实的基础。

本书系课题组成员群策群力集体研究的成果。蒲大勇搭建了本书的写作框架，课题组成员历经12稿，最终确定写作提纲，然后由课题组成员分头撰写：

绪论：任兴灵；

第一章：任兴灵；

第二章：杜永红；

第三章：蒲大勇；

第四章：王丽君；

第五章：许红平；

第六章：王丽君；

第七章：李兴贵；

第八章：蒲大勇。

全书由蒲大勇统稿、修改、定稿。

在课题研究顺利完成之际，我对所有积极参加研究的课题组成员，表示最衷心的感谢！对关怀与支持本课题研究的有关领导及在研究过程中提供帮助、指导的有关人员，致以由衷的谢意！对所引用的参考文献的作者表示诚挚的谢意。

由于我们水平有限，书中肯定存在着不少纰漏和错误，恳请各位国内外同行学者和读者惠予批评指正，以期在后续研究中臻善。

蒲大勇
2021年6月于四川南充嘉陵江畔